Was werden mit Soziologie

Breger/Böhmer

I0023462

Was werden mit Soziologie

Berufe für Soziologinnen und Soziologen

– Das BDS-Berufshandbuch –

Herausgegeben im Auftrag des
Berufsverbandes Deutscher Soziologinnen
und Soziologen e.V. (BDS)

von Wolfram Breger

in Zusammenarbeit mit Sabrina Böhmer

Lucius & Lucius · Stuttgart

Anschrift der Herausgeber:

Dr. Wolfram Breger
Terbeckstr. 9
45136 Essen

Dr. Sabrina Böhmer
Schwennaustr. 26
24960 Glücksburg

Berufsverband Deutscher Soziologinnen und Soziologen e.V. (BDS)
Ostcharweg 123
45665 Recklinghausen
http://www.bds-soz.de

Bibliografische Information der Deutschen Nationalbibliothek
Die Deutsche Nationalbibliothek verzeichnet diese Publikation in der Deutschen
Nationalbibliografie; detaillierte bibliografische Daten sind im Internet über
http://dnb.d-nb.de abrufbar.

ISBN 978-3-8282-0402-7

© Lucius & Lucius Verlagsgesellschaft mbH Stuttgart 2007
   Gerokstr. 51, D-70184 Stuttgart
   www.luciusverlag.com

Druck und Einband: Druckhaus Thomas Müntzer, Bad Langensalza

Printed in Germany

Inhaltsverzeichnis

Geleitwort

Ralf Dahrendorf

Die klassischen Fakultäten der Hochschulen – Theologie, Medizin, Jurisprudenz – führen geradewegs in bestimmte Berufe. Manche neueren Fächer und Fachbereiche, zumal in den technischen Disziplinen, tun das Gleiche. Für die Sozialwissenschaften gilt das nicht. Sie sind zunächst Disziplinen, die Studentinnen und Studenten das Rüstzeug zum Verständnis oft komplizierter Zusammenhänge des menschlichen Lebens in Gesellschaft geben. Das ist zum Teil ein methodisches Rüstzeug: die empirische Sozialforschung hat heute ein beträchtliches Maß an technischer Raffinesse erreicht. Zum Teil aber ist es ein gedankliches Rüstzeug, eine Perspektive, die nicht selbstverständlich ist und eine Begrifflichkeit, die praktischeren Disziplinen abgeht.

Nun aber hat die Berufswelt selbst sich geändert. Es ist kaum noch möglich, Priester, Arzt oder Anwalt zu sein, ohne das soziale Umfeld der eigenen Tätigkeit zu verstehen. Es gibt zudem neue Aufgabenbereiche, von der Marktforschung bis zur Stadtplanung und viele andere mehr, die spezifisch sozialwissenschaftliche Kenntnisse verlangen. Überdies sind Berufsfelder diffus geworden; Menschen müssen bereit und fähig sein, allerlei Grenzen zu überschreiten. Auch dabei kann das Rüstzeug der Sozialwissenschaften seinen Nutzen erweisen.

Ich habe mich in meinem Leben in allerlei Feldern bewegt, und dies keineswegs nur in der Universität. Ich war und bin Journalist, habe mich politisch betätigt, hatte Positionen der Hochschulverwaltung, wurde manches Mal als Berater zugezogen. Da ist es oft nicht möglich, einen unmittelbaren Bezug zu dem herzustellen, was ich als Soziologe und dann in einem weiteren Sinn als Sozialwissenschaftler gelernt habe. Man kann also keineswegs direkt von einer Anwendung von Sozialwissenschaft sprechen. Und doch glaube ich, dass der sozialwissenschaftliche Hintergrund für mich immer wichtig und oft nützlich war. In einer komplexen Welt sind also die selbst komplexen Disziplinen der Sozialwissenschaften eine wichtige Hilfe.

Berlin, im November 2006

R.D.

Vorwort

Der Titel des vorliegenden Buches enthält unausgesprochen ein Fragezeichen – in zweierlei, uns allen bekannter Hinsicht.

Die erste Frage: „Was (willst du eigentlich) *werden* mit Soziologie?", wie sie besorgte Eltern, Erzieher, Lehrer usw. vielen von uns bei der Studienwahl stellten. – Die zweite Frage: „*Was* (kann ich) werden mit Soziologie?", die Frage, der sich Studierende irgend wann stellen mussten und müssen.

Auf beides gibt der Sammelband vielseitige Antworten. Die außerordentliche Vielfalt der beruflichen Möglichkeiten, sei es von einer Generalistenposition aus startend, sei es auf der Basis hochspezialisierten Methodenwissens und -könnens, wird hier exemplarisch dargestellt. Es sind persönlich gefärbte Darstellungen durch die Handelnden selbst, überzeugend genug, nicht nur um mütterlich-väterliche Besorgnisse zu mildern, sondern vor allem, um den praktischen Stellenwert der Soziologie in der heutigen Gesellschaft zu demonstrieren und zu dokumentieren – im „Jahr der Geisteswissenschaften" und mitten im universitären Reformprozess sicherlich kein unzeitiges Unterfangen.

Wir sind den Herausgebern zu Dank verpflichtet, die, nachdem der Berufsverband lange schon das Projekt diskutiert hatte, die Initiative zu diesem Sammelband ergriffen haben, und wir sind den Autoren und Autorinnen zu Dank verpflichtet, die uns so offene Einblicke in ihre teils spektakulären Werdegänge und Karrieren erlauben.

Nicht zuletzt gilt unser Dank Lord Ralf Dahrendorf, der als Ehrenvorsitzender des Beirats am Studiengang Praktische Sozialwissenschaft (Universität Duisburg-Essen), an dem sich der BDS von Anfang an beteiligte, die Integration von theoretischer und praktischer Qualifizierung inspirierend begleitet hat.

Viel Spaß beim Lesen!

Berufsverband Deutscher Soziologinnen und Soziologen e.V.

Für den Vorstand:

Dr. Erich Behrendt, 1. Vorsitzender

Einleitung der Herausgeber

Die aktuelle Entwicklung der Soziologie an den Hochschulen[1] wird vielerorts mit dem Schlagwort: „Wenn Soziologie drin ist, aber nicht drauf steht" charakterisiert.[2] Dies gilt im positiven Sinne auch für die in diesem Sammelband vorgestellten berufspraktischen und berufsbiografischen Texte: Geht man von den erreichten beruflichen Positionen aus, so ist diesen durchaus nicht auf den ersten Blick anzusehen, dass es sich um Stationen im Berufsweg von Soziologinnen und Soziologen handelt. Aber das ist bei AbsolventInnen anderer Disziplinen nicht anders: letztlich kommt es weniger darauf an, was man in der Ausbildung gelernt hat als darauf, was man *kann*. Und das sollen die Beispiele zeigen: Soziologie ist eine gute Basis nicht nur für den Berufs*einstieg*, sondern auch für den Erwerb *weiterer* im Berufsleben wichtiger Qualifikationen und Kompetenzen. Der Wahlmöglichkeiten sind viele – aber immer kann man „*was werden*" mit Soziologie!

Schon in den 70er Jahren des letzten Jahrhunderts war „Soziologie" stärker als öffentlich wahrgenommen mit Diplomstudiengängen praxisbezogen engagiert, freilich niemals einem einzigen Berufsfeld zugewandt, sondern als Qualifikation für ganz unterschiedliche Berufe. Verliert das Fach, wie manchmal vermutet (erhofft?) wird, an Bedeutung? Umgekehrt ist nachweisbar, inwieweit auf vielen Ebenen eine ‚Soziologisierung' der Tätigkeitsprofile stattgefunden hat.[3] Ersichtlich ist aber auch, dass viel Eigeninitiative und Einfallsreichtum dazu gehört, aus dem Studium den Weg ins Berufsleben zu finden.

Die Selbstdarstellungen aus elf verschiedenen Handlungsfeldern durch in diesen Feldern Tätige selbst ergeben einen facettenreichen Überblick hinsichtlich des beruflichen Verbleibs, aber auch über die wechselnden Vorstellungen, die es im Laufe der Jahrzehnte über den ‚Plan' von Soziologie gab. Dabei sind die Perspektiven sehr unterschiedlich: zum einen Schilderungen aus dem „Heute", die auf die Chancen und Möglichkeiten im Arbeitsmarkt außerhalb der Hochschule

1 Siehe den Beitrag „Studienreform" von Uwe Marquardt in diesem Band.

2 Franke, B.; Hammerich, K. (Hrsg.) (2006): Soziologie an deutschen Universitäten: Gestern – heute – morgen. Wiesbaden, 7.

3 Vgl. Behrendt, E. (2006): Soziologische Kompetenz gefragter denn je. In: Franke, B.; Hammerich, K. (Hrsg.): Soziologie an deutschen Universitäten: Gestern – heute – morgen. Wiesbaden, 223-228.

fokussieren und worauf es in dem jeweils repräsentierten Berufsfeld ‚ankommt'; zum andern Darstellungen, in denen zusätzlich deutlich wird, wie sich die Lebenseinstellung der 60er und 70er Jahre auch im „Soziologe sein" widerspiegelt. Einige von ihnen weisen noch eine direkte Verbindung zur Rekonstruktionsphase der deutschen Soziologie nach 1945[4] auf und lassen sich geradezu als wissenschafts- und zeitgeschichtliche wie auch professionssoziologische Quellen lesen.

Diese intergenerationellen Verschiebungen sind auch Verschiebungen im Verhältnis von Theorie und Praxis. Selbst- und Fremdverständnis haben sich gewandelt – zu der Frage der Funktion ist die Frage der professionellen Positionierung gekommen. Vor 30 Jahren „war ich" SoziologIn; das Interesse lag in Überlegungen, wie ich als SoziologIn Einfluss nehme auf Gesellschaft und deren Gestaltung; weit gespannte Theorien waren von Belang. Heute steht die Frage im Vordergrund, wie ich als SoziologIn ‚meine Brötchen verdiene', was ich konkret in der Arbeit umsetzen kann. Beides finden wir wichtig, und wir hoffen, das Buch bietet hierzu möglichst viele Antworten und Anregungen!

Bei allen Texten handelt es sich ausschließlich um Originalbeiträge. Eine erfreulich große Zahl von Kolleginnen und Kollegen war bereit, zu diesem Band etwas beizutragen. Nicht alle InteressentInnen konnten berücksichtigt werden. Wer also „seine" Branche oder gar „sich selbst" vermisst, mag uns dies nachsehen!

Wir danken allen Autorinnen und Autoren sehr herzlich, ebenso dem Verlag für die rasche Umsetzung des Vorhabens.

Wolfram Breger & Sabrina Böhmer

---

4 Vgl. die informationsreichen Beiträge von Bölting bzw. Gerhard in: Franke, B.; Hammerich, K. (Hrsg.) (2006): Soziologie an deutschen Universitäten: Gestern – heute – morgen. Wiesbaden.

Hintergrund

Schlüsselqualifikationen von Soziologinnen und Soziologen

Helmut Kromrey

„Schlüsselqualifikation" ist ein eher unbestimmter Begriff, der 1972 von Dieter Mertens eingeführt wurde (Mertens 1974) und der eine ganze Reihe von Fähigkeiten, Kenntnissen und Fertigkeiten meint, die keinen unmittelbaren Bezug zu bestimmten (konkreten) Tätigkeiten aufweisen, sondern „transferfähig" sind, also für vielfältige Tätigkeiten nützlich sind.

Konkreter wird der Begriff im Kontext einer arbeitsorientierten Didaktik benutzt (Dehnbostel u.a. 1992), wo er verstanden wird als Kompetenzen, die zwar für die Ausführung der Tätigkeit des jeweiligen Arbeitsplatzes notwendig und nützlich sind, die aber generellere, arbeitsplatz-übergreifende Bedeutung haben, z.B.:

Kooperationsfähigkeit (wichtig z.B. bei allen Formen von Gruppenarbeit), Entscheidungsfähigkeit (wichtig bei allen Tätigkeiten, die nicht lediglich anweisungsausführenden Charakter haben), Problemlösungsfähigkeit (wichtig bei allen nichtrepetitiven Tätigkeiten).

In diesem Sinne verstanden wäre die ganze Soziologie eine Schlüsselqualifikation. Ich verwende jedoch lieber den Begriff „fachübergreifende" oder „Querschnitts-Qualifikationen". Soziologen sind laut übereinstimmender Resultate von Absolventen-Verbleibstudien in ganz unterschiedlichen Tätigkeitsbereichen berufstätig. Die Frage stellt sich demnach, welche Qualifikationen es sind, die für Absolventen soziologischer bzw. generell sozialwissenschaftlicher Studiengänge in diversen Aufgaben in gleicher Weise nützlich sind, die sie berufsfähig machen?

Wenn sich herausstellt, dass es Qualifikationen gibt, die in privatwirtschaftlichen Unternehmen bei der Bearbeitung von Aufgaben mit betriebswirtschaftlicher Färbung genauso benötigt werden wie im öffentlichen Dienst oder in der Sozialarbeit, in den Medien oder in der Forschung, dann werden diese Qualifikationen wortwörtlich zu tätigkeitsübergreifenden oder Querschnitts-Qualifikationen. Ob sie damit aber zugleich auch der „Schlüssel" zum Zugang zu eben diesen Tätigkeitsfeldern sind, oder ob sie nicht eher den Charakter unverzichtbarer Basis-

Qualifikationen für jedwede Tätigkeit besitzen, ist damit noch nicht entschieden. Es kann aber in jedem Fall konstatiert werden, dass es solche Querschnittsqualifikationen gibt. Aber – um das schon einmal vorwegzunehmen – die Soziologie gehört nach den Aussagen der befragten Absolventen der Soziologie offenbar nicht dazu. Sie erweist sich als eine spezifische fachliche (also eine nicht tätigkeitsübergreifende, „überfachliche") Qualifikation.

Dies sei an zwei Tabellen illustriert, in denen die Antworten mehrerer Jahrgänge von Absolventen des Studiengangs Diplomsoziologie am Institut für Soziologie der Freien Universität Berlin zusammengefasst sind (vgl. Tabellen 1 und 2).

Es handelt sich hier um vergleichsweise „harte" Daten, insofern als die Absolventen nicht *abstrakt* gefragt wurden, welche Qualifikationen sie allgemein für wichtig im Beruf halten, sondern die Frage lautete: „*Welche Bedeutung haben die folgenden Qualifikationen bei der Ausübung Ihrer jetzigen beruflichen Tätigkeit?*"[5] D.h. die erfragte Beurteilung bezieht sich auf die zum Zeitpunkt der Befragung tatsächlich ausgeübte Tätigkeit (im Falle von gegenwärtiger Arbeitslosigkeit: Die zuletzt ausgeübte Tätigkeit). Da – wie gesagt – die Absolventen in diversen Feldern berufstätig sind, beziehen sich auch die Antworten auf das gesamte Spektrum von, für Soziologinnen und Soziologen, relevanten Arbeitsfeldern.

Da die Befragten in ihren jeweiligen Positionen die dort anfallenden Aufgaben erfüllen, müssen sie offenbar über die dafür notwendigen Qualifikationen verfügen. Die Folgefrage lautete daher: „*Welche dieser Qualifikationen haben Sie im Studiengang Soziologie erworben?*"[6]

---

5 Ausprägungen: Die Qualifikationen ist für meinen Beruf wichtig / weniger wichtig / unwichtig.

6 Ausprägungen: Die Qualifikation wurde im Studium überwiegend / teilweise / gar nicht erworben.

Tabelle 1: Wichtigkeit beruflicher Qualifikationen / Erwerb im Studium

(Quelle: Absolventenbefragungen Soziologie, FU Berlin)

Qualifikationen:	für die jetzige Tätigkeit:		im Studium erworben:	
	wichtig (%)	unwich- tig (%)	überwie- gend (%)	gar nicht (%)
I a Organisieren, planen	89,7	2,7	12,0	28,3
Sich behaupten, durchsetzen, verhandeln	75,3	4,9	12,2	35,4
Soziale Fähigkeiten, Umgang m. Menschen	82,2	1,6	7,6	33,0
Allgemeinverständlich formulieren	78,8	4,3	14,7	31,0
Beurteilen, entscheiden	75,4	3,8	9,8	27,9
I b Zielorientiert, diszipliniert arbeiten	84,1	1,1	24,0	20,2
Im Team arbeiten, kooperieren	84,6	1,1	23,8	14,9
Konzepte entwerfen/entwickeln	72,7	6,6	34,4	15,3
Computerunterstützt arbeiten	74,3	10,9	21,2	28,8
Eigenes Handeln reflektieren	62,5	7,6	24,2	27,5
II Zusammenhänge erkennen, analytisch denken	89,6	2,7	72,1	0,5
Argumentieren, diskutieren	79,3	3,3	61,7	0,5
fachübergreifendes Denken, Interdisziplinarität	68,5	9,8	54,1	5,5
dokumentieren, recherchieren	67,8	8,7	63,7	3,3
III Soziologische Theorie	18,7	48,9	71,2	1,1
Wissenschaftliche Texte schreiben	36,4	42,4	72,3	3,3
Selbständiges wissenschaftliches Arbeiten	47,6	34,6	68,3	2,7
Datenerhebung / Forschungsmethoden	38,0	35,9	53,6	4,9
Datenanalyse / Statistik	34,4	38,3	47,3	9,3
IV Wissen vermitteln, präsentieren	58,5	9,8	26,2	15,3
Theoret. Wissen auf Praxisprobleme anwenden	55,4	10,9	16,3	32,6
Allgemeinbildung, breites Wissen	56,3	6,6	21,7	15,0
V Eig. Abt./Organisation nach außen vertreten	46,7	16,5	2,7	76,4
Beraten (Kunden, Klienten, Mitarbeiter)	50,5	20,3	1,1	86,2
Personalführung, delegieren	39,8	23,8	1,6	87,4
VI Rechtliche und ökonomische Kenntnisse	34,3	21,3	10,0	47,2
Gesetze/Vorschriften anwenden, Verwaltung	31,5	30,9	2,3	81,9

In der Tabelle 1 ist die Liste der vorgegebenen Qualifikationen nach der Ähnlichkeit ihrer Einschätzung gruppiert.

In Block I findet sich eine relativ lange Liste derjenigen Qualifikationen, die nach Auskunft der berufstätigen befragten SoziologInnen unabhängig von ihrem jeweiligen Arbeitsplatz weit überwiegend als „wichtig für die jetzige Tätigkeit" beurteilt werden, die aber ebenso überwiegend nicht vorrangig im Studium erworben wurden (bei Gruppe Ia noch seltener als bei Gruppe Ib): Organisieren, planen, Konzepte entwickeln, beurteilen, soziale Fertigkeiten, im Team arbeiten, formulieren.

In Block II erscheinen vier Qualifikationen, die ebenfalls tätigkeitsübergreifend sehr wichtig sind, die jedoch unbestritten schon im Studium erworben wurden (von einer klaren Mehrheit sogar „überwiegend im Studium"): Analysieren, recherchieren, dokumentieren, argumentieren, interdisziplinär denken. Hier haben wir es also offensichtlich mit „*soziologischen* Querschnitts-Qualifikationen" zu tun.

Ganz anders in Block III. Hier finden sich die soziologischen *Fach*qualifikationen wie -kenntnisse: Soziologische Theorien, wissenschaftliches Arbeiten, Informationserhebung und Datenanalyse, Verfassen wissenschaftlicher Texte. Sie werden ebenfalls überwiegend im Studium erworben,[7] sind aber nur für eine Minderheit bei der Erfüllung ihrer Aufgaben am gegenwärtigen Arbeitsplatz relevant.

Die Blöcke IV, V und VI erfassen Qualifikationen von abnehmender „tätigkeitsübergreifender" Bedeutung, die auch sämtlich nicht zu den schwerpunktmäßig im Studium vermittelten, zum Teil sogar zu den im Studium überhaupt nicht kennen gelernten Qualifikationen gehören.

Zu Beginn habe ich vorwegnehmend bemerkt, die Soziologie gehöre nach den Aussagen der befragten Absolventen offenbar nicht zu den „tätigkeitsübergreifenden" Qualifikationen. Stattdessen erwiesen sich die zum Studiengangscurriculum gehörenden Kernbereiche als spezifische fachliche Qualifikation. Der Block III in Tabelle 1 (hierbei handelt es sich ausschließlich um Pflichtanteile im Studium) stützt bereits diese These. Um diese Aussage jedoch genauer zu prüfen, bietet es sich an, die Befragten danach zu gruppieren, welche Tätigkeiten sie nach dem Studium wahrgenommen haben. Dies geschieht in der folgenden Tabelle 2, in der die Wichtigkeitseinschätzungen danach aufgegliedert werden, ob eine Be-

---

[7] Auf den ersten Blick überraschend mag erscheinen, dass die Qualifikationen der Datenerhebung und Datenanalyse – obwohl doch aus heutiger Sicht zum Pflichtkanon des Soziologiestudium gehörig – nur von der Hälfte der Befragten „überwiegend im Studium" erworben wurden. Dies hat zwei Gründe: Zum einen sind unter den Befragten auch zeitlich relativ weit zurückliegende Absolventenjahrgänge, als insbesondere die computergestützte Datenanalyse noch nicht zum universitären Standard gehörte. Zum anderen erlaubte die Studienordnung im Hauptstudium eine Schwerpunktsetzung, die von relativ vielen Studierenden dazu genutzt wurde, im Hauptstudium die „Methoden" abzuwählen.

fragte/ein Befragter im Laufe der Berufskarriere Tätigkeiten im Bereich Wissenschaft und/oder Forschung (im universitären oder in privatwirtschaftlichen Forschungs- und Beratungsinstituten) wahrgenommen hat, oder ob sie/er ausschließlich in „anderen Bereichen" berufstätig war.

In dieser differenzierteren Aufgliederung zeigt sich, dass die fachübergreifend wichtigen Qualifikationen (Blöcke Ia/Ib sowie II) weiterhin sowohl für soziologienahe wie für andere Tätigkeitsbereiche sehr bedeutsam bleiben, wenn auch mit leicht veränderter Gewichtung: Während Konzepte entwickeln, Zusammenhänge erkennen und analytisch denken, dokumentieren/recherchieren, argumentieren und Interdisziplinarität stärker die Tätigkeit in den Bereichen Wissenschaft und Forschung prägen, sind organisieren/planen, sich behaupten/verhandeln, soziale Fähigkeiten und Teamarbeit sowie Reflektieren des eigenen Handelns ist in den anderen Bereichen von etwas größerer Bedeutung.

Tabelle 2: Wichtigkeit beruflicher Qualifikationen

(Quelle: Absolventenbefragungen, Soziologie FU Berlin)

Qualifikationen:		Bereich Wissenschaft / Forschung		Andere Bereiche:	
		wichtig (%)	unwichtig (%)	wichtig (%)	unwichtig (%)
I a	Organisieren, planen	86,5	2,7	91,9	2,7
	Sich behaupten, durchsetzen, verhandeln	65,3	5,6	81,8	5,6
	Soziale Fähigkeiten, Umgang m. Menschen	75,7	1,4	86,5	1,8
	Allgemeinverständlich formulieren	79,5	2,7	78,4	5,4
	Beurteilen, entscheiden	76,7	2,7	74,5	4,5
I b	Zielorientiert, diszipliniert arbeiten	84,9	0,0	83,5	1,8
	Im Team arbeiten, kooperieren	80,8	0,0	87,2	1,8
	Konzepte entwerfen/entwickeln	80,8	4,2	67,3	8,2
	Computerunterstützt arbeiten	82,2	2,7	69,1	16,4
	Eigenes Handeln reflektieren	54,8	5,5	67,6	9,0
II	Zusammenhänge erkennen, analytisch denken	93,2	1,4	87,3	3,6
	Argumentieren, diskutieren	84,9	1,4	75,7	4,5
	Fachübergreifendes Denken, Interdisziplinarität	73,0	6,8	65,5	11,8
	Dokumentieren, recherchieren	79,5	2,7	60,0	12,7
III	Soziologische Theorie	35,2	31,0	8,1	60,4
	Wissenschaftliche Texte schreiben	64,4	23,3	18,0	55,0
	Selbständiges wissenschaftliches Arbeiten	71,6	14,9	31,5	47,7
	Datenerhebung / Forschungsmethoden	64,4	16,4	20,7	48,6
	Datenanalyse / Statistik	58,9	21,9	18,2	49,1
IV	Wissen vermitteln, präsentieren	66,2	6,8	53,2	11,9
	Theoret. Wissen auf Praxisprobleme anwenden	57,5	8,2	54,1	12,6
	Allgemeinbildung, breites Wissen	52,8	4,2	58,6	8,1
V	Eig. Abt./Organisation nach außen vertreten	51,4	16,7	43,6	16,4
	Beraten (Kunden, Klienten, Mitarbeiter)	43,1	25,0	55,5	17,3
	Personalführung, delegieren	37,8	23,0	41,1	24,3
VI	Rechtliche und ökonomische Kenntnisse	29,0	24,6	37,6	19,3
	Gesetze/Vorschriften anwenden, Verwaltung	24,7	41,1	36,1	24,1

Interessant ist in unserem Zusammenhang jedoch der o.g. Block III, der „im Durchschnitt" (siehe Tab. 1) als weniger bedeutsam für den Beruf erschien. In arbeitsmarktpolitischen Diskursen wird daran oft kurzschlüssig die Deutung angehängt, die Universität bilde „am Arbeitsmarkt vorbei" aus. Die jetzt vorgenommene Aufgliederung macht aber deutlich, dass hier – wie oft – eine zu grobe Auswertung in die Irre führt. Auch dieser Kernbereich jeden soziologischen

Curriculums ist von unbestrittener Relevanz für die Berufstätigkeit – aber eben nicht für *jede* Tätigkeit, sondern für, im engeren Sinne, sozialwissenschaftlich gefärbte Aufgaben. Dieses Schicksal teilt die Soziologie mit *jeder* anderen Disziplin: dass ihre fachlichen Inhalte für Aufgaben ohne direkten inhaltlichen Bezug zum Studienfach auch eine nur geringe unmittelbare Relevanz haben.

Die Antworten der befragten Soziologinnen und Soziologen belegen einen letztlich nicht verwunderlichen Sachverhalt: Auch die Soziologie bildet – was ihr fachliches Curriculum betrifft – nicht für Berufstätigkeiten „in der Gesellschaft" aus, sondern zunächst für Tätigkeiten mit inhaltlichen Bezügen zum Studienfach. Wenn dennoch Soziologinnen und Soziologen nach ihrem Studium Berufspositionen in einem breiten Spektrum von Branchen und Tätigkeitsfeldern mit Erfolg einnehmen können, so liegt dies offenbar nicht an den fachspezifischen Studien*inhalten,* sondern an den Fähigkeiten, die man *bei Gelegenheiten* der Auseinandersetzung mit Fachinhalten erworben hat. Dies lässt sich insbesondere am Stellenwert des Items „soziologische Theorie" nachvollziehen. „Soziologische Theorien" als Gegenstand sind nach den Aussagen der Befragten bei ihrer jeweiligen gegenwärtigen Tätigkeit von geringer Bedeutung. „Soziologische Theorien" im Studium ist dem gegenüber der Stoff, an dem gelernt wird, „analytisch zu denken", „zu argumentieren und zu diskutieren", sich aus unterschiedlichen Perspektiven mit gesellschaftlich relevanten Sachverhalten auseinander zu setzen, um nur an einige der „wichtigen" Querschnitts-Qualifikationen zu erinnern. Zudem gehört die Fähigkeit, „theoretisches Wissen auf Praxisprobleme anzuwenden", sogar explizit zu den tätigkeitsübergreifend wichtigen Fähigkeiten, wie die Aufgliederung in Tab. 2 zeigt.

Und wenn ein Studierender die Chance wahrgenommen hat, sich intensiv die empirischen Methoden der Datengewinnung und -analyse anzueignen, ist er – mit welchen konkreten Aufgaben auch immer er im Beruf konfrontiert sein mag – davor gefeit, statistische Tabellen zu grob und damit in die Irre führend zu interpretieren.

Literatur

Mertens, D. (1974): Schlüsselqualifikationen, Thesen zur Schulung für eine moderne Gesellschaft, Nürnberg, in: Institut für Arbeits- und Berufsforschung (Hrsg.): Mitteilungen aus der Arbeitsmarkt- und Berufsforschung, Jg. 7, 1974, Heft 1.

Dehnbostel, P. u.a. (1992): Lernen für die Zukunft durch verstärktes Lernen am Arbeitsplatz, Bundesinstitut für Berufsbildung, Berlin, Berichte zur beruflichen Bildung, Heft 149.

Prof. Dr. Helmut Kromrey

Jg. 1940. Berufliche Tätigkeiten in Industrie, Medien und Hochschule.
Abitur über 2. Bildungsweg, Studienabschluss als Dipl.-Volkswirt sozialwissenschaftlicher Richtung (Universität Köln). Bis 2005 Lehrstuhlinhaber
für Soziologie / Empirische Sozialforschung, Freie Universität Berlin.
Langjähriges Vorstandsmitglied, auch als 1. Vorsitzender, des BDS

Beratung

Grenzgänger – Curriculum Sociologicum Qualitätsmanagement im Gesundheitswesen, Marktforschung; Politik

Jürg Baumberger

Zeit des Aufbruchs

Grenzgänger. Das war ich immer. Warum ich dabei Soziologe geworden bin, ist nicht mehr mit Sicherheit festzustellen. Dass ich es bin, das schon eher.

Zum Zeitpunkt meiner Matur (Reifeprüfung) stand mein Studienwunsch jedenfalls nicht endgültig fest. Geschichte zu studieren war mir mangels Latinum verwehrt. Ein mathematisch-naturwissenschaftliche Mittelschulabschluss war angesagt. Zunächst aber musste ich ins Militär. Im Laufe dieses Jahres bildete sich langsam das Studienziel Soziologie heraus. Nicht unbedeutend beteiligt daran war meine in Frankfurt lebende Freundin und spätere Ehefrau, die ich auf der Maturreise nach Berlin kennen gelernt hatte.

Der Soziologie haftete der Ruch des Rebellischen an, was meiner feldgrau geknechteten Seele und meinem Unabhängigkeitsdrang entgegenkam. Kein schulisches und verschultes Studium wollte ich machen, ein freies. Dem schien die Soziologie entgegenzukommen, genauso wie der Studienort: Bern, wo die Soziologie der Rechts- und wirtschaftswissenschaftlichen Fakultät angegliedert war, lateinfrei betrieben und mit einem lic. rer. pol. winkend.

Peter Atteslander führte uns in die empirische Sozialforschung ein, Jean Ziegler lehrte uns in Vorlesungen über – insbesondere französische – Entwicklungssoziologie, dass Geschichte nicht nur in Europa stattgefunden hat. Unter Anleitung der Assistenten, die wir später in Politik, Verwaltung und Wissenschaft in prominenten Rollen sahen, erhielten wir eine umfassende Übersicht über die Dogmengeschichte. Wir lernten, dass eine der zentralen Aufgaben der Soziologie die Ideologiekritik ist, basierend auf einer kritischen Durchdringung der Gesellschaft, die in der Regel dann auch in eine durchdringende Kritik ebendieser mündet. Die Soziologie ist in ihrer schieren Existenz eine Herausforderung für die Gesellschaft und insbesondere für jene, die die Macht innehaben. Denn die Beschreibung der Macht macht sie der Hinterfragung zugänglich.

Die Verhältnisse waren familiär. Bern hatte damals in allen Fakultäten insgesamt 3000 Studenten. In der Soziologie waren es pro Jahrgang eine Handvoll. Wir schrieben das Jahr 1968. Auch in der Schweiz und damit auch im notorisch langsamen Bern konnten sich die Universitäten dem allgemeinen intellektuellen Aufbruch der 60er Jahre nicht entziehen. Die Soziologen standen quasi naturgemäß an der Spitze der Unrast. 1967 bildete sich an der Uni das Forum Politicum, in dem sich die 68er-Bewegung Berns manifestieren sollte. Ich trat ihm 1968 bei, nachdem ich Redaktor der Studentenzeitung „Berner Student" geworden war.

Wir politisierten uns durch das Jahr, führten die erste Fakultätsbesetzung der Schweiz durch – und studierten daneben fleißig. Denn wir mussten beweisen, dass politische Studenten gute Studenten waren, und außerdem interessierte uns der Stoff unseres Studiums mehrheitlich.

1969 beschlossen meine in Frankfurt studierende Freundin und ich, im geografischen Schnittpunkt Freiburg im Breisgau unsere Studien gemeinsam fortzusetzen. Unser Schwerpunkt war Entwicklungssoziologie, und wir beschäftigten vor allem mit China. Unser beider Magisterarbeiten waren dort angesiedelt, meine mit einem Vergleich zwischen den Bauernaufständen in China im 19. Jahrhundert (Taiping und Nian) mit dem Bauernkrieg im Europa des 16. Jahrhunderts. Die Prüfung war im Februar 1972 im 11. Semester geschafft.

Im China nach der Kulturrevolution

Wir wandten uns neuen Ufern zu: China war angesagt. Aus der Berner Zeit hatte ich Beziehungen zur Chinesischen Botschaft – in der BRD gab es damals noch keine. Wir wollten Chinesisch lernen, und zwar in China. Wir meldeten uns also nach bestandenem Examen in Bern an und mussten eine Übersetzungsprüfung machen: In 2 Stunden übersetzten wir drei Seiten aus Maos Werken aus dem Englischen ins Deutsche. Das Resultat war von Tempo und Qualität her offensichtlich genügend, denn bald darauf wurden wir wieder aufgeboten und erhielten positiven Bescheid. Wir sollten so bald wie möglich losfahren. Unsere Frage nach dem zu erwartenden Lohn beantwortete man uns mit dem Hinweis, es reiche zum Leben. Das reichte uns als Antwort, und es reichte in der Folge auch, gut.

In Peking wurden meiner Frau und mir zwei unterschiedliche Arbeiten angeboten: einmal als Lehrer an der Peking Universität, der bis heute wichtigsten Hochschule Chinas, und zum anderen als Lektor-Übersetzer-Lehrer an der „Peking Rundschau" des Fremdsprachenverlags. Wir schnupperten eine Woche gemeinsam an beiden Orten, dann wählte Elo „Lehrerin", und ich wurde Übersetzer.

Übersetzt haben eigentlich die chinesischen Kolleginnen und Kollegen, aber ich musste die Texte korrigieren, in einwandfreies Deutsch bringen, so weit mir das möglich war. Das war nicht immer einfach. Die Diskussionen waren hart, aber immer freundschaftlich, und als ich nach einiger Zeit der Zurückhaltung eine Vertrauensbasis geschaffen hatte, konnte ich auch Vieles beeinflussen. Diese intensive Zusammenarbeit in einer Zeit, in der für Chinesen persönliche Kontakte mit Ausländern nur sehr begrenzt möglich waren, hat an beiden Arbeitsstellen zu Freundschaften geführt, die bis heute halten.

Wir waren eben Pioniere nach der Kulturrevolution. Buchstäblich, denn wir waren die Ersten, die im Sommer 1972, nach der heißesten Phase der Kulturrevolution, als Sprachexperten in Peking ankamen. Wir wohnten im Freundschafts-Hotel (Beijing Youyi Binguan), wo eine Handvoll Ausländer, die das Land nicht verlassen hatten – teilweise, weil sie politische Flüchtlinge waren – während der Kulturrevolution quasi überwinterten. Von diesen lernten wir viel. Und Chinesisch? Das lernten wir auch, aber am Abend, und meine Lernkapazität war eher gering, denn ich war immer sehr erschlagen von der Arbeit. Aber dank eines guten Lehrers und eines guten Ohrs konnte ich bis zum Schluss rund 70 % des Alltagschinesisch verstehen. Mit den Schriftzeichen haperte es, denn da hätte ich mehr ‚büffeln' müssen.

Wir machten mehrere Reisen durch das Land, begleitet von unseren Arbeitskollegen, die uns als Dolmetscher dienten. Die letzte Reise hatten wir im Sommer 1974 während der Bewegung „Pilin pikong" (Kritik an Lin Biao und Konfuzius), und das Material, das wir dabei sammelten, veröffentlichten wir in einem Band der Reihe rororo aktuell Anfang 1975 unter dem „Titel Beethoven kritisieren, Konfuzius verurteilen".

Umschwung in das Gesundheitswesen

Wir kehrten nach Deutschland zurück, nach Westfalen, Münster. Wir wollten die Erfahrungen verarbeiten, und das sollte mit einer Dissertation abgerundet werden. Zunächst rissen sich die Leute um unsere Erfahrungen, denn wir waren nicht nur die Ersten, die nach der Kulturrevolution für längere Zeit nach Peking

gefahren waren, wir waren auch die Ersten, die zurückkehrten. Wir wurden Mitglieder der Gesellschaft für Deutsch-Chinesische Freundschaft (GDCF), deren lokale Vereine eine Tour durch ganz Deutschland organisierten. Unseren Diavortrag „Leben, Wohnen, Arbeiten in China" hielten wir in großen und kleinen Sälen, vor 50 Zuhörern und vor 2000; meist waren es einige Hundert.

Daneben arbeiteten wir fleißig an den Dissertationen. Mein Thema war ein Vergleich des Revolutionskonzepts von Marx, Engels, Lenin und Stalin mit dem von Mao. Ich las wie wild, füllte brav Seite um Seite. Spannend gewesen wäre ein

Vergleich der philosophischen und kulturellen Fundierung der Unterschiede. Doch dazu fehlte mir das philosophische Rüstzeug. Außerdem war nicht sicher, wo ich mit meinem fehlenden Latinum promovieren könnte. So erlosch schließlich mein Interesse am Stoff. Ich wollte von der Uni weg und legte meine „Diss." geistig ad acta.

Ein Freund unserer Familie, Psychoanalytiker, war in meinem Geburtsort, dem hinterthurgauischen Sirnach, Chefarzt einer größeren psychiatrischen Privatklinik: Littenheid, ein Klinikdorf. Er fragte mich Ende 1977, was ich denn so tue. Ich sagte ganz spontan: „Ihr könntet mich brauchen!" Littenheid habe Öffentlichkeitsarbeit nötig, und das könne ich. Hans biss an, zumal er schon lange gerne einen Soziologen angestellt hätte.

Ich wurde mit dem Eigentümer Littenheids handelseinig: Zu 50 % sein Betriebsassistent (die BWL-Fundierung des Berner Studiums waren da kein Nachteil) und zu 50 % wissenschaftlicher Assistent des Chefarztes. Am 1. April 1978 trat ich die Stelle an. In der Schnittmenge Betrieb/Klinik erstellte ich ein Konzept Öffentlichkeitsarbeit, das ich in Schritten während 5 Jahren umsetzte. Ich war zuständig für Patientenrecht und schuf die erste Patientenbroschüre für eine Psychiatrieklinik in der Schweiz. Im betrieblichen Bereich organisierte ich, was da zu organisieren war, war für die Drucksachen zuständig, baute einen Vita-Parcours (Fitness), betreute die Bibliothek, war Gruppenführer in der Betriebsfeuerwehr und was der Kleinigkeiten mehr waren.

Im eigentlichen Klinikbereich nahm ich an den Ärztekonferenzen teil, in denen die Fälle besprochen wurden. Hier konnte ich meine soziologischen Standpunkte einbringen. Im Rahmen der Schweizerischen Gesellschaft für Soziologie wurde ich Mitglied von zwei Untergruppen: der SAP – der Soziologen im außeruniversitären Bereich – und der Medizinsoziologen. In Deutschland war ich Gastmitglied der Soziologen in der Psychiatrie und lernte so die deutschen Kliniken kennen, Mammutinstitutionen, die konzeptionell hinter der Schweiz herhinkten.

Basaglias „Was ist Psychiatrie?" wurde 1973 auf Deutsch veröffentlicht, Dörners „Bürger und Irre" erschien 1975. Diese Lektüren regten mich zu einem neuen Dissertationsanlauf an. Dieses Mal wollte ich es an der renommierten Wirtschaftshochschule St. Gallen versuchen, und zwar in Betriebswirtschaft bei Hans Ulrich, dessen „Unternehmung als produktives soziales System" mich beeindruckte. Doch auch dieses Manuskript flog auf den Haufen der Lebensgeschichte.

Von Littenheid hatte ich mich in der Zwischenzeit gelöst. Auf einer Veranstaltung der Schweizerischen Gesellschaft für Gesundheitspolitik (SGGP), deren Mitglied ich war und bin, stieß ich im Herbst 1982 auf den Leiter einer großen Krankenkasse. Nach einem Referat, das mich beeindruckt hatte, fragte ich ihn, ob ich bei ihm arbeiten könne. Er bestellte mich nach Winterthur, und in einer halben Stunde waren wir uns handelseinig: Ich sollte nach den Sommerferien die Stabstelle Planung und Koordination der Krankenkasse KFW aufbauen.

Mitte August 1983 trat ich die Stelle bei der KFW an. Ich reorganisierte Geschäftsstellennetze, rechnete die Prämien für die Grundversicherung, führte den Übersetzungsdienst, leitete Projekte wie einen Leitbildprozess, schrieb eine Firmengeschichte, vertrat den Unternehmungsstab in der Geschäftsleitung, deren Protokolle ich über längere Zeit schrieb, organisierte, was zu organisieren war. Daneben stand ein Projekt im Zentrum, das mich auf die nationale Gesundheitsbühne brachte: Die Einführung der Health Maintenance Organization (HMO) nach amerikanischem Vorbild in der Schweiz und damit in Europa. Das Meiste, was heute unter dem Begriff Managed Care oder Integrierte Versorgung in Zentraleuropa besteht, geht auf diese Entwicklung zurück, in der Schweiz, Deutschland und Österreich ganz sicher. Die Idee einer Adaptation des amerikanischen Gedankens, dass im Gesundheitswesen der belohnt werden sollte, der mit vorhandenen Mitteln eine umfassende Versorgung der ihm anvertrauten Versicherten/Patienten zu guter Qualität bereitstellt, wie sie in der HMO angedacht war, diese Idee wurde zunächst in der SGGP diskutiert. Es bildete sich eine Studiengruppe HMO, die Promotoren im Bereich der Krankenkassen suchte. Bei meinem Chef stieß sie auf offene Ohren. Er suchte Mitstreiter, und als er sie hatte, wurde mir zunächst die Administration und dann die Führung des Projekts übertragen.

Wir gründeten die IGAK, die Interessengemeinschaft für alternative Krankenversicherungsmodelle. Diese arbeitete sechs Jahre am Projekt. Am 1. Januar 1990 eröffneten wir die erste HMO Europas mit Pauken und Trompeten. Und mit etwas leiseren Tönen mussten wir drei Wochen später unsere erste Ärzte-Crew fristlos entlassen und ein Übergangsregime von einem halben Jahr einleiten. Wir hatten uns in nichts geirrt, weder in der Übertragbarkeit auf europäische Verhältnisse des Sozialstaats, noch in der Möglichkeit, auf Seiten der Leistungserbringer Partner zu finden, noch in der Attraktivität des Produkts für die Konsumenten, nur in einem: der Auswahl der Mediziner. Wir kamen mit ihnen nicht zurecht und sie wohl auch nicht mit uns. Wir kamen aber gut über die Stromschnellen und konnten daran gehen, weitere HMOs zu planen.

Der Schritt in die Selbständigkeit

Eine Neubildung der Führungsequipe in der KFW verlief allerdings nicht nach meinem Geschmack. Da ich durch IGAK und HMO über ein gutes Beziehungsnetz verfügte, wollte ich im Gesundheitswesen bleiben. Der Präsident der SGGP baute damals das Geschäftsfeld Gesundheit für die Schweizerische Treuhandgesellschaft STG auf, die wenig später von Coopers & Lybrand übernommen wurde, die ihrerseits in der heutigen Price Waterhouse Coopers aufgegangen ist. In diesem Rahmen wurde unter dem Namen HMI Health Management Institute eine Gruppe von lose verbundenen Beratungsfirmen gegründet. Ich erhielt das Angebot, eine davon zu sein. Seither bin ich Inhaber einer Firma: HMI creative AG; sie ist die einzig übrig gebliebene aus dem Kreis, gelöst von der großen Schwester.

Mit der Selbständigkeit und der Verbindung insbesondere zu Coopers & Lybrand wurde ich vermehrt international tätig. Zwar hatte ich gute Kontakte zu Deutschland, wo ich noch in der IGAK-Zeit begann, zu beraten und vorzutragen, aber die HMI-Gruppe brachte Arbeit in Südtirol, wo ich Gesundheitsplanung machte, und Coopers erschloss mir den angelsächsischen Raum, denn das Wissen in Managed Care war damals noch dünn gesät in Europa. Damit war ich zum Experten avanciert, auch für Gebiete, in denen ich keine Ahnung hatte. Ich musste mich schlau machen in den Folgen der integrierten Versorgung für die Pharmaindustrie – geschlossene Nutzerzirkel mit ausschließenden Medikamentenlisten –, die wir dann den obersten Führungskreisen der Industrie in Europa vortrugen: England, Schweiz, Frankreich, Deutschland, Spanien. Ich beriet Ärztegruppen und Krankenversicherer sowie deren Managed Care Organisationen in der Schweiz und in Deutschland, begleitete Übernahmen und Fusionen von Kassen, fungierte als Strategieberater insbesondere für Krankenversicherungen, leitete interimsweise als Mandat ein Jahr die größte Managed Care Organisation, begleitete Projekte im Bereich Managed Care wie „Integriertes Managed Care Thurgau" oder „Gesundheitsnetz Liechtenstein", beriet Großunternehmungen beim Abschluss von Kollektiv-Krankenversicherungsverträgen, reorganisierte den Dachverband der schweizerischen Krankenversicherer, organisierte Studienreisen in die USA etc. pp.

Daneben hielt ich Referate im internationalen Rahmen. Ich war in die Gruppe Gesundheit von Coopers & Lybrand einbezogen, in der ich als „Director Coopers & Lybrand European Health Care Group" firmierte und für die ich auch in den USA tätig war. Anlässlich eines Referats in London sprach mich ein Herr an, ob ich auch für seine Gesellschaft am Jahreskongress ein Referat halten könnte. Gerne, meinte ich, wo der Kongress denn stattfinde. In Auckland, Neuseeland, gab er zur Antwort. Die vielen Vorträge begleitete eine rege Publikationstätigkeit, da die meisten Referate auch zu Texten umgearbeitet werden mussten. Dazu kamen weitere in Tages- und Fachzeitungen sowie in Sammelbänden.

Durch den Kontakt zu Christian Sigrist in Münster, den ich aus meiner Freiburger Studienzeit kannte, erhielt ich noch einmal eine Chance zur Promotion. Nicht schon wieder!, war mein erster Gedanke, aber die Sache – meine Erfahrungen mit der Einführung von Managed Care – reizte mich. Dann legte ich den Gedanken wieder ad acta. Im Frühling bat mich ein Freund, ein Referat zum Thema Managed Care, Vergleich Schweiz-Deutschland, zu halten. Bei dem Thema machte es „klick!". Das war doch das Thema für die Dissertation. Der dritte Anlauf klappte, und ein knappes dreiviertel Jahr darauf war ich promoviert, Dr. phil. Die Doktorarbeit wurde unter dem Titel „So funktioniert Managed Care, Anspruch und Wirklichkeit der integrierten Gesundheitsversorgung in Europa" im Thieme-Verlag veröffentlicht. Nun hatte ich also die Dissertation gemacht. Die Beratertätigkeit führte ich weiter, auch wenn sie allmählich auf kleinerem Feuer brannte. Ich habe ja auch langsam das Alter dazu. Dafür habe ich mich nochmals in die Politik eingemischt, wenn auch nur lokal. Ich ließ mich in den Gemeinderat, die Exekutive, von Sirnach (6500 Einwohner) wählen, wo ich das Ressort Sport, Kultur, Jugend – der Älteste! – und Spitex (Spitalexterne Krankenpflege) führe, in der Finanzkommission bin, in der Sozial- und Vormundschaftsbehörde, im regionalen Zweckverband für Beratung und Prävention usw. Parteipolitisch oute ich mich in der Nähe der Sozialdemokraten – Grenzgänger auch hier –, was in einem solchen Gremium auch mal zu Einsamkeit führen kann. Aber im Dorf, für das ich den Bau von Alterswohnungen initiiert und eine Partnerschaft mit der ungarischen Gemeinde Helvécia aufgezogen habe, findet sich die notwendige Unterstützung jeweils schon. Und regionale und kantonale Jugend- und Kulturpolitik zu machen, hat durchaus seinen Reiz.

Kurzer Rückblick

Wenn ich meinen Berufsweg rückblickend überschaue, so scheint mir, dass ich die verschiedenen Windungen und Wendungen deshalb einigermaßen erfolgreich bewältigen konnte, weil ich immer vielfältige persönliche Kontakte suchte und, auch wenn sie bloß zufällig entstanden waren, im kritischen Moment genutzt habe. Man darf sich nicht scheuen, auch in einer vermeintlichen oder wirklichen Schwächeposition (was die Jobsuche ja darstellt: man will etwas von Anderen) Menschen anzusprechen, die einem weiterhelfen können und zwar so, dass diese erkennen, welchen Nutzen sie davon haben, wenn sie mit mir zusammenarbeiten. Meine Motivation hängt auch damit zusammen, dass alle Themen oder Aufgaben, mit denen ich mich befasst habe oder die von außen an mich herangetragen wurden, mich immer gefesselt haben. In der Regel hatten sie einen Bezug zu meinem Fach, der Soziologie, oder ich konnte einen solchen Bezug für mich herstellen. Dadurch konnte ich auch ohne Schwierigkeiten das Engagement aufbringen, das nötig ist, um sich auf so heterogenen Feldern zu bewegen. Auslandsaufenthalte, Kenntnis fremder Kulturen, Sprachkenntnisse, aber auch ‚hard facts' wie Grundlagen der Betriebswirtschaft und Organisation waren und sind dabei allerdings unabdingbar – nicht nur für mich als schweizerischen Grenzgänger.

Dr. phil. Jürg Baumberger

Jahrgang 1946, Studienabschluss in Soziologie (Universität Freiburg/Br.), in den 70er Jahren 2 Jahre als Übersetzer in der Volksrepublik China, nach Rückkehr in die Schweiz in verschiedenen Funktionen im Gesundheitswesen, auch im europäischen Rahmen, tätig. Inhaber einer Beratungsfirma zum Qualitätsmanagement im Gesundheitswesen und neuerdings Lokalpolitiker.

Beratung

Wie kommt ein Windsurfer über verschiedene Stationen ans Ziel? Personal- und Organisationsentwicklung in der Industrie

Angelika Gutbrod-Speidel

Studium und erste Berufstätigkeit

Als 1972 in München die Olympischen Spiele stattfanden, faszinierte mich als damals 17-Jährige, dass Piktogramme für die verschiedenen Sportarten entwickelt wurden, dass also eine universell verständliche visuelle Sprache weiter entwickelt und eingesetzt wurde. Wie Menschen Nachrichten kommunizieren und wie sie sie verstehen – dieser Frage wollte ich in meinem späteren Berufsleben nachgehen. Und ein Anderes interessierte mich gegen Ende meiner Schulzeit: Wie in unserer Gesellschaft die unterschiedlichen Gruppierungen agieren, ihre Interessen durchsetzen, gegeneinander und zusammen wirken. Aus diesen beiden Grundthemen baute ich mir an der Ludwig-Maximilian-Universität in München diese Fächerkombination zusammen: Soziologie als Hauptfach, Kommunikationswissenschaft – sie hieß Mitte der 70er Jahre noch „Zeitungswissenschaft" – und Organisationspsychologie als Nebenfächer.

Innerhalb der Soziologie wählte ich die Studienschwerpunkte „Bevölkerungssoziologie" und „Soziologie der Arbeit und Berufe" bei Karl-Martin Bolte. Dies war für meinen beruflichen Werdegang von Bedeutung: Meine erste Arbeitsstelle, ab 1979 beim AOK-Bundesverband in Bonn als Referentin für Gesundheitsförderung, bekam ich u.a. auf Grund der Kombination von „Bevölkerungssoziologie" – wo ich über Sterblichkeitsraten als Merkmale des Entwicklungsgrades einer Bevölkerung gearbeitet hatte – und Kommunikationswissenschaft. Meine Aufgabe beim AOK-Bundesverband war, zielgruppenspezifische Kommunikationsprogramme zur Gesundheitsvorsorge zu konzipieren, z.B. mit dem Ziel der Erhöhung des Anteils der Wahrnehmung der Früherkennungsuntersuchungen bei Kleinkindern.

Viel Familie und ein wenig Berichterstattung beim Radio – Es ging gut.

Meine persönliche private Situation soll hier auch kurz beleuchtet werden, weil sie für die Berufsbiografie von Bedeutung ist. Mein Ehemann – wir hatten am Ende unserer Münchener Zeit geheiratet – hatte eine neue Arbeitsstelle, nach Zwischenstation in Bonn, in Reutlingen gefunden. Wir zogen dorthin um; in dieser Zeit erwarteten wir unser erstes Kind. Unsere drei Kinder wurden 1981, 1983 und 1986 geboren.

Während dieser „Familienphase" hatte ich mich frühzeitig mit dem Arbeitsamt in Verbindung gesetzt. Auf ungläubiges Staunen stieß ich bei der für mich zuständigen Arbeitsvermittlerin, als ich ihr sagte, dass ich bevorzugt eine Stelle im Personalbereich eines Unternehmens suchte. Dieser Wunsch hing mit einem dritten Grundthema, einer dritten Motivation zusammen, nämlich in einem privatwirtschaftlichen Unternehmen tätig zu werden und dabei meine Kenntnisse der Organisationspsychologie anzuwenden und weiter zu entwickeln. Zunächst hatten weder die Arbeitsvermittlerin noch ich selbst die zündende Idee. – Aber eine andere Chance tat sich auf: Private Hörfunkanstalten erhielten Ende 1986 die Sendelizenz. Ich bewarb mich bei einem lokalen Hörfunksender für die aktuelle Berichterstattung. Außerdem wurde ich vom Hörfunk der benachbarten Universität Tübingen angesprochen, ob ich nicht Beiträge für die wissenschaftliche Berichterstattung machen wolle. Familie und Hörfunk brachte ich unter einen Hut, indem ich als Reporterin vorzugsweise Abendveranstaltungen wahrnahm, spätabends im Studio noch den Bericht „schnitt", oder am folgenden Mittag in der aktuellen Nachrichtensendung live über Telefon sprach. Im Umfang waren dies etwa zehn bis fünfzehn Wochenstunden. Ich war also unter die Medienleute gegangen, mit dem positiven Effekt, dass ich interessante Themen und Aufgaben hatte, wieder „richtig berufstätig" und in der Künstlersozialkasse versichert war.

Es gab weitere positive Effekte, insbesondere aus der Art zu arbeiten: die freie Zeiteinteilung und der Zeitdruck verlangten ein immer effizienteres Vorgehen, das Live-Sprechen erforderte eine große geistige und körperliche Präsenz, auch komplexe Inhalte mussten einfach und verständlich „rüber" und „auf den Punkt" gebracht werden. Aus diesem Arbeitsstil konnte ich Vieles auf spätere berufliche Tätigkeiten übertragen.

Zusatz-Qualifizierung zur Betrieblichen Weiterbildungsberaterin

Nach einigen Jahren in diesem journalistischen Feld war es Zeit, Überlegungen für die weitere berufliche Laufbahn anzustellen. Nachdem ich viele Themen quer erfasst und dargestellt hatte, wollte ich nun wieder mehr „Tiefe" erreichen, mich also in einem Bereich fachlich intensiver einarbeiten. Ich entschied mich für eine einjährige Vollzeitqualifizierung zur „Betrieblichen Weiterbildungsberaterin" – bestehend aus Seminarblöcken und Praktika. Ziele der Qualifizierung waren, in den Personalentwicklungsbereich einer Organisation einsteigen und/oder als Trainerin arbeiten zu können. Diese Qualifizierung bei einem privaten Institut in Tübingen war für arbeitssuchende Akademikerinnen und Akademiker ausgelegt und wurde vom Arbeitsamt gefördert. In meiner Ausbildungsgruppe von 24 Personen waren drei Sozialwissenschaftlerinnen neben Absolventen z.B. der Philosophie, Theologie, Pädagogik oder von Lehramtsstudiengängen.

Aufbauend auf der Soziologie befasste ich mich nun mit der Organisation, speziell auch mit der Industrieunternehmung, besonders aus betriebswirtschaftlichem Blickwinkel. Wir machten uns mit den Grundlagen von Kostenmanagement und Budgetierung vertraut. Später bei meinen weiteren beruflichen Stationen kamen mir die wirtschaftlichen Kenntnisse sehr zugute. In der Praxis des jeweiligen Arbeitgebers lernte ich weiter: die wesentlichen Zusammenhänge von Rechnungswesen und Unternehmensprozessen und die Bedeutung von Kennzahlen für die Unternehmenssteuerung.

Ein wesentlicher Inhalt der Qualifizierung war die Trainerausbildung gewesen, beginnend mit den grundlegenden Bausteinen Moderation und Präsentation. Ein weiterer Inhalt: das Aneignen erster Kompetenzen für Beratung im Bereich Personalentwicklung. Für Beratung und Coaching muss Mann und Frau zunächst Einiges über sich selbst in Erfahrung bringen. Theorien mit den entsprechenden Methoden wurden vorgestellt und ausprobiert, u.a. Beratungsansätze aus der Transaktionsanalyse (TA).

Ab dieser Vollzeitqualifizierung über die kommenden Jahre hinweg schafften wir als Eltern die Erziehungsarbeit mit Hilfe verschiedener Wege: vorübergehende Reduzierung der Arbeitszeit auf Teilzeit beim Vater, später bei mir als Mutter, private Beschäftigung von Personen für die Nachmittagsbetreuung und den Haushalt. Sehr hilfreich war schließlich die Einrichtung eines Horts an der Schule unserer Kinder.

Tätigkeit bei einem Bildungsträger

Im Anschluss an diese einjährige Qualifizierung fand ich in einer Einrichtung eines überbetrieblichen Bildungsträgers in Stuttgart eine Aufgabe als Koordinatorin für ein Projekt der Europäischen Union mit definierten Zielgruppen: für so genannte „sozial benachteiligte", erwachsene Umschüler und „lernbehinderte" Auszubildende. Die EU-Mittel wurden einerseits für Innovationen in den Ausbildungskonzepten vergeben, andererseits für Austausche innerhalb der EU mit anderen Gruppen von Auszubildenden. Ich fühlte mich als Soziologin mit meinem Schwerpunkt „Arbeit und Beruf" und mit meiner Zusatzqualifizierung in der betrieblichen Weiterbildung am richtigen Platz. Dies kann ich auch von den nachfolgenden Arbeitsstellen bis heute sagen.

In der Einrichtung des Bildungsträgers konnte ich die Ausbildung in verschiedenen gewerblichen und kaufmännischen Berufen aus nächster Nähe sehen, auch die „Zuschnitte" und Abgrenzungen. Wir bekamen die Entstehung neuer Berufe mit, wie zum Beispiel den des Mechatronikers. Externe Ansprechpartner waren Institutionen, die von der Bundesregierung als nationale Koordinatoren des EU-Projekts beauftragt waren. Interessant waren die Unterschiede in der Ausbildung zwischen den teilnehmenden EU-Staaten. Ich koordinierte und betreute teilweise die internationalen Austauschgruppen und nahm an internationalen Expertentreffen teil. Unsere Einrichtung legte für „Brüssel" inhaltliche Berichte parallel zu den wirtschaftlichen Rechenschaftsberichten vor.

Was lernte ich bezüglich der Arbeitweise? Projektarbeit! Als Koordinatorin war ich in der Rolle einer Teilprojektleiterin und lernte die Projektarbeit „quer" zu den Linienfunktionen kennen und durchführen. Zu einem Projekt gehört die zeitliche Begrenzung, d.h. auch die zeitliche Befristung des Anstellungsvertrages. Dieser war bereits einmal verlängert worden, aber es bedeutete für mich doch, gegen Ende der drei Projektjahre nach einem neuen Betätigungsfeld zu suchen.

Der Schritt in die Privatwirtschaft

Von dem überbetrieblichen Bildungsträger aus wagte ich den Schritt in eine Unternehmensberatung für Personalentwicklung, da ich gerne in der Privatwirtschaft tätig sein wollte. „Wagnis" in verschiedener Hinsicht: Die Branche war mir noch fremd; nicht zuletzt aber wollte ich flexiblere und bessere Verdienstmöglichkeiten erreichen.

Bei dieser Unternehmensberatung, der IMAKA GmbH (heute mit Sitz in Leonberg), wurde ich in Vertrieb und Projektdurchführung tätig, d.h. ich unterstützte das am Standort junge Beratungshaus in der Akquisition und führte über zwei Jahre ein Kundenprojekt durch. Dieser Kunde, ein mittelständisches Industrieunternehmen, hatte seine Personalentwicklung und -betreuung teilweise an die Unternehmensberatung outgesourct. Diese Aufgaben übernahm ich als Externe, wobei ich regelmäßig im Haus des Kunden vor Ort war und dort mit der Geschäftsführung, den HR-Verantwortlichen und den Führungskräften zusammen arbeitete.

Als dieses Unternehmen nach zwei Jahren seine Personalfunktionen neu ordnen und wieder integrieren wollte, mich dann in die Stellenausschreibung einbezog, überlegte ich einige Zeit – und bewarb mich auf die neu geschaffene Stelle. Im Rückblick habe ich eine Sache dabei gut gemacht, eine andere Sache – vielleicht – schlecht. Gut war, dass ich mich von meinem bisherigen Arbeitgeber, der Unternehmensberatung, in guter Weise verabschiedet habe. Eher schlecht war, dass ich beim Zuschnitt der Stelle „gebremst" habe, als es um die Frage einer späteren Übernahme der Gesamtleitung des Personalbereichs ging. In dieser Situation verfügte ich nicht über genügend Mut und Selbstbewusstsein, um im eigenen Interesse die Weichen in Richtung höherer Führungsaufgabe zu stellen und mir das Notwendige Schritt für Schritt anzueignen. Heute sehe ich, dass ich mir vielfältige Unterstützung hätte holen können – wie es andere Frauen z.B. in Frauennetzwerken tun.

Personalentwicklung im Industrieunternehmen

Bei dem Industrieunternehmen war ich als Leiterin Personalentwicklung verantwortlich für Bedarferhebung, Durchführung und Evaluierung von Personalentwicklungsmaßnahmen, für die Ausbildung sowie für die Personalbetreuung. Ich unterstützte das Management bei der Einstellung von Fach- und Führungskräften von der Stellenausschreibung über das Interview bis zur Vertragsgestaltung. Für das „Personalgeschäft" war eine fundierte Fortbildung in Arbeitsrecht erforderlich und hilfreich. Hier hatte ich gute Lehrer. Da „mein" Unternehmen international tätig war, machte ich bald möglichst auch einen Sprachkurs für Business-Englisch, wobei ein spezieller Part der Aneignung des englischen „HR" (Human Resources) -Wortschatzes diente.

Mein lange gehegter Wunsch, einmal im Personalbereich eines Unternehmens tätig zu sein, war nun in Erfüllung gegangen; meine Kenntnisse in Organisationspsychologie kamen in den „Praxistest": Ich war im Wesentlichen befasst mit der Gestaltung und Weiterentwicklung der Gruppenarbeit und dem Training von Gruppensprechern; ich wirkte mit bei Themen der Konfliktbewältigung, der Arbeitszufriedenheit, der Gesundheit am Arbeitsplatz. Ich führte gemeinsam mit dem Management Projekte zur Optimierung von Geschäftsprozessen durch. Ich hatte mit allen Bereichen zu tun: Produktion, Entwicklung, Vertrieb und Verwaltung - mit ihren verschiedenen Funktionen und den verschiedenen Professionen.

Meine Tätigkeiten führte ich – auch – auf der Grundlage von soziologischen Bezugsrahmen aus. So war es für mich selbstverständlich, bei Personaleinstellungen mit einem entsprechenden Anteil der verschiedenen, in der Region vorfindlichen Nationalitäten zu rechnen, in der Häufung beeinflusst noch durch Parameter wie z.B. Schulabschluss, Ausbildungsstand oder Bewerbungsverhalten. Die Einstellung der Bestgeeigneten führte im Laufe der Zeit tatsächlich dazu, dass die in der Belegschaft vertretenen Nationalitäten vielfältiger wurden. Ein anderes Beispiel: Ich pflegte bewusst und regelmäßig den Kontakt zu Organisationen wie der IHK, dem Arbeitgeberverband, zur Gewerkschaft, zu Fachhochschulen und anderen relevanten Institutionen in der Region.

Professionalisierung der Beratungskompetenz

Für mich als Soziologin hatte mein Fokus zunächst bei „der Gesellschaft" als Ganzem, bei Organisationen, Strukturen und (Ziel-) Gruppen gelegen, weniger beim Einzelnen, seiner Kommunikation oder Interaktion. Jedoch ist der einzelne Mensch im Laufe meiner beruflichen Tätigkeit, Fortbildung und Lebenserfahrung „gleichberechtigt" immer mehr ins Blickfeld gerückt.

Über einige Jahre verteilt, besuchte ich verschiedene Fortbildungen zur systemischen Beratung, machte eine Ausbildung als Coach, besuchte Kurse und Selbsterfahrungstage bei Lehranalytikern der Transaktionsanalyse. Die Transaktionsanalyse (TA) ist eine zunächst innerhalb der Psychologie entwickelte Methode, Veränderungs- und Lernprozesse anzuregen und zu gestalten. Heute kommen die Methoden und Modelle der TA in Beratung und Therapie, in der Pädagogik, der Erwachsenenbildung und in der Organisationsentwicklung zum Einsatz. Wichtig in der Anwendung sind die nachvollziehbare Strukturiertheit der Theorien und die nachvollziehbare und jederzeit transparente Arbeitsbeziehung zwischen Klient und Berater.

Inzwischen habe ich berufsbegleitend die Ausbildung zur „Transaktionsanalytikerin im Bereich Organisation" begonnen mit dem Ziel, in absehbarer Zeit die TA-Prüfung abzulegen und meine Erfahrung verstärkt in der Beratung von Personen und Organisationen zu nutzen. Auch der Austausch mit anderen Soziologinnen und Soziologen, die sich mit „soziologischer Beratung" befassen (s. Veröffentlichungen in der Zeitschrift „Sozialwissenschaften und Berufspraxis"), wird wichtiger werden.

Vom erzwungenen Umgang mit Veränderung

In der Personalentwicklung und -betreuung des Industrieunternehmens war ich vier Jahre lang tätig. Bereits im dritten Jahr wirbelte die Firmenübernahme durch einen amerikanischen Investor Strukturen, Personen und die Unternehmenskultur durcheinander; nacheinander verlor ich zwei Geschäftsführer, die meine direkten Vorgesetzten gewesen waren. Ich war damit beschäftigt, für die Personalentwicklung eine neue organisationsinterne „Aufhängung" zu finden. Eine Option für mich persönlich war, mich wieder nach außen zu orientieren. Also nahm ich mit der Unternehmensberatung IMAKA Kontakt auf, bei der ich Jahre zuvor beschäftigt gewesen war. Und wechselte nach dem vierten Jahr wieder in diese Unternehmensberatung. Der Charme an der Geschichte war, dass ich das Industrieunternehmen als meinen Kunden weiter als Externe begleiten konnte.

Was habe ich aus dieser Zeit der Veränderung bzgl. meines Arbeitsverhaltens gelernt? Ein Bild kommt mir in den Sinn: bei stürmischen Wellen das Brett gerade da auflegen, wo es „Fahrt aufnehmen kann". Ein anderes Bild: „Fels in der Brandung" zu sein. Ich habe immer wieder mein „Brett" genommen und geschaut, „was gerade geht". Das hat insgesamt ganz gut getaugt, war meist recht lustig oder aufregend, aber auch anstrengend. Und das eigene Ziel geriet manchmal aus dem Blickfeld. Jedenfalls übe ich mich im Moment in der selbst gestellten Lernaufgabe, auch einmal Qualitäten eines „Felsens in der Brandung" zu zeigen.

Aktuelle Aufgaben

Seit dem Jahr 2003 bin ich also wieder bei der Unternehmensberatung IMAKA tätig, in der Funktion einer Beraterin im Vertrieb. Meine Aufgabe ist, in einem regional und branchenmäßig definierten Bereich bestehende Industriekunden zu betreuen und neue Kunden zu akquirieren. Ich bin als „Maklerin" an der Schnittstelle zwischen Kunde und den im Einsatz befindlichen BeraterInnen tätig. Gemeinsam mit den Beraterkollegen erstelle ich Angebote, bin mitverantwortlich, dass die eingesetzten BeraterInnen beim Kunden eine sehr gute Leistung erbringen. Und es gilt, die wirtschaftlichen Belange zu beachten, z.B. dafür Sorge zu tragen, dass Aufträge auch tatsächlich und rasch zu Umsatz werden. Der Erstkontakt und die Bedarfsermittlung per Telefon oder im direkten Gespräch vor Ort erinnert von der Arbeitsweise her an das Recherchieren im Journalismus. Die gesamte Gestaltung des Kundenkontakts und der Leistungserbringung ist eine Beratungsdienstleistung. So ist meine Tätigkeit insgesamt eine kommunikative, eine Beratungs- und eine „Management"-Tätigkeit".

Was ist von der Soziologie geblieben?

Zu Beginn dieser Tätigkeit in Vertrieb und Beratung war es mir fast abhanden gekommen: das Gefühl, als Soziologin tätig zu sein und etwas spezifisch Soziologisches zu arbeiten – was nicht dasselbe ist, oder doch? In dieser Zeit nahm ich an einer regionalen Veranstaltung des BDS in Stuttgart teil und suchte wieder verstärkt den Kontakt zum BDS, dessen Mitglied ich seit meinem letzten Studienjahr (1979) bin. In den 1980er Jahren hatte ich hin und wieder Tagungen des Verbands besucht und über die Jahre hin in der Zeitschrift „SuB" in etwa mitverfolgt, welche Themen diskutiert wurden. So war die Verbandsmitgliedschaft für mich über die Jahre der „seidene Faden", die Verbindung zu meinem Fach und ihren FachvertreterInnen. Inzwischen habe ich über die Regionalgruppenarbeit stetigen Kontakt und Austausch mit den FachkollegInnen und kann mich auch in die Förderung angehender SoziologInnen einbringen.

Eine denkwürdige Begebenheit war in 2003 für mich der Besuch einer Soziologiestudentin, die für ihre Diplomarbeit eine Befragung mit berufstätigen Soziologinnen und Soziologen durchführte. Eine ihrer Fragen war: „Wissen Ihre Kunden, dass Sie Soziologin sind?" - „Ja", insoweit auf meiner Visitenkarte „Dipl.-Soz." steht; mancher Kunde, der selbst „vom Fach" ist, spricht mich darauf an. Aber diese Frage löste einen Suchprozess aus zu erkennen, was in meiner jetzigen Tätigkeit mein Profil als Soziologin ausmacht. Meine noch nicht abschließende Antwort sieht etwa so aus: Ich sehe meine Tätigkeiten auf der Grundlage von Studium, verschiedenen Praxiserfahrungen, Fortbildungen, Reflexionen als ein Ganzes. Mein Selbstverständnis als Soziologin ging und geht implizit in meine Tätigkeiten ein: das Fachliche ist Grundlage; nichts als „gegeben" hinnehmen, sondern alles hinterfragen – so bin ich Soziologin.

Angelika Gutbrod-Speidel

Jg. 1955, Dipl.-Soziologin (Ludwig-Maximilian-Universität München), Rundfunkjournalistin, Weiterbildungsberaterin, Leiterin Personalentwicklung in einem Industrieunternehmen. Beraterin/Teamleiterin in der Unternehmensberatung IMAKA (Leonberg), Reutlingen

Erwachsenenbildung

Rechtzeitig ein Ziel entwickeln!
Ein Berufsweg in Weiterbildung und Beratung

Lutz Fischer

Warum studieren und warum Soziologie

Kürzlich jubelte meine Tochter: „In einem Jahr hab ich mein Abi und dann kann ich studieren, was ich will." Und als ich sie fragte, was sie denn studieren wolle, sah ich in ihr fragendes Gesicht.

Bei mir begann das alles völlig anders. Nach der Mittleren Reife hatte ich eine kaufmännische Berufsausbildung absolviert und währenddessen beschlossen, dass ich mein Leben nicht in einem kaufmännischen Büro verbringen werde. Die Vorstellung, fast 50 Jahre lang ein mehr oder weniger monotones Arbeitsleben vor mir zu haben, wollte sich bei mir nicht einstellen, aber ich sah zu dem Zeitpunkt noch nicht die Alternativen.

Wenn man der Ansicht ist, dass es im Leben keine Zufälle gibt, dann muss es zu meinem Plan gehört haben, dass ich während der Lehre im Sommerurlaub in einem Zeltlager Studenten kennen lernte (in meiner Heimatstadt gab es keine Universität oder Hochschule). Von diesen erfuhr ich von der Möglichkeit, über den 2. Bildungsweg zu Abitur und Studium zu kommen, und hierauf arbeitete ich nun hin. Ich ließ mich zur Bundeswehr einziehen, um meinen Wehrdienst absolviert zu haben, und erfuhr bei Erkundigungen über die Studienzulassung vom Oldenburg-Kolleg. Dort bewarb ich mich, bestand die beiden Aufnahmeprüfungen und begann direkt nach dem Wehrdienst am Kolleg – welch ein Kontrast!

Während der Kollegzeit hatten wir reichlich Kontakt zu ehemaligen Kollegiaten, die wir zu unseren Festen einluden. Dadurch gab es Gelegenheit, sich über verschiedene Studiengänge und -orte aus erster Hand zu informieren. Ich erfuhr auch von der Geschichte des Oldenburg-Kollegs, das nach dem Krieg als sog. Propädeutikum an der Hochschule für Arbeit, Politik und Wirtschaft in Wilhelmshaven-Rüstersiel eingerichtet worden war. Diese Hochschule (von hier kam z.B. Wolfgang Abendroth) wurde in den 50er Jahren aufgelöst und als wirtschafts- und sozialwissenschaftliche Fakultät in die Universität Göttingen eingegliedert. Am Kolleg bestand durch diese Verbindung eine sozialwissenschaftliche Ausrichtung, man konnte als viertes Prüfungsfach neben den üblichen Hauptfächern auch Sozialkunde wählen.

Eine Rolle für meine Studienwahl spielten auch die gesellschaftlichen und politischen Ereignisse in den Jahren von 1966 bis 1969. Wir Kollegiaten hatten eine Berufsausbildung mit entsprechenden Erfahrungen, und so gerieten auch unsere eigenen Lebens- und Arbeitsverhältnisse in unser Reflexionsfeld. Hinzu kam – wieder ein Zufall (?) – dass wir im Juni 1968 eine Klassenfahrt nach Berlin veranstalteten. Am Freitag vor unserer Ankunft hatte der Schah von Persien Berlin einen Besuch abgestattet, und im Zusammenhang mit den politischen Auseinandersetzungen um den Besuch der Berliner Oper war der Student Benno Ohnesorg, übrigens ein Absolvent des Braunschweig-Kollegs, von einem Polizisten erschossen worden. Durch diese Ereignisse nahm unsere Reise einen völlig anderen als den geplanten Verlauf. Statt die Veranstaltungen des „Kuratoriums Unteilbares Deutschland" über uns ergehen zu lassen, nahmen wir jetzt an teach- und sit-ins an der Freien Universität teil. Hierbei spielten wiederum unsere Kontakte zu Ehemaligen, inzwischen Studierende an der FU, eine Rolle. Erwähnenswert im politischen Zusammenhang ist es, dass die USA in Vietnam in die letzte Phase des Krieges eingetreten waren und nicht nur in Europa Menschen gegen den Krieg und damit gegen die USA protestierten. Diese zeitgeschichtlichen Zusammenhänge wurden für mich wichtig: Gesellschaft studieren, das wollte ich.

Meine Absicht, durch ein Studium meine kaufmännische Ausbildung zu vertiefen – Handelslehrer wäre ein Ziel gewesen – gab ich jedoch, als ich mir die Studienordnung der Universität Hamburg ansah, schnell auf: zuviel Volkswirtschafts- und Betriebswirtschaftslehre, zuviel Mathematik und Formelwesen! Stattdessen informierte ich mich in Frankfurt/M., Berlin u.a.O. über soziologische Studiengänge. In Münster erfuhr ich, dass in Bielefeld eine neue Universität im Aufbau begriffen war, mit einer Fakultät für Soziologie: geplant waren damals zwölf Lehrstühle. Das Konzept erschien mir attraktiv, die Rede war von „aktiver Professionalisierung" (Matthes, Kaufmann) und davon, dass angrenzende Disziplinen wie Sozialpsychologie, Ökonomie, Recht, Politik in die soziologische Fakultät eingebunden werden sollten.

Soziologie in Bielefeld brachte weitere Vorteile mit sich. Die Fakultät war im Herbst 1969 im Aufbau, es gab nur wenige Studenten, die Bibliothek war hervorragend ausgestattet und die Bücher waren auch vorhanden. Die jungen Professoren waren außer an ihrer Karriere auch an der Lehre interessiert. Das Hauptstudium bot verschiedene Praxisschwerpunkte an, die eine berufliche Verwertung des Studiums erwarten ließen, und in der Mensa – für Studierende existenziell – war es nicht so voll wie in Berlin oder Frankfurt. Meinen Interessen kam es zudem entgegen, dass die Hochschulselbstverwaltung aufzubauen war und dass dementsprechend die studentische Politik entwickelt werden musste und noch nicht in ideologischen Grabenkämpfen verstrickt war – das kam später. Ich habe als studentischer Vertreter im Dekanat und in der Fakultätskonferenz an der Entwicklung des Studiengangs aktiv mitgearbeitet. Entscheidend vorbereitet worden war diese übrigens unter der Leitung von Helmut Schelsky, einem eher konservativen Vertreter des Fachs, der als einer der wenigen deutschen Soziologen während des 3. Reiches in Deutschland geblieben war.

Im Studium war für mich unter anderem wichtig, die soziologischen Theorieansätze immer auf gesellschaftliche Praxis zu beziehen, hier eine Verbindung herzustellen. Ich sage dies vor dem Hintergrund der damaligen Zeit, in der die Gefahr bestand, in Theorie „abzudriften" und sich von gesellschaftlicher Realität zu entfernen. Dem wurde durch die Praxisschwerpunkte entgegen gewirkt, die in Lateinamerika-Soziologie, Organisations- und Betriebssoziologie, Regional- und Raumplanung u.a. bestanden.

Eine längere Diskussion wurde im Fachbereich über die Einführung von obligatorischen Praktika geführt. Vor allem die Studenten vertraten, dass Praktika mindestens drei Monate dauern müssten, wenn positive Effekte erzielt werden sollten, und dass sie in der Veranstaltungszeit zu absolvieren seien. Eine Einigung konnte nicht erzielt werden, so dass letztlich keine verbindliche Regelung zustande kam.

Vom (erfolgreichen) Studium über Hospitation zum Arbeitsleben

Gegen Ende des Studiums stellte sich die Frage, in welche Richtung ich meine beruflichen Planungen wenden sollte. Ich hatte den Praxisschwerpunkt „Betriebliches Organisations- und Personalwesen" gewählt, dabei aber auch wegen des fehlenden Praktikums keine Kontakte zu Unternehmen aufgebaut. Entscheidend wurde letztlich das von mir gewählte Thema der Diplomarbeit. Beschäftigt hatte ich mich mit dem Konzept der Bundesregierung zur Humanisierung der Arbeit und der Position des Deutschen Gewerkschaftsbundes hierzu. Per Zufall (?) entdeckte ich einen Bildungsurlaub, der von der IG Metall angeboten wurde, zu genau meinem Thema. Hier wollte ich gerne als Hospitant teilnehmen, auch um zu erfahren, was ausgewachsene Industriearbeiter dazu zu sagen hatten. Die Hospitation wurde mir zugesagt; durch den Ausfall des Dozenten erhielt ich völlig überraschend das Angebot, das Seminar zu leiten. Zunächst hatte ich nicht den Mut, ohne vertiefte Erfahrung eine Woche lang mit Arbeitern zu arbeiten. Nachdem mir aber alle möglichen Hilfen und Unterstützungen zugesagt – und auch wenigstens teilweise geleistet – wurden, nahm ich die Chance wahr und startete so in die Erwachsenenbildung. Zu meiner fachlichen Ehrenrettung ist zu sagen, dass ich im Zuge weiterer Tätigkeiten an Seminaren zur Qualifizierung

von Dozenten teilnahm, die vom Landesamt für Weiterbildung in Bremen ver-
anstaltet wurden.

Mit weiteren Erfahrungen in der Bildungsarbeit entwickelte ich für mich die
Perspektive, als Dozent oder Teamer zu arbeiten, zunächst in Heimvolkshoch-
schulen und ähnlichen Bildungsstätten. Diese Überlegung verwarf ich jedoch
aufgrund der Notwendigkeit ständiger Anwesenheit und abendlicher Präsenz in
der Institution. Ich war bei verschieden Trägern der Erwachsenenbildung im
Bremer Raum tätig und erwarb auf diese Weise vielfältige praktische Erfahrungen. Gleichzeitig schrieb ich fleißig Bewerbungen und hatte mir hierzu – mangels
Internet – als Informationsquelle das „Handbuch des Öffentlichen Lebens"
beschafft, das, so kann man sagen, alle Anschriften von Organisationen enthielt,
die für eine Position in der Bildungsarbeit infrage kamen. Ich nutzte auch die
Möglichkeit eines Besuchs bei der Zentralvermittlung für akademische Berufe
der Bundesanstalt für Arbeit in Frankfurt. Der dortige Kollege hatte 1976 sage
und schreibe etwa 400 arbeitslose Sozialwissenschaftler zu verwalten und auch
für mich leider kein passendes Angebot. Allerdings wurden mir die Bahnfahrt
und ein Tagegeld gezahlt: da ging es uns noch gut!

Für meine Bewerbungsaktivitäten hatte ich mir einen Zeitraum von sechs Monaten gesetzt, in dieser Zeit wollte ich eine Stelle gefunden haben. Doch hat es
letztlich neun Monate gedauert.

Die wichtigste Quelle für Stellenangebote waren damals die überregionalen Zeitungen, allen voran die „Zeit". Dort fand ich ein Inserat, in dem ein kommunaler
Weiterbildungsberater für ein bundesweites Projekt in Norden/Ostfriesland
gesucht wurde, befristet auf drei Jahre. Inhaltlich passte die Stelle zu meinen
Qualifikationen, regional war Ostfriesland nicht meine erste Wahl, aber als Ein-
stiegsjob hätte ich auch eine Stelle in Süddeutschland angenommen. Also überlegte ich mir, welche Institutionen im Landkreis für diese Stelle wichtig sein
könnten, und machte mich auf nach Norden. Dort sprach ich mit dem Leiter der
Volkshochschule, dem DGB-Vorsitzenden und einem Redakteur der Zeitung.
Vom VHS-Leiter erfuhr ich, dass bereits ein Wunschkandidat feststand; meine
Enttäuschung war zunächst groß. Wieder zu Hause überlegte ich mir, ob ich
mich überhaupt bewerben sollte. Da dies mein erstes offizielles Bewerbungsgespräch war, wollte ich die Situation nutzen, um ohne Druck Bewerbungserfah-
rung zu sammeln. Ich schrieb ein ausführliches Bewerbungsschreiben, nicht
ohne zu erwähnen, dass ich nach dem Krieg in Ostfriesland aufgewachsen war
und fließend Plattdeutsch sprach. Ich wurde eingeladen, und sah mich vor einem
Bewerbungsgremium, wie ich es später nie wieder vorgefunden habe: der gesamte Kreisausschuss war versammelt, mit den drei Fraktionsvertretern der gängigen
Parteien und einigen weiteren Personen, insgesamt um die 20 Leute plus einem
Vertreter des Deutschen Instituts für Urbanistik/DIFU, das die Fachaufsicht in
dem Projekt hatte. Das Gespräch lief aus meiner Sicht ganz gut, zumal ich ganz

entspannt wusste, dass die Stelle jemand anderer bekommt. Nach dem Gespräch kam der DIFU-Vertreter auf mich zu und meinte, ich wisse ja, dass der Landkreis einen Favoriten habe, dass ihm aber meine Bewerbung gefallen habe. Im Projekt sei eine Stelle im Landkreis Dithmarschen nicht besetzt worden und ob ich mich nicht dort bewerben wolle. Das DIFU würde meine Bewerbung unterstützen.

Berufstätigkeiten als Soziologe

Ich musste mich zwar noch bei meinem formalen Arbeitgeber, dem Kreis Dithmarschen, vorstellen, aber da dort die Zeit drängte, wurde ich eingestellt. Das „Soziologische" an meiner Arbeit war zunächst, dass alle Beratungsstellen eine soziodemografische Analyse ihres Einzugsgebiets anfertigen sollten, um die Rahmenbedingungen für eine später zu entwickelnde Beratungs- und Arbeitsstrategie zu formulieren. Ich war sozusagen semisoziologisch tätig, denn wir hatten natürlich auch Ratsuchende über ihre Weiterbildungsmöglichkeiten zu beraten.

Insgesamt habe ich diese Beratungsarbeit drei Jahre lang ausgeübt, wobei ich innerhalb dieser Zeit nach Saarbrücken wechselte. Dadurch, dass nicht nur Einzel- und Trägerberatung, sondern diese Arbeit im Verbund mit zunächst neun Beratungsstellen in anderen Kommunen stattfand, mussten Steuerungsleistungen der Arbeit formuliert, mit der Projektleitung abgestimmt und umgesetzt werden, wofür eine sozialwissenschaftliche Ausbildung eine gute Voraussetzung darstellte.

Das Projekt wurde nach den ersten drei Jahren in leicht modifizierter Form verlängert, wobei die Projektleitung um eine Stelle erweitert wurde. Diese wurde mir angeboten, und nachdem die Stadt Saarbrücken aus dem Vorhaben ausgestiegen war (die Kommunen mussten nun die Hälfte der Personalkosten tragen, um sie zum Ende des Projekts ganz zu übernehmen), kam mir dieses Angebot gelegen und ich folgte der Einladung nach Köln gerne.

Dort übernahm ich Teilaufgaben der Leitung und Steuerung des Projekts, seiner Vertretung nach außen, vor allem gegenüber den beteiligten Kommunen sowie der Anlage, Durchführung und Auswertung wissenschaftlicher Untersuchungen zu den Erfolgsfaktoren des Projekts. Neben den Erhebungen zu den Ratsuchenden, ihren soziodemografischen Merkmalen und Weiterbildungsbedarfen wurden auch die objektiven Weiterbildungsbedarfe in den Kommunen ermittelt. Besonders interessant für mich war eine Erhebung hierzu in allen 68 Großstädten über 100.000 Einwohner der alten BRD. Zu erwähnen ist vielleicht, dass in dieser Zeit die Arbeitslosigkeit anstieg und die Kommunen die Lasten der Arbeitslosenhilfe zu tragen hatten. Wenn jedoch Arbeitslose an AFG-finanzierter Weiterbildung teilnahmen, zahlte die Arbeitsverwaltung deren Lebensunterhalt. Insofern konnte kommunales Interesse an gut ausgebauten beruflichen WB-Systemen unterstellt werden. Das durch uns entwickelte Modell wurde übrigens in den 90er Jahren auch in den neuen Bundesländern eingeführt. Über das Projekt liegen mehrere Veröffentlichungen vor.

Mein weiterer beruflicher Werdegang blieb mit der Weiterbildung und der Beratung verbunden. Mitte der 80er Jahre ging ich nach Hamburg und trat in die dort neu eingerichtete „Stiftung Berufliche Bildung" ein, eine Einrichtung für den 2. Arbeitsmarkt. Da auch diese Stelle befristet war, wechselte ich zu einer universitären Einrichtung mit der Aufgabe, ein Fortbildungsprogramm für Datenbank-Broker zu entwickeln und umzusetzen. Hier arbeitete ich mit einem Kollegen zusammen, der ebenfalls Soziologe war, was der Arbeit genützt und uns beiden viel Austausch auch über die Tagesarbeit hinaus gebracht hat. Im Anschluss daran übernahm ich nochmals eine neue Aufgabe beim Umweltzentrum der Handwerkskammer und war hier zunächst für die Weiterbildungsberatung von Handwerksbetrieben zuständig. Später arbeitete ich direkt in verschiedenen Kursen des betrieblichen Umweltschutzes. Meine Aufgabe bestand u.a. darin, Lehrgänge für Naturwissenschaftler und Ingenieure zum Umweltreferenten zu organisieren und zu leiten. In einer weiteren Station übernahm ich die Bearbeitung verschiedener Projekte, z.B. zur Nachhaltigkeit handwerklicher Arbeit.

Mein letztes berufliches „Highlight" war ein Projekt zur katalogbasierten elektronischen Bestellung und Abwicklung von handwerklichen Reparaturleistungen bei Airbus. Hier bestand die Aufgabe darin, die elektronischen Systeme von Auftraggeber und Auftragnehmer kompatibel zu gestalten. Im Hintergrund ging es jedoch auch darum, gegenseitige Vorbehalte bei den Partnern zu thematisieren und auszugleichen. Über diese Tätigkeit und deren Hintergründe wäre eine eigene Abhandlung zu schreiben. Stattdessen will ich zum Schluss einige Bemerkungen zu den persönlichen „Erträgen" anfügen.

Persönliche Erträge durch die Soziologie

Mir haben sowohl das Studium der Soziologie in Bielefeld im Zusammenhang mit der politischen Arbeit in der Studentenvertretung (AStA-Referent für Hochschulpolitik, Dekanat und Fakultätskonferenz) und mit dem Aufbau des Studiengangs als auch das studentische Leben, wenngleich die finanziellen Grenzen eng gezogen waren, viel Spaß gemacht. Der Wechsel nach Lehre und Bundeswehr in einen ganz neuen und unbestimmten Bereich war auch aus heutiger Sicht richtig. Das Risiko des Scheiterns ohne die Rückkehr in den kaufmännischen Bereich bin ich bewusst eingegangen. Mit dem Einkommen als Soziologe konnte auch eine Familie ernährt werden, allerdings ist auch meine Frau berufstätig. Mir selbst hat das Studium geholfen, mich in der sozialen Welt zurecht zu finden und hier und da Erklärungen gesellschaftlicher Erscheinungen zu finden. Ich kann mir auch im Nachhinein für mich kein anderes Studium vorstellen. Fachlich habe ich mit oben bereits erwähnten Hochschullehrern, auch z.B. mit Niklas Luhmann, als Studierender aber auch als Dekanatsstudent während seiner Dekanatszeit, direkt zu tun gehabt. Hier habe ich viel in „Gremienarbeit" gelernt, worauf ich später in meiner mehr als zehnjährigen Betriebsratsarbeit zurückgreifen konnte. Ich denke, dass ich auch im praktischen Umgang mit Gruppen, der in der Bildungsarbeit gängig ist, von soziologischen Kenntnissen und Erfahrungen profitiert habe, ohne dass mir dies immer direkt bewusst gewesen ist.

Ein besonderes Erlebnis war es und ist immer noch, wenn man mit Menschen zusammen ist und irgendwann die Sprache auf die Berufe kommt. Eine häufige Äußerung zu meinem „Fall" lautet: „Das hätte ich nicht gedacht." Was schließen wir daraus: Vorurteile über Soziologen sind immer noch weit verbreitet. Man weiß nicht genau, was Soziologen machen und was sie können, und nicht selten erhält man Gelegenheit, ein wenig mit den Vorurteilen aufzuräumen.

Erlebt habe ich in den letzten 18 Jahren bei der Handwerkskammer, dass Soziologen, besonders wenn sie über Berufserfahrungen verfügen, vielseitig einsetzbar sind. Das fängt bei Umfragen und der Interpretation der Ergebnisse an und geht über die Gestaltung von Gruppenprozessen bis hin zur Beantragung, Durchführung und Abwicklung von wissenschaftlichen Projekten und anderen Themen. Mir ist es gelungen, beim gleichen Arbeitgeber sehr verschiedene Themen bearbeiten zu können, was mit zunehmendem Alter immer wichtiger wird, weil ein Wechsel des Arbeitgebers nicht leichter wird.

Tipps und Ratschläge für Studenten und für die „Sachwalter" der Soziologie

Welche Tipps und Erfahrungen können an junge Menschen weiter gegeben werden; ist das überhaupt sinnvoll, weil jeder doch seine eigenen Erfahrungen machen will und sich nicht nach den Vorschlägen anderer richtet? Ich versuche es trotzdem!

Ich habe meine Erfahrungen selbst gemacht und wenige Vorbilder gehabt. Das mag daran gelegen haben, dass mein Vater so früh gestorben war, dass er meine Berufswahl nicht begleiten konnte. Vielleicht habe ich dadurch auch weniger Widerstände zu bewältigen gehabt, wer weiß? Aber auch wohlgemeinte Ratschläge wie die meines ehemaligen Ausbilders, Leiter des Rechnungswesens, als ich ihm eröffnete, dass ich Soziologie studieren wolle: Studieren ja, Fischer, aber was Ordentliches. Studieren Sie Betriebswirtschaft oder wenigstens Jura!, habe ich ignoriert. Was will ich damit sagen? Es kommt darauf an, ein Ziel zu entwickeln und dieses zu verfolgen. Wenn man für sich eine feste Zielvorstellung hat, fällt es leichter, Entscheidungen zu treffen, den Kurs zu halten und mit Schwierigkeiten fertig zu werden, die einem immer begegnen. Wenn man nicht sofort nach der Schule einen Plan hat, sollte man eine Auszeit nehmen – ins Ausland gehen, jobben, Leute kennen lernen und sich umsehen. Vor allem aber ruhig bleiben, das Leben ist lang genug, man muss nicht sofort das Richtige tun. Man darf ausprobieren, muss aber auch Chancen erkennen und ergreifen.

Hochschullehrer und Ausbilder sollten ihre Schüler und Studenten dahin gehend beraten, dass sie sich umtun, ihnen Wege weisen und Hinweise geben. Über Praktika muss ich wohl kaum sprechen, wir leben ja in der „Generation Praktikum" – was sich aus meiner Sicht als Unwesen herausgestellt hat: Ich bin entschieden dafür, dass Praktika nur mit einer vorformulierten Aufgabe, mit Anleitung und mit Entlohnung erfolgen sollten.

Soziologen neigen gelegentlich dazu, mit ihrer Profession hinter'm Berg zu halten. Ich glaube, dass Vorbehalte gegenüber Soziologen lange nicht mehr so wie in den 60er Jahren bestehen. Es kommt aber darauf an, dass man als Soziologe oder Soziologin, wie alle anderen Disziplinen übrigens auch, seine fachliche Kompetenz erkennen lassen sollte und zu seiner Fachlichkeit stehen muss.

Lutz Fischer

Gelernter Bürokaufmann, Abitur über den Zweiten Bildungsweg, Diplom-Soziologe (Universität Bielefeld). Dozent in der Erwachsenenbildung, seit 18 Jahren Bildungsberater und Projektleiter bei der Handwerkskammer Hamburg.

Gesundheitswesen

Soziologen im Gesundheitswesen. Gestalter oder (fachfremde) Zuarbeiter?

Edith Meier

„Die Medicin ist eine sociale Wissenschaft und die Politik ist weiter nichts als Medicin im Grossen" – diese Überzeugung Rudolf Virchows, des Kämpfers für eine grundlegende Medizinreform Mitte des 19. Jahrhunderts, beeindruckte mich früh und war sicherlich ein motivierender Faktor sowohl für meine Studien- als auch für meine Berufswahl. Über eine Skizzierung meines Ausbildungswegs hinaus werde ich in meinem Beitrag meine Funktion und meine Aufgaben im Gesundheitswesen darstellen. Darauf aufbauend erfolgt eine Einschätzung und Bewertung der Beschäftigungschancen von Soziologinnen und Soziologen im Gesundheitswesen. Ich wünsche mir, Interesse und Neugier zu wecken, diesen hochkomplexen und spannenden Teilbereich unserer Gesellschaft als künftiges Berufsfeld zu entdecken.

Soziologiestudium als Wegbereiter

Mein Berufsweg verdient wohl kaum das Prädikat „gradlinig" – gleichwohl fügten sich im Laufe der Zeit einzelne Mosaiksteine zu einem weitgehend stimmigen Ganzen. Nach einer Banklehre und einem BWL-Studium an der Rheinischen Akademie Köln arbeitete ich zunächst im Institut für Angewandte Sozialforschung der Universität zu Köln (IfAS), um mein Abitur auf dem Zweiten Bildungsweg zu finanzieren. Interesse und Faszination an den Inhalten der Soziologie ergaben sich u.a. durch den äußerst motivierenden Kontakt mit Erwin K. Scheuch und seinem „Mittelbau". Ich studierte nach dem Abitur Wirtschafts- und Sozialwissenschaften mit dem Abschluss Diplom-Volkswirt sozialwissenschaftlicher Richtung; Schwerpunkte während des Hauptstudiums waren Volkswirtschaftspolitik und Finanzwissenschaft, in der Soziologie vor allem Wirtschafts- und bereits Medizinsoziologie. Mein Studium finanzierte ich durch eine Abendtätigkeit in der Wirtschaftsredaktion der Deutschen Welle und als studentische Hilfskraft im Seminar für Soziologie.

Vor allem in meiner Diplom-Arbeit zum Thema „Krankheit und Gesundheit aus soziologischer Perspektive" manifestierte sich das Interesse an der Medizinsoziologie. Wenngleich ich zu Studienbeginn meine berufliche Zukunft im Wirtschaftsjournalismus sah, fiel mir die Entscheidung für die Soziologie leicht, als Scheuch mir nach dem Examen eine wissenschaftliche Hilfskraftstelle anbot mit Aussicht auf Übernahme einer Assistentenstelle.

Ein Schwerpunkt meiner Lehrtätigkeit lag in der Vermittlung der Inhalte des Fachs Medizinsoziologie in Verbindung mit der allgemeinen soziologischen Theorie und den Methoden der empirischen Sozialforschung. Rückblickend kann ich sagen, Basisqualifikationen zur Ausübung meiner heutigen Tätigkeit waren: Profunde Kenntnisse von Forschungsmethoden, solides Wissen aus Volkswirtschaftstheorie und Sozialpolitik über unsere sozialen Sicherungssysteme und vor allem Lehr- und Forschungsinhalte der Medizin- und der Organisationssoziologie.

Im ersten Jahr meiner Arbeit als wissenschaftliche Mitarbeiterin im Institut für Angewandte Sozialforschung ergab sich in der medizinischen Fakultät eine unerwartete Vakanz in der Medizinsoziologie. So kam ich neben meinen Aufgaben an der WiSo-Fakultät zu einem Lehrauftrag an der medizinischen Fakultät mit Vorlesungen, Kolloquien, Prüfungen etc. Es folgten sehr arbeitsintensive Jahre in der Lehre, ich war hoch motiviert und hatte ausgesprochen Freude an der Wissensvermittlung und an der Beratung von Studentinnen und Studenten. Meine inhaltlichen Schwerpunkte an beiden Fakultäten waren Themen wie: Soziale Ungleichheit und Krankheit, Sozialepidemiologie, Arbeit und Gesundheit, Prävention und Gesundheitsförderung und der Wandel des Gesundheits- und Krankheitsverständnisses in unserer Gesellschaft. Das Engagement verzögerte allerdings die Fertigstellung meiner Dissertation nachhaltig. Diese trägt den Titel „Prävention – Allheilmittel oder Placebo?" und umfasst eine soziologische Analyse struktureller und individueller Ansätze der Präventionsforschung am Beispiel der Deutschen Herz-Kreislauf-Präventionsstudie aus den 90er Jahren.

Sowohl mein Soziologiestudium als auch meine Lehrtätigkeit waren ein überaus hilfreiches Sprungbrett für meine aktuelle Tätigkeit. Vor Ablauf meiner Assistentenstelle erhielt ich 1994 über Umwege das Angebot, bei der Kassenärztlichen Vereinigung Nordrhein (KVNo) ein Referat für gesundheitspolitische Grundsatzfragen zu etablieren. Ich war zunächst äußerst skeptisch, zu KVen fiel mir wenig Verlockendes ein und mein Lehrer Scheuch warnte mich vor der immensen Härte der Verbandspolitik. Gleichwohl erschien mir die Pionieraufgabe durchaus reizvoll, nach eigenen Vorstellungen etwas zu schaffen, das es bislang nicht gab. Mir war durchaus bewusst, dass das Experiment auch misslingen konnte – zumal es stattfinden sollte in einer Organisation, die gemeinhin als unbeweglich galt und deren Existenz und Sinnhaftigkeit bereits damals hinterfragt wurde. Ich wollte es dennoch wissen und meinen Beitrag dazu leisten, die ambulante Versorgung von Patientinnen und Patienten im Bereich Nordrhein nachweislich zu verbessern.

Die Kernaufgaben einer KV sind u.a. die Sicherstellung der ambulanten Versorgung inklusive des Notdienstes, die Honorarverteilung und die Interessenvertretung ihrer Mitglieder. Weniger bekannt sind z.B. ihre Aufgaben in der Qualitätssicherung, ihre Mitwirkung in der gemeinsamen Selbstverwaltung von Krankenkassen und Ärzteschaft und ihr vertragspolitisches Engagement im Rahmen einer Vielzahl von Versorgungsprojekten. „Zwangsmitglieder" einer KV sind niedergelassene Ärzte, mittlerweile gehören auch die psychologischen Psychotherapeuten dazu.

Seit Ende 1994 leite ich bei der KV Nordrhein das dem Vorstand direkt unterstellte Referat für gesundheitspolitische Grundsatzfragen. In den ersten beiden Jahren bestand es aus einer Sekretärin und mir; mittlerweile arbeiten in unserem interdisziplinären Team darüber hinaus ein Verwaltungswissenschaftler, eine Medizinsoziologin, eine Biologin und drei Halbtagssekretärinnen. Zu unseren grundsätzlichen Aufgaben gehören: die Beratung des Vorstands in gesundheitspolitischen Fragen auf Landes- und Bundesebene, die Erarbeitung von Stellungnahmen und Strategien zur Weiterentwicklung der ambulanten Versorgung inklusive der Konzeptmonierung von Versorgungsmodellen auf der Basis von medizinsoziologischen, sozialepidemiologischen und gesundheitsökonomischen Studienergebnissen.

Eindeutige Schwerpunkte meiner Arbeit liegen in der Erfüllung umfassender Aufgaben zum einen in der Landesgesundheitspolitik und zum anderen in der Evaluation neuer Versorgungsformen und somit der Versorgungsforschung. Auf beide Bereiche gehe ich im Folgenden ein, beide erfordern jeweils ein umfassendes soziologisches und methodisches Wissen.

Soziologie im Spannungsfeld der Interessen

Der Vorstand der KV Nordrhein begründete seine Entscheidung zur Etablierung „meines" Referates mit der Notwendigkeit, deren Interessen sowohl im Landtag als auch im Gesundheitsministerium nachhaltig zu vertreten und die Gesundheitspolitik in NRW verlässlich und kompetent mit zu gestalten.

Von mir wurde und wird somit eine konzeptionelle und engagierte Mitarbeit in gesundheitspolitischen Gremien erwartet. Darüber hinaus vertrete ich die Interessen der Ärzteschaft und der Psychotherapeuten im politischen Willensbildungsprozess auf Landesebene. Dies ist jedoch keine Einbahnstraße: Meine Aufgabe ist es gleichermaßen, politische Absichten und Pläne in die Institution

KV hineinzutragen, mich für sie einzusetzen und an ihrer Umsetzung mitzuwirken – dies geht häufig nicht ohne Hinterfragen alter Denkmuster und Handlungsroutinen. Das Referat ist somit ein strategisches Bindeglied zwischen den Arenen Politik und KV Nordrhein – salopp könnte man sagen: ich sitze sprichwörtlich zwischen den Stühlen. Mir war stets bewusst, dass ich Teil einer auf Mittel- und Langfristigkeit angelegten Investition in politisch sperrigen Kontexten bin und Erfolge nicht unmittelbar sichtbar werden können.

Nun konkret zu meiner Arbeit: Im Hinblick auf die Aufgabenwahrnehmung in und für die *Legislative* liegt in meiner Verantwortung u.a. die Vorbereitung von Anhörungen bei bevorstehenden Gesetzesvorhaben oder auch die Bearbeitung von Anfragen der Fraktionen. Ich begleite Aktivitäten des Gesundheitsausschusses des Landtags, leiste fachliche Beratung von gesundheitspolitischen Arbeitskreisen aller Fraktionen inklusive der zuständigen Fachreferenten und pflege Kontakte unseres Vorstands zu allen Parteien und ihren Gesundheitspolitikern.

Zu meiner Arbeit im Gesundheitsministerium und somit in der *Exekutive* ist vorab zu sagen: In NRW existiert seit Anfang der 90er Jahre eine Landesgesundheitskonferenz, in der alle im Gesundheitswesen Verantwortung tragenden Akteure eingebunden sind. Ihr Arbeitsgremium ist der sog. Vorbereitende Ausschuss, der bei Bedarf Arbeitsgruppen einsetzt. Die Philosophie der Landesgesundheitspolitik ist geprägt von der jeweiligen Regierung und vor allem vom Charisma und der Durchsetzungskraft der Ministerin bzw. des Ministers an der Spitze. Seit dem Regierungswechsel in Nordrhein-Westfalen ist der gegenwärtige Minister Karl-Josef Laumann um eigene Konturen bemüht. Stärker als bislang will er die Arbeits-, Gesundheits- und Sozialpolitik miteinander verzahnen und vor allem die Gesundheit von Kindern und Jugendlichen einerseits und die alter Menschen andererseits in den Mittelpunkt seiner Politik stellen.

Eine Fülle von Inhalten bestimmt seit 1994 meine Mitarbeit in der Landesgesundheitspolitik. Sie reicht von der Bearbeitung zehn vorrangiger Gesundheitsziele für NRW über die Behandlung von Fragen zu Auswirkungen der sozialen Lage auf die Gesundheit bis hin zur Bürgerorientierung des Gesundheitswesens. Themen wie Umweltmedizin und Qualitätssicherung der Versorgung standen ebenso auf der Agenda wie die Europäische Gesundheitspolitik, die Verbesserung der Obdachlosenversorgung und des Impfschutzes. Konzepte zu verstärkter Integration und Kooperation der Versorgung sind ebenso Gegenstand wie die inhaltliche Ausgestaltung eines Konzeptes zur Palliativversorgung und die Umsetzung einer Konzertierten Aktion gegen Brustkrebs, die u.a. die Verbesserung der psychoonkologischen Versorgung zum Ziel hat. Aktuell beschäftigen wir uns mit der Umsetzung von Landesinitiativen zur Prävention und Gesundheitsförderung, die vor allem die Themen Rauchen, Übergewicht, die Gesundheit von Mutter und Kind und die Gesundheit alter Menschen aufgreifen. Die

Themenauswahl zeigt, dass ich in nahezu allen Bereichen meine medizinsoziologischen und methodischen Kenntnisse einbringen kann.

Versorgungsforschung im Gesundheitswesen

Es ist letztlich dem damaligen Bundesgesundheitsminister Seehofer zu verdanken, dass mein Referat ein zweites Standbein erhielt. Er fixierte im Sozialgesetzbuch die Pflicht zur Evaluation von Modellvorhaben. Der Vorstand der KV Nordrhein übertrug mir aufgrund meiner Erfahrungen aus der soziologischen Forschung die Aufgabe der Konzeptionierung und Organisation der wissenschaftlichen Begleitung von Modellvorhaben und der Evaluation neuer Versorgungsformen. Erhebungen und Auswertungen führen wir nicht selbst durch, sondern wir kooperieren eng mit universitären und außeruniversitären Forschungseinrichtungen.

In der Vergangenheit führten wir Projekte zur Verbesserung der Versorgung von Patientinnen und Patienten mit Diabetes, mit Herz-Kreislauf-Erkrankungen und mit Brustkrebs durch. Weitere Vorhaben hatten die Optimierung der psychosozialen Kompetenz von Ärzten und die integrierte ambulante Versorgung und Rehabilitation geriatrischer Patienten zum Gegenstand. Ein aktueller Schwerpunkt unserer Arbeit ist zum einen der Aufbau eines klinischen Krebsregisters und zum anderen die flächendeckende und qualitätsgesicherte Etablierung neuer Versorgungsstrukturen der ambulanten Palliativmedizin und Palliativpflege mit dem Ziel, Sterben im vertrauten häuslichen Umfeld häufiger als bislang zu ermöglichen. Auch für diese Projekte gilt: vor allem (medizin-)soziologisches Wissen und eine gute Methodenausbildung bewähren sich tagtäglich. Die Vorhaben belegen darüber hinaus: die KV Nordrhein nimmt bewusst eine Pionierrolle hinsichtlich einer Verbesserung der Versorgung ein, sie nutzte die Legitimationskrise zur Neuorientierung – auch und nicht zuletzt durch die Investition in eine aktive Gestaltung von Gesundheitspolitik.

Beschäftigungschancen im Gesundheitswesen

Soziologisches Wissen und ein gutes methodisches Rüstzeug sind auch in anderen Institutionen und Organisationen des Gesundheitswesens gefragt. Soziologen und Sozialwissenschaftler sind mittlerweile ebenso bei den Ärzte- und Psychotherapeutenkammern, bei Krankenkassen und Wohlfahrtsverbänden wie auch bei Landesinstituten und Stiftungen beschäftigt. Sie leiten erfolgreich Forschungsinstitutionen wie das Wissenschaftliche Institut der Ärzte Deutschlands e.V. (WIAD) oder haben Leitungsfunktionen z.B. im Zentralinstitut für die Kassenärztliche Versorgung (ZI).

Der politische Wille zum Ausbau der Versorgungsforschung ist gegeben, die Themen in Verbindung mit neuen Versorgungsformen, dem demographischen Wandel und einem veränderten Krankheitspanorama einerseits und einem grundsätzlichen Wandel von Patienten- und Arztrolle andererseits liegen förmlich auf der Straße. Mehr denn je wird es in der Zukunft angesichts der Ressourcenknappheit darauf ankommen, valide Daten zum Nachweis von Wirksamkeit und Wirtschaftlichkeit zu generieren und taugliche Konzepte zur interdisziplinären und intersektoralen Versorgung unter Berücksichtigung sozialer Einflussfaktoren zu entwickeln. Dies alles sind Gegenstandsbereiche der von Straus erstmals 1957 benannten Sociology in Medicine,. Meine Tätigkeit erfordert exakt diesen spezifisch soziologischen Blick auf die Versorgung, der nicht selten – auch dies sei erwähnt – gegen Widerstände zu verteidigen ist. Zweifelsohne erfordert das Engagement Beharrlichkeit und Ausdauer. Bis heute ist es sowohl in der Politik als auch in der Ärzteschaft nicht selbstverständlich, etwa dem Thema Soziale Ungleichheit und Gesundheit größere Aufmerksamkeit zu widmen.

Straus unterschied von der Sociology in Medicine die Sociology of Medicine. Ist auch in diesen Bereichen das Urteil von Soziologen gefragt? Es wäre euphemistisch, diese Frage mit einem klaren „Ja" zu beantworten. Noch viel ist seitens der Soziologie zu tun, um ihre Wissens- und Erkenntnispotentiale in diesen Kontexten hinreichend zu verankern und entscheidungsrelevant in die gesundheitspolitische Diskussion einzuspeisen. Entscheidend ist jedoch, ob ihre Erkenntnisse gefragt sind und gehört werden. Aber auch dies ist keine Einbahnstraße: Das Erkennen von Organisationspathologien, die Antizipation einer Krise und die Herleitung ihrer Ursachen gehören unzweifelhaft zum Potential von Soziologen. Die Soziologie ist somit ein funktionales Äquivalent für eine Markt- und Umweltsensibilität, sie kann als Frühwarnsystem und – idealtypisch – anti-ideologisch agieren.

Allerdings: die Stimmen aus der Soziologie hinsichtlich einer Analyse äußerst dynamischer Veränderungsprozesse in einem wichtigen Teilsystem unserer Gesellschaft sind meiner Einschätzung nach leise, das Interesse unserer Disziplin ist letztlich schwach. Dabei hätte sie viel zu sagen zum Beispiel über Gefährdungen und Herausforderungen in Verbindung mit dem politisch gewollten Wettbewerb zwischen den Kassen und den Leistungserbringern, über die Ökonomisierung und Bürokratisierung unseres Gesundheitswesens, über die Verdrängung professioneller Selbststeuerung durch zunehmende Marktsteuerung, über den Widerspruch zwischen Zentralismus und staatsmedizinischen Stellgrößen einerseits und einer Fülle neoliberaler Steuerungsmechanismen in Verbindung mit der jüngsten Gesundheitsreform andererseits. Und nicht zuletzt: spannende Entwicklungen wie der Weg der Krankenkassen vom „Payer" zum „Player", der Wandel der Kassenärztlichen Vereinigungen von Körperschaften der mittelbaren Staatsverwaltung hin zu Dienstleistungsorganisationen und ihr Spagat zwischen der Erfüllung ihres gesetzlichen Auftrags und einer effizienten Interessenvertretung bieten sich für soziologische Analysen geradezu an.

Pessimistisch könnte man anschließen: doch wer will sie haben? Ich will das Engagement der Gesundheitspolitiker in den Parteien nicht klein reden – gleichwohl: vor der Verabschiedung der aktuellen Gesundheitsreform war es im Sinne von Max Weber eher die Gesinnungsethik denn die Verantwortungsethik, die für meinungsbildende Akteure handlungsleitend schien. Symbolisches Handeln und Vereinfachung komplexer Sachverhalte ist geradezu rational für politisches Handeln *jeder* Couleur. Weber beschrieb durchaus treffend die Gefahr für Politiker, zum Schauspieler zu werden, *„ewig schielend nach dem Eindruck, den er macht."*

Gleichwohl habe ich sowohl in der Gesundheitspolitik als auch in der Zusammenarbeit mit Ärzten und Psychotherapeuten immer wieder die Erfahrung gemacht, dass es sich lohnt, Gleichgesinnte zu suchen und angesichts der enormen Herausforderungen im Gesundheitswesen um tragfähige Lösungen zu ringen. Es bedarf sicherlich einer hohen intrinsischen Motivation, die Rolle eines „Verknüpfers" zwischen den Disziplinen und zwischen den Sektoren verantwortlich mit dem klaren Ziel wahrzunehmen, die zwingend zu füllenden Schnittstellen zwischen der Wissenschaft, der Praxis und dem politischen Kontext konsequent anzugehen. Dazu gehört für mich auch ein kontinuierlicher Kontakt zu den Universitäten des Landes und in besonderer Weise zu Einrichtungen der Versorgungsforschung.

Eine Antwort auf die eingangs gestellte Frage nach meiner Rolle als Gestalterin oder Zuarbeiterin könnte exakt in der Mitte liegen: vor allem Ausdauer und Hartnäckigkeit sind gefragt beim Bohren dicker Bretter – das Etikett einer gestaltenden Zuarbeiterin oder einer zuarbeitenden Gestalterin erscheint mir dabei durchaus passend. Die Bewertung ist abhängig von der Stellung und ihrer Akzeptanz in einer Organisation und nicht zuletzt von der individuellen Motivation, erkannte Ineffizienzen aus einer professionellen Distanz heraus beharrlich zu benennen und an ihrer Reduktion engagiert mitzuarbeiten.

Im Rückblick kann ich sagen: der spezifisch soziologische Blickwinkel hilft mir bis heute, den Standards unserer Disziplin fühle ich mich nach wie vor verpflichtet. Ich wünsche mir für die Zukunft ein selbstbewusstes Engagement gut ausgebildeter Soziologinnen und Soziologen im Gesundheitswesen – und dies sowohl bei der Bearbeitung empirischer Fragestellungen als auch in der Rolle aktiver Politikberater und Mitgestalter einer patientenorientierten Gesundheitspolitik.

Dr. Edith Meier

Jahrgang 1951, gelernte Bankkauffrau, Studienabschluss als Dipl.-Volkswirtin sozialwissenschaftlicher Richtung (Universität Köln), Wiss. Mitarbeiterin am Institut für Angewandte Sozialforschung der Universität zu Köln. Leiterin des Referats Gesundheitspolitische Grundsatzfragen bei der Kassenärztlichen Vereinigung Nordrhein, Düsseldorf

Gewerkschaft

Soziologe in der Gewerkschaftsarbeit – Soziologie in der Praxis?

Josef Hülsdünker

> „Die Fähigkeit des Sehens bemisst sich am Wissen, oder wenn man möchte, an den Begriffen, den Wörtern mithin, über die man zur Bezeichnung der sichtbaren Dinge verfügt und die gleichsam Wahrnehmungsprogramme erstellen." (P. Bourdieu)

Rekrutierungsmuster deutscher Gewerkschaften

Die gewerkschaftliche Arbeit hat viele Facetten: In den Betrieben und Verwaltungen gilt es Mitglieder zu werben, Betriebsräte zu gründen, arbeits- und betriebsrechtliche Information und Beratung vorzuhalten, Tarifabschlüsse zu tätigen und durchzusetzen, Sanierungstarifverträge zu verhandeln und in Aufsichtsräten mitzuwirken. Auf der Ebene der gewerkschaftsübergreifenden Interessenvertretung – also beim DGB – geht es mehr um Wirtschafts- und Strukturpolitik, Arbeitsmarkt- und Berufsbildungspolitik, Regional- und Kommunalpolitik, Öffentlichkeitsarbeit und den Aufbau gewerkschaftlich belastbarer Netzwerke. In beiden Bereichen – innerhalb und außerhalb der Betriebe und Verwaltungen – spielen Aufbau und Pflege ehrenamtlicher Strukturen und die Organisation der innergewerkschaftlichen Willensbildung eine ebenso wichtige Rolle wie die Vermittlung gewerkschaftlicher Interessen in den politischen und gesellschaftlichen Raum hinein. Dies beinhaltet beispielsweise den Aufbau und die Unterhaltung „produktiver" Arbeitsbeziehungen zu Abgeordneten, Wirtschaftskammern, Arbeitgeberverbänden, Parteien, Kirchen und Medien.

Voraussetzung für eine erfolgreiche gewerkschaftliche Arbeit ist die Festlegung, Absprache und interne Kommunikation von Zielen, Strategien und Aufgaben sowie deren Realisierung in betrieblichen und außerbetrieblichen Handlungsfeldern. Informationsbeschaffung und Kommunikation – auch aus regionalen Wirtschafts- und Politikkontexten – schließt alle haupt- und ehrenamtlichen Gewerkschaftsmitglieder ein. Dabei wird auch die gewerkschaftliche Organisation einer ständigen Revision unterzogen. Mitgliederinteressen, finanzielle Möglichkeiten, fachliche Anforderungen und eine effizienzsteigernde Modernisierung bedingen stetige Veränderung bestehender Strukturen und Prozesse.

In welchem Umfang Soziologie und Soziologen dem Deutschen Gewerkschaftsbund und seinen Gewerkschaften tatsächlich von Nutzen sind, ist derzeit nicht bekannt. Unbekannt ist auch die symbiotische und synergetische Wirkung von Soziologen und soziologischem Wissen in Verbindung mit den Kompetenzen von Juristen, Ingenieuren und Facharbeitern und deren Wissen in gewerkschaftlichen Organisations- und Entscheidungskontexten. Sicher ist, dass über gewerkschaftsnahe wissenschaftliche Einrichtungen wie der Hans-Böckler-Stiftung oder gewerkschaftlich orientierte Wissenschaftler Zugänge auch zur soziologischen Forschung bestehen.

In allen hauptamtlich besetzten gewerkschaftlichen Arbeitsbereichen erfolgt die Rekrutierung sehr häufig auf der Grundlage von vorausgehender ehrenamtlicher Tätigkeit; so bei einem beträchtlichen Teil der über 9.000 hauptamtlich Tätigen in der Gewerkschaftsbewegung. Insgesamt lassen sich dabei drei Hauptwege unterscheiden: *Erstens* werden gewählte Hauptamtliche und „Politische Sekretäre" nahezu ausschließlich aufgrund von Betriebs- oder Personalratsarbeit oder betrieblicher Vertrauensleutearbeit oder ehrenamtlicher Qualifikation (oder was man dafür hält) in Gewerkschaftsgremien „berufen". *Zweitens* werden „Quereinsteiger", meist mit speziellen Kenntnissen, die aus Hochschulausbildung kombiniert mit beruflicher Praxis resultieren, für spezielle Fachaufgaben eingestellt. Sie haben in aller Regel bereits mit den Gewerkschaften kooperiert und gelten als gewerkschaftspolitisch verlässlich. *Drittens* werden Verwaltungs- und Servicekräfte sowie Auszubildende über eine öffentliche Stellenausschreibung und die Arbeitsverwaltung rekrutiert. Auch in diesen Einstellungsverfahren werden gelegentlich Empfehlungen aus der Mitgliedschaft genutzt.

Wie kommt vor diesem Hintergrund ein Soziologe zu einer hauptamtlichen Gewerkschaftsfunktion, und welche soziologischen Kenntnisse sind für diese Aufgabe brauchbar? In meinem Fall bedingen biografische, soziologische und gewerkschaftliche Aspekte ein exemplarisches „Bild" über den Werdegang eines Soziologen. Diese „Bild" blendet den zeitgeschichtlichen Kontext nicht aus und macht fachlich das universitäre Lehr- und Lernprogramm der Soziologie der 70er und 80er Jahre zum Bezugspunkt. Ob daraus Aspekte für ein Berufsbild „Soziologe" in der gewerkschaftlichen Arbeit gewonnen werden können, muss offen bleiben.

Wege zur Soziologie und gewerkschaftlichen Orientierung

Wahrscheinlich bin ich keine „68er". Jedenfalls kam ich von Volks- und anschließender Realschule erst 1969 in die gymnasiale Oberstufe. Während die

Studenten in Berlin und anderswo diskutierten und demonstrierten, spielte ich Fußball. Die mit jugendlichem Schwung vorgetragenen Anfeindungen der bestehenden patriarchalischen und autoritären Strukturen im ländlich-katholischen Umfeld boten jedoch reichlich Konfliktstoff. Eine wachsende kritische Distanz zu jeglicher Art von Bevormundung verband sich mit der politischen Auseinandersetzung um die teilweise tabuisierte Nazizeit und festgefügte religiöse Vorschriften und beförderte ein wachsendes Interesse an Politik und Gesellschaft: Demokratisierung und soziale Gerechtigkeit wurden zu zentralen Kategorien der persönlichen Agenda. Geblieben ist auch die Erfahrung, dass ein durchlässiges Schulwesen eine zentrale Voraussetzung für Chancengleichheit und berufliche Entwicklungsmöglichkeiten ist.

Diese für viele meiner Generation gar nicht ungewöhnliche Entwicklung leitete nach dem Abschluss der Schule unweigerlich in die Fragestellung über: „Was willst du eigentlich werden?". Anfangs kamen mehrere „Laufbahnen" in Betracht: Fußballtrainer, Revolutionär in Südamerika, Lehrer in Summerhill. Das Sportstudium gab ich bereits nach dem ersten Semester auf: Starke Arme für schwere Sporttaschen erschienen mir anti-intellektuell und nicht zeitgemäß.

Im universitären Milieu der 70er Jahre waren Philosophie, Sozialwissenschaften, Erziehungswissenschaften, Politologie unwidersprochen wichtiger als Physik oder Betriebswirtschaftslehre. Auf dem Weg durch ein politisiertes Studium reichte jedoch ein halber Bafög-Satz nicht zum Leben. Neben der Schule und später neben dem Studium selbst war es durchaus üblich – und arbeitsmarktlich möglich –, sich einen beträchtlichen Teil des Lebensunterhaltes selbst zu erarbeiten. Wechselnde Arbeitseinsätze in der Industrie ermöglichten erste Einblicke in die konkreten Formen industrieller Arbeit. So bügelte ich wochenlang Sakko-Hälften: am Fließband stehend und neun Stunden am Tag und sechsmal die Woche. Eisen biegen und zu baustellengerechten „Körben" zu flechten gehörte ebenso dazu, wie das Anschrauben von Kabelbühnen im Akkord in engen Schächten. Auf diese Weise erfuhr ich von älteren Kollegen auch etwas über den „arbeitnehmerorientierten" Umgang mit der „Akkord-Schere", ehe ich später im Rahmen meiner industrie- und betriebssoziologischen Studien darüber las.

Am Ende des Studiums waren fast alle Fächer soweit „zurückgebaut", dass Soziologie, mit dem Schwerpunkt Industrie- und Betriebssoziologie, das ganze Interesse auf sich zog. Promotion, Lehraufträge, dazu einige Veröffentlichungen waren „Ergebnisse" am Ende des akademischen Werdeganges. Geld hatte ich mit den Lehraufträgen kaum verdient, der Aufwand war höher als der Ertrag. Die parallel zur Promotion absolvierte Zweite Staatsprüfung führte dank Lehrerarbeitslosigkeit und Bedeutungsverlust des Faches „Sozialwissenschaften" glücklicherweise nicht in den Schuldienst – aus heutiger Sicht!

Soziologie in der Praxis und gewerkschaftliches Engagement

Ein persönliches Gespräch mit Norbert Elias trug erheblich zur Festigung meiner Überzeugung bei, wonach der demokratische und soziale Rechtsstaat ein bedeutender Fortschritt der bundesdeutschen Nachkriegsentwicklung darstellt.

Derartige Begegnungen, Erfahrungen und Einsichten schärften überdies den Blick für gesellschaftliches Oben und Unten, für Macht und Herrschaft, für soziale Ungerechtigkeit und die Bedeutung von Frieden in Zeiten atomarer Bedrohung. Aus diesem Konglomerat von Kenntnissen, Erfahrungen und Wissen entstand die Überzeugung, dass die Teilhabe aller Gesellschaftsmitglieder am sozialen Fortschritt die Begrenzung ökonomischer und militärischer Macht sowie Demokratie und soziale Gerechtigkeit zur Voraussetzung hat. Als ich im ach-ten Semester als Mitglied der Gewerkschaft ÖTV (heute ver.di) angeworben wurde, schrieb ich bereits Berichte über Soziologentage und verfolgte den soziologischen Diskurs vor allem im Fachgebiet Industrie- und Betriebssoziologie. Damals ahnte ich nicht, dass auch die nebenher betriebenen Studien zur Theorie und Methodologie der Sozialgeographie mir noch einmal von Nutzen sein würden.

Aus der sich verfestigenden „Arbeitsorientierung" in meinen weiteren Studien entsprang schließlich die wissenschaftliche Thematisierung gewerkschaftlicher Durchsetzungsstrategien. Dass Wissenschaft nicht wert- und interessenneutral daherkommt, war im wissenschaftlichen Umfeld der Hochschule den Meisten bekannt. So waren Ulrich Becks Reflexionen über „Objektivität und Normativität" und über „Hintergrundannahmen" in soziologischer Theorie und Methodologie ein weiterer Auslöser dafür, die Wirkungen von Interessenbezügen in der Industrie- und Betriebssoziologie zu untersuchen.

Politische Überzeugung und wissenschaftliche Arbeit mündeten über das soziologische Interesse an Fragen der Arbeiter- und Gewerkschaftsbewegung in persönliches Engagement für gewerkschaftliche Ziele und Forderungen. Seit 1985 arbeite ich hauptamtlich in der Deutschen Gewerkschaftsbewegung: In den ersten vier Jahren als Gewerkschaftssekretär der Gewerkschaft Erziehung und Wissenschaft und danach als Kreis- und Regionsvorsitzender im Wahlamt im Münsterland und in der Emscher-Lippe-Region (nördliches Ruhrgebiet).

Soziologisches Wissen und gewerkschaftliche Kompetenz

Vor allem für die gewerkschaftliche Arbeit im nördlichen Ruhrgebiet, einer vom Kohle- und Stahlrückzug geprägten, bildungsfernen, im Strukturwandel begriffenen Region, sind soziologische Kenntnisse unverzichtbar. Dies betrifft insbesondere die gewerkschaftliche Dachverbandsarbeit auf der Ebene der hauptamtlich geführten „DGB Region Emscher-Lippe". „Vor Ort" setzen die Gewerkschaften Soziologen nicht bewusst und planvoll ein, doch ohne soziologische Kenntnisse ist der Entwurf und die Umsetzung erfolgreicher regionaler Gewerkschaftsstrategien wenig aussichtsreich. Derzeit arbeiten 7, in weiteren Projekten 9 und in den Mitgliedsgewerkschaften der Region rund 70 Beschäftigte, davon sind – relativ zufällig – vier ausgebildete Soziologen mit Hochschulabschluss: der Regionsvorsitzende, die Leiterin des „DGB Haus der Jugend", der Nebenstellenleiter des DGB-Bildungswerkes und eine (promovierte, befristet eingestellte) Projektmitarbeiterin.

Meine Arbeit als Regionsvorsitzender ist durch wenige, weitgesteckte Vorgaben bestimmt. Das Wahlamt führt zu einer relativ autonomen Amtsführung gegenüber DGB-Bezirk und -Bundesvorstand. Festgelegt sind wenige allgemeine Kernaufgaben (Arbeitsmarkt-, Wirtschafts- und Strukturpolitik, etc.) und weitaus präzisere Vorschriften und Richtlinien zur Haushalts- und Kassenführung und zum Personalwesen. Wichtigster Auftraggeber für den DGB in der Region sind die regionalen Gewerkschaftsgliederungen. Somit bietet sich viel Gestaltungsraum, der allerdings genutzt sein will.

In einer jüngst durchgeführten, externen Aufgaben- und Leistungsanalyse der Arbeit von DGB-Regionen in Deutschland zeigte sich, dass „interne und allgemeine Kommunikation" mehr als ein Drittel der Arbeit von Regionsvorsitzenden ausmacht. Sie dient der Abstimmung zwischen Gewerkschaften, der Vereinheitlichung von Positionen und der Vermittlung von Forderungen in den „öffentlichen Raum". Kenntnisse über Gruppen, Rollen, Habitus, schichtspezifisches Handeln, Führungsstile, Konfliktmanagement, Arbeitspsychologie etc. wurden zwar nicht gesondert erhoben, sind für meine Praxis der Kommunikation aber sehr hilfreich, gelegentlich auch unverzichtbar. Professioneller Umgang mit soziologischem Fachwissen im Zusammenspiel mit einschlägigen Erfahrungen spiegelt sich in hohen Akzeptanzwerten bei Mitarbeitern, Gewerkschaften und anderen regionalen Akteuren wider.

Aber die gewerkschaftliche Dachverbandsarbeit findet ihre Veranlassung nicht in „Kommunikation", diese ist nur Mittel zum Zweck, z.B. für die Abstimmung gemeinsamer Vorhaben, sondern vor allem in der Gestaltung außerbetrieblicher Gewerkschaftsarbeit. Und die wird nicht von den Gewerkschaften oder einer anderen „Kraft" diktiert, sondern kann und muss vornehmlich vom Regionsvorsitzenden „erfunden" und gestaltet werden. Die formale Führungsrolle des Vorsitzenden muss also inhaltlich gefüllt werden. Dazu gehört neben dem Führungs*anspruch* auch ein „Nutzungskonzept" für das Amt, das für die Gewerkschaften, für die Region und für den Amtsträger selbst (Wahlamt) von Vorteil ist.

Soziologische „Handschrift" in einem exemplarischen Handlungsfeld

Das mit den regionalen Gewerkschaften abgestimmte, aktuelle „Nutzungskonzept" für die Emscher-Lippe-Region zielt in *einem* wesentlichen Handlungsfeld auf die Bewältigung des „doppelten" Strukturwandels: Der zeitgleiche Übergang von der Montanindustrie in die industrielle Dienstleistungsgesellschaft und von der Dienstleistungsgesellschaft in die industriell basierte Wissensgesellschaft. Aus gewerkschaftlicher Sicht besteht das Hauptproblem der Region angesichts von knapp 100.000 „Bedarfsgemeinschaften" nach „Hartz IV" und weit über 50.000 Arbeitslosen in der unzureichenden Beschäftigungsfähigkeit vieler Arbeitnehmer. Der Verlust zahlloser Arbeitsplätze in Bergbau und industrieller Massenproduktion, die Abwanderung junger Mittelschichtfamilien aus dem Ballungsraum und ein hoher Anteil bildungsferner Migranten in den hoch verdichteten Quartieren kennzeichnen die gegenwärtige Krise. Wenn in den nächsten Jahren die letzten drei Bergwerke mit derzeit 12.500 Beschäftigten tatsächlich schließen, verliert die Region insgesamt weitere 30.000 Arbeitsplätze.

Für die 1,1 Mio. Bewohner der Region gibt es rund 280.000 sozialversicherungspflichtige Arbeitsplätze, bei ausgeprägten Pendlerbeziehungen mit den angrenzenden Räumen. Mit 138.000 in der Region wohnhaften Mitgliedern ist der DGB mit seinen Gewerkschaftern die mit Abstand größte Organisation in der Region. Daraus resultieren Interesse und Verantwortung für den erfolgreichen, arbeitsorientierten Strukturwandel. Die Gewerkschaften wollen eine modernisierte, weltmarktfähige industrielle Basis (einschließlich industrienaher Dienstleistungen) mit Beschäftigten aus der Region. Sie wollen die Massenarbeitslosigkeit beseitigen, um den Lohndruck und die Verschlechterung der Arbeitsbedingungen abzumindern und gleichzeitig den gewerkschaftlichen Organisationsgrad steigern. Der DGB verfolgt seit 1999 die regionale Qualifizierungsstrategie „Mehr Bildungskapital in Arbeitnehmerhand". Zusammengeführt werden die verschiedenen Ansätze und Strategien im „Regionalen Aufsichtsrat", der zugleich Vorstand der Regionalkonferenz, der Regionalagentur und des halböffentlichen Wirtschaftsförderunternehmens der Region ist. Der DGB-Regionsvorsitzende gehört diesem Gremium, bestehend aus den Oberbürgermeistern, dem Landrat, IHK, Handwerkskammer und zwei Unternehmensvertretern, ebenfalls an.

Die Anhäufung von Bildungskapital ist aus Sicht des DGB die zentrale Grundlage für eine erfolgreiche Vermarktung der Arbeitskraft. Welche praktische Bedeutung hat dieser Tatbestand für die zukunftsfähige Ausgestaltung des Zusammenhangs zwischen der Aneignung von „Bildungskapital", der Entwicklung der Beschäftigungsfähigkeit, dem Aufbau von regionalen Wertschöpfungsketten und der Vermarktung der Arbeitskraft? Kann es der Region gelingen, einen Innovationspfad zu beschreiten, der Normen, Werthaltungen und Mentalitäten verändert, „klassische" industrielle Milieus überwindet und Unternehmungsgeist befördert?

Im Rahmen dieser Langzeitstrategie lassen erste „Meilensteine" die Handschrift des Soziologen erkennen: Zunächst beschloss die DGB-Delegiertenkonferenz in 2001 einstimmig die Strategie zu mehr Beschäftigungsfähigkeit in der Region. Daraufhin wurde das Projekt „Veränderungsmanagement Emscher-Lippe" beim DGB mit NRW-Landesmitteln gefördert und von einer paritätischen Lenkungsgruppe bestehend aus jeweils vier Gewerkschaftern und Arbeitgebern geführt. Ein Projektergebnis bestand in der Profilierung der Stadt Marl als „Stadt des Lernens und des Wissens". Unter der Schirmherrschaft der Bürgermeisterin wurden in der Folge in allen Kindergärten der Stadt Lernmodule zu „naturwissenschaftlichem Lernen" durchgeführt und alle Erzieherinnen am Berufskolleg Marl entsprechend fortgebildet. Diese DGB-Initiative wird derzeit auf die Grundschulen ausgedehnt.

Ein weiterer Meilenstein wurde das „Westerholter Signal" des DGB, das von allen Oberbürgermeistern, Bürgermeistern, der IHK, der Handwerkskammer und dem Landrat unterschrieben wurde und die regionalen Bildungs- und Qualifizierungsziele und -maßnahmen verbindlich machte. Die Übereinkunft wurde wenig später zur Grundlage einer entsprechenden Vereinbarung zwischen der Region und dem Land NRW. In einem halben Dutzend weiterer Projekte bearbeitet der DGB mit Unterstützung des DGB-Bildungswerk NRW als „lernende Region" vor allem das „Übergangsmanagement Schule – Beruf".

Für unsere Region besteht somit die Möglichkeit, Anschluss an andere Wirtschaftsregionen zu organisieren, die bereits seit längerem in die Beschäftigungsfähigkeit „ihrer" Menschen investieren. Auf Betreiben des DGB wird derzeit eine wissenschaftliche Untersuchung durchgeführt, um das Ausmaß der durch demografische Entwicklung, mangelhafte Nachwuchsförderung und Abwanderung bedingten zukünftigen Fachkräftelücke in den Unternehmen genauer zu beschreiben, um Gegenmaßnahmen ergreifen zu können. Das Tor zur gesellschaftswissenschaftlich angeleiteten Regionalpolitik ist jedenfalls weiter geöffnet; Studien wie „Bildungsbeteiligung im Ruhrgebiet" (Harney u.a.) erhalten eine Praxis anleitende Relevanz.

Soziologie in der Praxis – auch eine Frage der Durchsetzung

Die aufgezeigte Verwendungsfähigkeit soziologischen Wissens in einem exemplarischen gewerkschaftlichen Handlungsfeld der Region legt die Vermutung nahe, dass es weitere „Einsatzgebiete" für Soziologie und Soziologen gibt. Der in den sozialen Strukturen dieser Region besonders spürbare Abbau von sozialer Sicherung einerseits und Arbeitnehmerrechten andererseits hat schon heute die vermehrte Aneignung menschlicher Arbeit mit niedrigem oder ganz ohne Entgelt zur Folge. Während sich die Ausbeutung menschlicher Arbeitskraft auf raschem Vormarsch befindet, vertieft sich die Spaltung der Gesellschaft in Gewinner und Verlierer nicht nur im nördlichen Ruhrgebiet. Wo ist da die Soziologie?

Problembezüge und Thematisierungsprozesse folgen offenbar mit Verspätung und zufällig den tatsächlichen gesellschaftlichen Problemlagen. Die vorliegenden disziplinären Erklärungsversuche zu gesellschaftlichen Risiken, Modernität, sozialen Disparitäten oder der Rückkehr der „Natur" haben keinen nachhaltigen Eindruck im Wirtschafts- und Politikbetrieb der Republik hinterlassen. Im Gegenteil: Mit dem Aufwuchs ökonomistischer, neoliberaler Theorien und ihren praktischen Feldversuchen in vielen westlichen Volkswirtschaften ging nach meiner Beobachtung ein Bedeutungsverlust der Soziologie einher. Mit der Betonung des praktischen Nutzens soziologischen Forschung für relevante gesellschaftliche Interessengruppen könnte diesem Bedeutungsverlust entgegengewirkt werden. Gewerkschaften sind an der Rückkehr des „Sozialen" in die aktuell aufbrechende gesellschaftliche Debatte außerordentlich interessiert!

Dr. Josef Hülsdünker

geb. 1951, Soziologiestudium an der Universität Münster (Staatsexamen 1977, 2. Staatsprüfung; Promotion 1983). Lehraufträge an der Universität Kassel, Universität Münster, Fachhochschule Dortmund. Seit 1985 hauptamtlich in der GEW, ab 1989 DGB-Regionsvorsitzender im Münsterland und seit 1999 im nördlichen Ruhrgebiet. Einige Veröffentlichungen, u.a. zur Geschichte der Soziologie

Hintergrund

Praxis der Soziologie. 40 Jahre Hochschulsoziologie – von der Arbeits- zur Wissensgesellschaft

Eckart Pankoke

1960: Soziologie im Aufbruch

Der akademische Weg der ersten Universitäts-Soziologen in der noch jungen Bundesrepublik schien zunächst wenig gebahnt. Noch um 1960 war es für Viele eine mutige Entscheidung, sich dem Studium der Soziologie zu stellen, zumal das Fach nach seiner Zerschlagung sich in Deutschland nur zögernd erneuerte. Doch öffentliches Interesse wurde wach mit ersten Befunden soziologischer Forschung, in denen die deutsche Nachkriegsgesellschaft ihren kritischen Spiegel fand. Zu erinnern ist an den damals einflussreichen Helmut Schelsky, dessen jugendsoziologisches Konstrukt „Skeptische Generation" vielen die Augen öffnete zum Blick nach vorn (Schelsky 1957), dafür, dass es soziologisch zu fragen galt nach strukturellen Ursachen und kulturellen Folgen gesellschaftlichen Wandels. Soziologische Kritik war dann umzusetzen in Konstruktionen neuer Wege jenseits der Muster und Werte von gestern.

Das kritische Bewusstsein von der „Künstlichkeit" moderner Verhältnisse forderte als Antwort die „praktischen Künste" der kunstvoll zu planenden und zu gestaltenden Veränderung (Pankoke, Quenzel 2006). So wird es schon der junge Karl Marx gemeint haben, als er das Elend des Proletariats nicht nur moralisch beklagte, sondern mit soziologischer Kritik strukturell bekämpfen wollte als „künstliche Armut". Dieser Hinweis auf die Machbarkeit menschlicher Verhältnisse forderte Antwort durch gesellschaftliche Praxis: Originalton des jungen Marx: „Wenn der Mensch von seinen Umständen gebildet wird, muss man die Umstände menschlich bilden." Diese kritische Tradition des Europäischen Revolutionszeitalters wurde in der Soziologie theoretisch wie praktisch aufgegriffen. Darin lag deren Attraktivität als Studium und als Beruf. „Praxis der Soziologie" beansprucht Verantwortung für gesellschaftliche Entwicklung. Damit wollen sich die Soziologen selbstbewusst absetzen von ihrer soziotechnischen oder technokratischen Instrumentalisierung.

Die in Münster von Schelsky, in Frankfurt von Adorno und Horkheimer und in Köln um René König in „inkongruenten Perspektiven" erneuerten Soziologien lockten ins Studium. Mich zog es an die traditionelle Soziologen-Hochburg Heidelberg, wo mich jedoch die Berufsberatung vor den Soziologen warnen wollte: als Sohn eines Lehrers werde es meine Eltern beunruhigen, wenn ich die ‚sichere' Beamtenkarriere aufgäbe zugunsten eines so riskanten geistigen Abenteuers. Ich wagte das Abenteuer „Soziologie" dennoch – wenn auch unter Rückversicherung durch ergänzende Lehramtsfächer für Deutsch und Geschichte.

Allerdings, im Heidelberger Soziologie-Seminar interessierten sich die Professoren offensichtlich mehr für die Kultur ferner Völker als für die Struktur der modernen Gesellschaft. Umso bedeutsamer war die in anderen Geisteswissenschaften – zwischen den Zeilen – betriebene Gesellschaftstheorie. Soziologisch prägend wurde für mich die durch Heidelberger Historiker (Conze, Koselleck) eröffnete „Sozialgeschichte als Strukturgeschichte" oder die Reflexion der Moderne durch Philosophen wie Gadamer und Löwith, die sich bald ergänzten durch den neu berufenen jungen Philosophie-Professor Jürgen Habermas. Außerhalb verschulter Studiengänge hatte ich damit das Glück des Lernens im kleinen Kreis. Das galt auch für die ersten Habermas-Lektionen, die bald nachzulesen waren unter dem richtungweisenden Titel „Theorie und Praxis" (Habermas 1963).

Dies sozialphilosophische Fundament kritischer Theorie öffnete mir später an der Uni Münster Wege zur Soziologie, auf die damals gerade ein neue Politik der sozialen Reformen Hoffnung setzte. Dies fand institutionell Ausdruck in der Gründung neuer Universitäten, in denen der Ausbau der Sozialwissenschaften zum Motor der Innovation werden sollte. Dies zeigten in Nordrhein-Westfalen die ersten großen Universitätsgründungen der 1960er Jahre: die Universität Bielefeld, in der gerade durch Soziologie die „Institutionalisierung von Dauerreflexion" (Schelsky) zu verankern war, und die Ruhr-Universität Bochum, wo die neuartig strukturierte Sozialwissenschaft ihre praktische Relevanz für regionale Planung und politische Steuerung bewähren sollte – so die hohen Erwartungen.

„1968": zwischen politischer Planung und sozialer Bewegung

Praktisches Profil versprach die soziologische Beobachtung und Beratung, wie sie in den 1960er Jahren auf allen Ebenen des politisch-administrativen Systems gefragt schien. Doch mit wachsender Bedeutung geriet die Soziologie ins „Fadenkreuz" kontroverser Erwartungen und Zumutungen: Gerade Universitätssoziologen wurden als Partner der Praxis verdächtig (vgl. Schelsky 1969).

Die Richtungskämpfe um professionelle Kompetenz und politisches Mandat der Soziologen mussten sich verschärfen an den neuen Universitäten, an denen die Sozialwissenschaften als Leitdisziplin antreten konnten. An der Ruhr-Universität war erstmals durch eine breit gefächerte „Abteilung für Sozialwissenschaft" soziologische Forschungskompetenz umzusetzen in Aufklärung und Ausrichtung des regionalen Umfeldes. Praktisch bedeutete dies die Auseinandersetzung mit industriesoziologischen und raumplanerischen Fragen. Mein eigener Forschungsauftrag richtete sich damals auf die Umstellung industrieller Arbeit unter Rationalisierungs- und Automatisierungsdruck. Mit der „Arbeitsfrage" (Pankoke 1990) verbanden sich die kulturellen Probleme des Strukturwandels an Rhein und Ruhr.

Von solchen Fragen versprachen sich viele Soziologen die Bewährung des Faches in praktischer Verantwortung. Doch unreflektierte Verwendungsperspektiven wurden bald durchkreuzt von sich verschärfenden Kontroversen und Konfrontationen. Gerade die Radikalität soziologischen Denkens war in die dieologischen Kämpfe hineingezogen.

An der Bochumer Universität personalisierte und polarisierte sich die Auseinandersetzung in harter Konfrontation der soziologischen Eck-Lehrstühle und ihrer sich verschanzenden Schulen. Während auf Linie der Gehlen-Schelsky-Schule die geschichtliche Macht der Institutionen gefestigt werden sollte, sammelte sich in brisanter Radikalisierung von marxistischer Dialektik und freudianischer Psychoanalyse das Viele mitreißende kritische Engagement der Studentenbewegung, was sich radikal gegen eine erstarrende Allmacht der Etablierten richtete. Innerhalb der Soziologie formierte sich heftige Selbst-Kritik gegen eine „soziotechnische" Instrumentalisierung des Faches als „administrative Hilfswissenschaft". Auf der Gegenseite gab man den Kritikern die Schuld für eine kulturrevolutionäre Entsicherung institutioneller Verantwortung. In dieser Polarisierung – die auch andernorts teils schwelte, teils aufgebrochen war –zwischen als „revolutionär" bzw. „reaktionär" verdächtigten Positionen schien die Soziologie nur noch mit sich selbst beschäftigt.

„Praxis", das proklamierte man nun mit sehr großen Lettern als revolutionären Sprung von Marx zu Mao. „Revolutionäre Ungeduld" trieb zum „Marsch durch die Institutionen" in systemveränderndem Anspruch. Aber dies führte auch manche Bochumer Absolventen in neue Mandate praktischer Verantwortung, so dass gerade im Ruhrgebiet die Praxis der Theorie in Bewegung kam. Und nicht selten sprang der Funke „soziologischer Phantasie" über und fand intellektuell aufgeschlossene Partner in eben der „institutionellen" Praxis.

1970: „Soziologie als Beruf" und „Theorie als Passion"

In den 1970er Jahren, nach den Turbulenzen der kultur-revolutionären Kämpfe, in den neuen Horizonten der sozialen Reformen, profilierte sich Soziologie als Beruf. Zugleich begründete sich in einer dazu an den Universitäten betriebenen Grundlagenforschung für viele Soziologen aufs Neue „Theorie als Passion" (Baecker u.a. 1987). Dass beides sich bewähren konnte, zeigt die Entwicklung praxisnaher Studien und Forschungen an den Ruhrgebiets-Universitäten zwischen Dortmund und Duisburg.

Zu besonderen Schrittmachern wurden dabei die Gesamthochschulen, die aus ihren klassischen Berufsbezügen als Pädagogische Akademien und Soziale oder Technische Fachhochschulen ein neues Profil zu entwickeln hatten. Kritik, wie sie als Spätzündung der Studentenrevolte auch hier ihren Boden gefunden hatte, war im Blick auf die absehbare berufliche Praxis ins Konstruktive zu wenden. Der Preis war allerdings bei vielen berufsbezogenen Studiengängen ein Schwund der theoretischen Horizonte.

In der Soziologie der 1970er Jahre profilierten sich gegenläufige Entwicklungen: die Konzentration auf große Theorie und zugleich die Aktivierung soziologisch kontrollierter Praxis. Beides eröffnete Auswege aus ideologischen Befangenheiten und Verstrickungen. So suchte die Habermas-Luhmann-Kontroverse ein neues Verhältnis zwischen gesellschaftlichem „System" und sozialem „Sinn". Zugleich wurde ein kritisch-konstruktiver Praxisbezug für viele Soziologen zum Befreiungsschlag. Auf „linker" Seite richteten viele sich ein auf den Baustellen der „sozialer Reform". Auch das eher „konservative" Lager setzte auf das Realitätsprinzip eines soziologisch aufgeklärten Pragmatismus, wie er sich in der Begegnung von Theorie und Praxis entwickeln sollte. Als Antwort auf terroristische Bedrohung setzte zum Beispiel die Schleyer-Stiftung bewusst auf für beide Lager lehrreiche Begegnungen, wie sie in gezielt geförderten Theorie-Praxis-Dialogen seitdem an vielen Universitäten praktiziert werden.

Für soziologische Forschung und Lehre wurde die unmittelbare Konfrontation mit dem Strukturwandel gerade des industriellen Ballungsraums zur provokativen wie produktiven Herausforderung. Damit begannen sich die Koordinaten zu verschieben von der alt-industriellen Arbeitsgesellschaft zu hoch-komplexen Organisations- und Wissensgesellschaft (Bußkamp, Pankoke 1993)

1980: Soziologische Kompetenz im regionalen Kontext

Aus kritischer Regionalforschung im Arbeitszusammenhang „Industrieller Ballungsraum" entwickelte sich die verbindende Überzeugung, dass gerade an neuralgischen Punkten des gesellschaftlichen Wandels die Soziologen sich nicht in die Elfenbein-Türme professoraler Beschaulichkeit zurückziehen dürfen, sondern auch den Auftrag hätten, sich in die Prozesse der Neuorientierung gesellschaftlicher Identitäten und Solidaritäten kritisch wie konstruktiv „einzumischen". Universitäre Sozialforschung suchte damit Diskurs und Resonanz in der regionalen Öffentlichkeit.

Dabei ging es weniger um die von den Ruhrgebietseliten gepflegte Repräsentationskultur. Vielmehr setzten soziologische Diskurse aufs Neue auf die Einladung zur system- und kulturkritischen Reflexion. Dass solche Projekte oft scheitern müssen, hat seinen Grund auch darin, dass der in Forschung und Lehre gepflegte „professorale" Stil im Verbund mit „soziologischer" Sprache in jedem Sinne als zu „schwer" galt, um beim Publikum „leicht" anzukommen. Entscheidend war wohl auch, dass die an repräsentativem Glanz interessierten Schaltstellen der Macht an kritischer Reflexion kaum Interesse haben konnten und deshalb ihr förderndes Interesse verweigerten.

Der sozialwissenschaftliche Diskurs reflektierte auch die „Schwachstellen" dieses durch schwere Arbeit und starke Kultur bestimmten Reviers, etwa die Schwerfälligkeit einer politischen Öffentlichkeit, deren Harmoniedruck jede offene Streitkultur blockierte. Konstruktiv setzte diese Kritik auf die neuen Kräfte, wie sie gerade in der Kultur- und Bildungslandschaft an Rhein und Ruhr sichtbar wurden.

Wie sehr dieser Geist des Veränderns auch an den Hochschulen die disziplinären Grenzen übersprang, zeigte die Essener Professoren-Initiative zu einer regionalen Kulturzeitschrift für das Ruhrgebiet: „REVIER-KULTUR. Zeitschrift für Gesellschaft – Kunst – Politik im Ballungsraum", später „PASSAGE – für Kunst bis Politik", jeweils im Essener Klartext-Verlag. (1986-92) .

Bei allen Unterschieden in disziplinärer Perspektive und politischer Option waren die Herausgeber in der Überzeugung verbunden, dass die Universitäten intellektuell wie institutionell sich gegenüber ihrem regionalen Umfeld öffentlich verantworten müssen. Als Motor der regionalen Strukturentwicklung war auch die politische Kultur zu würdigen. Damit bedeutet Politik nicht nur die Verfestigung blanker Macht, sondern auch innere Bewegung durch „ideelle Interessen".

Für das Ruhrgebiet – nicht nur in seinem neuen Anspruch als Kulturhauptstadt – gewinnt dieser alte Diskurs zu den kulturellen Herausforderungen strukturellen Wandels Aktualität auf den Wegen von fest geschlossener Industrielandschaft in eine offene Kulturlandschaft.

1989: Soziologie im Transformationsprozess

Doch bald schon verschob der Transformationsprozess die Koordinaten des praktischen Mandats soziologischer Forschung. Bei den vielen die deutsche Einigung belastenden Gräben und Rissen – zwischen alten und neuen Ländern, zwischen Staatssozialismus und sozialer Marktwirtschaft – waren es gerade die zu kollegialer Kooperation zusammenfindenden Sozialwissenschaftler aus den unterschiedlichen Systemen, die miteinander erste Brücken bauten. Soziologen des Westens erkannten im „Aufbau Ost" für sich selbst die Chance, in diesem Großprojekt „Transformationsprozess" Verantwortung zu übernehmen. Dieses sollte sich bewähren in der sozialwissenschaftlichen Transformationsforschung, wie sie in der für die von der Bundesregierung eingesetzten „Kommission für sozialen und politischen Wandel in den neuen Bundesländern" installiert wurde (Hauser u.a. 1996). Dabei erwies sich die Fachkompetenz der in ihrer einstigen Systemnähe oft verdächtigten DDR-Soziologie als fundierte Kooperationsbasis. Vor allen in der kulturellen Nische der Ostberliner „Akademie der Wissenschaft" hatte sich – anders als im staatssozialistischen Uni-Betrieb – eine kritisch (auch systemkritisch) engagierte empirische Sozialforschung halten können, deren Kompetenz verbunden mit genauer, sensibler Ortskenntnis für eine gesamtdeutsche Transformationsforschung jetzt produktiv werden konnte.

Doch dies zunächst gute Verhältnis wurde bald belastet durch jene offiziell als „Evaluierung" bezeichnete „Abwicklung" ostdeutscher Kollegen, was zugleich den Platz frei machte für Karrieren aus dem Westen.

Die im deutsch-deutschen Einigungsprozess gleichwohl bewährte Praxis sozialwissenschaftlicher Transformationsforschung könnte heute in den sich weitenden Horizonten der Europäisierung und bei gleichzeitiger Globalisierung neu gefordert sein. Die Antwort der Universität Essen auf die Herausforderungen der Ost-Erweiterung europäischer Einigung war ein von der Deutschen Forschungsgemeinschaft eingerichtetes Graduiertenkolleg „Europäische Gesellschaft", um den wissenschaftliche Nachwuchs in seiner Orientierung an den neuen Struktur- wie Kulturfragen des europäischen Transformationsprozesses gezielt zu fördern. Soziologisches Interesse engagierte sich dabei für die politische Kultur einer Europäischen Zivilgesellschaft (Pankoke 2000).

1990: „Praktische Sozialwissenschaft" zwischen Theorie und Praxis

Die Rückbindung soziologischer Theorie an die Verantwortungen gesellschaftlicher Praxis fand ihren institutionellen Kontext in den Brückenkonstruktionen des Theorie-Praxis-Dialogs, ein Konzept, das von unterschiedlichen Instanzen wie dem Berufsverband Deutscher Soziologen und Soziologinnen, den politischen Stiftungen und Instanzen der Studienförderung und der Forschungsförderung wie der Hans-Böckler-Stiftung und der Hanns-Martin-Schleyer-Stiftung durch die Förderung von „Lernallianzen" zwischen Hochschulen und gesellschaftlicher Praxis aufgegriffen wurde.

Gemeinsam ist das Interesse an einer Förderung der Soziologie in der kritisch-konstruktiven Besinnung auf die praktische Verantwortung wissenschaftlicher Forschung und Lehre. Damit bedeutet die Begegnung von universitärer Theorie und institutionell engagierter Praxis gleichzeitig einen selbstbewussten Professionalisierungsschub soziologischer Kompetenz, wie er von einer immer komplexeren Organisationsgesellschaft heute gefordert ist. So kann das Soziologiestudium vorbereiten für ein neues Profil von Beratern und Planern, von Moderatoren und Multiplikatoren.

Dieser bewusst gesuchte und gezielt gestaltete Praxisbezug sollte gestärkt werden, indem Vertreter der Praxis aus Unternehmen, Verwaltungen und Medien in einen prominent besetzten Praxis-Beirat berufen wurden, um die Entwicklung der sozialwissenschaftlichen Studiengänge zu begleiten. Zugleich wurde in das Studium eingebaut die Verpflichtung der Studierenden zu wissenschaftlich begleiteten Praktika, wie auch das Angebot von Lehrforschungsprojekten. In den Anwendungsfeldern sozialwissenschaftlicher Kompetenz begegneten die Studierenden den zu ihren theoretischen Interessen inkongruenten Erwartungsperspektiven gesellschaftlicher Praxis. Die dabei im „fremden Blick" der Studenten erarbeiteten Einsichten fanden gerade bei den Praktikern der Kooperationsveranstaltungen großen Widerhall.

Gerade der „Berufverband Deutscher Soziologinnen und Soziologen" (BDS) profilierte sich in dieser Zusammenarbeit als professionspolitische Selbstorganisation der als Fach- und Führungskräfte in wirtschaftlichen Unternehmen, gesellschaftlichen Verbänden und politischen Verwaltungen beruflich engagierten Sozialwissenschaftler. Deren Praxiserfahrung wird seit Jahren über Verbandsmitglieder des BDS in Theorie-Praxis-Dialogen an Studierende der Sozialwissenschaften rückgespiegelt als „Relevanz soziologischen Wissens in Praxisfeldern wirtschaftlicher Organisation" (vgl. Behrendt 2006).

Felder aktiver Gesellschaftspolitik: Sozialpolitik und Kulturpolitik

Reform-Projekte aktiver Gesellschaftspolitik setzen auf strukturelle Gestaltung und kulturelle Verantwortung gesellschaftlicher Entwicklung. Als Sozialwissenschaftler interessierten und engagierten wir uns dazu in Feldern der sozialen Sicherungen und sozialen Dienste, der Arbeits- und Beschäftigungspolitik, Wohnungs- und Siedlungspolitik, der Familien- und Generationen- oder der Kultur- und Bildungspolitik. Uns Soziologen interessierte Kultur dabei nicht nur als semantisches Feld ästhetischer Texte, sondern auch als kritische Auseinanderset-zung mit der radikalen „Künstlichkeit" moderner Wirklichkeiten und der darauf bezogenen „praktischen Künste" der Beobachtung und der Bearbeitung

„Kulturpolitik ist Gesellschaftspolitik": Diese um 1970 vom Dortmunder Kulturde-zernenten und Mitbegründer der ‚Kulturpolitischen Gesellschaft' Alfons Spiel-hoff ausgegebene Parole fand praktische Bedeutung über die neu zu erlernenden „soziokulturellen" Programme, welche zwischen Wohlfahrtsstaat und Kultur-staat vermitteln wollten – etwa durch den programmatischen Dreiklang der 1970er Jahre: „Kultur für alle", „Kultur von allen", „Kultur des Alltags". Die so-zialwissenschaftliche Verantwortung in den Feldern gesellschaftspolitischer Pra-xis beschränkt sich jedoch nicht darauf, diese Felder und ihre Entwicklungen über die Sektionen „Sozialpolitik" oder „Kultursoziologie" der Deutschen Ge-sellschaft für Soziologie zum Thema zu machen; zugleich engagieren sich immer wieder Soziologen in den selbst-organisierten Steuerungsgremien dieser Politik-Felder, wie etwa im „Deutschen Verein für öffentliche und private Fürsorge" (Pankoke 2005a) oder in der „Kulturpolitischen Gesellschaft" (Pankoke 2006).

Steuerung und Selbststeuerung: Praxisberatung und Prozessbe-gleitung

Die Relevanz soziologischer Beobachtung wird praktisch bei der Beratung der Steuerung von Entwicklungs- und Veränderungsprozessen: auf der Ebene der Organisationen als Organisations-Entwicklung oder Change Management, aber auch auf der Makroebene als Steuerung und Selbst-Steuerung sozialer Reformen und gesellschaftlicher Transformation (Pankoke, Nokielski, Beine 1975).

Soziologie in der Beratung und Begleitung gesellschaftspolitischer Praxis ist auf solchen kritischen Schwellen immer wieder neu gefragt. Im Prozess der deut-schen Einigung („Aufbau Ost") sind Soziologen und Sozialwissenschaftler z.B. in der „Kommission für sozialen und politischen Wandel in den neuen Bundes-ländern" konfrontiert mit sich dramatisch verschärfenden Krisen der „Arbeitsge-sellschaft". Erfahrung, Beobachtung und theoretische Abklärung der deutsch-deutschen Einigung sind heute für die Transformationsprozesse in Osteuropa und im neuen Russland umzusetzen. Auch hier geht es um die Konstruktion gesellschaftspolitischer Planung und Steuerung.

Aktuelles Interesse gewinnt im Blick auf die Entwicklungspotentiale „europäi-scher Gesellschaft" die Frage der Dritt-Sektor-Forschung zur „Zukunft der Zi-vilgesellschaft im Neuen Europa". Für viele Mitbürger wird die Selbstorganisati-on freien Engagements zur Chance, konstruktive und kreative Handlungskompe-tenz zu erwerben, zu erlernen und praktisch zu erproben. Zu verweisen ist hier eine von den sozialwissenschaftlichen Instituten der Ruhrgebiets-Universitäten

(Bochum, Dortmund, Duisburg, Essen) durchgeführten Verbund-Studie zur Übertragung sozialer, kultureller wie sportiver Infrastrukturen, die in der Finanzkrise der öffentlichen Haushalte kommunal nicht mehr zu halten waren, an freie Träger und Initiativen. Dabei zeigte sich, dass selbstorganisierte Alternativen oft nicht nur billiger sondern auch besser, jedenfalls „anders" arbeiten als die offiziellen und professionellen Systeme (Andersen u.a. 1998). Auf der Basis ehrenamtlicher Mitwirkung und Mitgliedschaft, 'honoriert' durch die damit eröffnete Chance von Lernprozessen, kann "Wissenschaftswissen" im Windkanal der Praxis getestet werden. Dies wird zum kritischen Korrektiv für die eigene Praxis als Forscher und Lehrer.[8] Auf der Gegenseite wirken der „fremde Blick" und die „fremde Sprache" der Soziologen für die Praktiker verfremdend und dadurch oft auch erhellend.

Wie sehr praktisches Engagement zur Herausforderung wird für theoretische Reflexion, demonstriert das den Essener Studiengängen für soziale Arbeit verbundene „Institut für Stadtteilbezogene Soziale Arbeit und Beratung" (ISSAB). Hier entwickelt sich in „neuer Praxis" einer aktivierenden Sozial- und Gemeinwesenarbeit die Auffassung, dass Menschen in Not weniger in ihren Schwächen zu kontrollieren als vor allem in ihren sozialen Stärken zu motivieren und zu aktivieren sind. Dieses von den Sozialarbeitern als „Empowerment" umschriebene Hilfekonzept wird auch für die Theorie zur Herausforderung: die Adressaten nicht mehr nur als beobachtbare Objekte, sondern als handelnde Akteure und so als Subjekte eigener Praxis zu akzeptieren. Die damit gesteigerte Komplexität des Feldes fordert eine entsprechende Reflexivität im Theorie-Praxis-Bezug und in der Entwicklung eines akteurstheoretischen Ansatzes (Springer 1997), so in der Konzentration auf die Spannungen von „Organisation und Person" (Brose, Goedicke, Diewald 2005) und, in Weiterführung soziobiographischer Analysen, auf die Wechselwirkungen zwischen Gesellschaftsgeschichte und Lebensgeschichte (Nollmann, Strasser 2004). Denn nur gute Theorie kann den Spiegel bieten für „Best Practice". So lief im Hintergrund der Duisburg-Essener Theorie-Praxis-Dialoge immer die „harte Arbeit" des Begriffs mit – nicht zuletzt über die kritisch-konstruktive Aneignung der soziologischen Systemtheorie Niklas Luhmanns (Göbel 2000; Drepper 2002).[9]

---

[8] Dankbar verweise ich an dieser Stelle auf die für mich und meine wissenschaftliche Arbeit produktiven Lernfelder in Beiräten der Sozialpolitik (Ausschüsse und Beiräte des „Deutschen Vereins für öffentliche und private Fürsorge" und der Mitarbeit in allen hier organisierten Wohlfahrtsverbänden), der Kulturpolitik („Kulturpolitische Gesellschaft") und in den Feldern von Wirtschaft und Technik (Wissenschaftlicher Beirat beim Essener „Haus der Technik").

[9] Zum Theoriediskurs vgl. auch Drepper, Göbel, Nokielski (Hrsg.) (2005).

Besondere Chancen der Universitäten in der Vermittlung von wissenschaftlicher Theorie und professioneller Praxis ergeben sich, wenn kompetente Fach- und Führungskräfte der Praxis dafür zu gewinnen sind, ihre Erfahrung im Rahmen von Dissertationsprojekten für den wissenschaftlichen Diskurs aufzubereiten. Von der Begleitung und Betreuung solcher soziologischen Praktikerdissertationen habe ich selbst immer wieder auch für die eigene Theoriebildung gelernt. Dabei konnten höchst unterschiedliche Praxisfelder aufbereitet werden, wobei gerade der wissens- und lerntheoretische Ansatz in seiner Relevanz bewusst werden konnte. Dies demonstrieren Duisburg-Essener Soziologie-Dissertationen zu unterschiedlichen Praxisfeldern: So rekonstruieren Studien zur Organisationssoziologie sozialer Bewegung die Dynamik industrieller Konflikte (Breger 1976); so konnte deutlich werden, wie die oft als „totale Institution" kritisierten geschlossenen Einrichtungen (Krankenhäuser, Erziehungsheime, Rehabilitationshäusern) sich in aktiver Lern-Partnerschaft aller Beteiligten wie Betroffenen zur „lernenden Organisation" entwickeln (Borsi 1994; Schmidt, Kühl 2004). Modellhaft aufgezeigt wurde, wie ein Stadtteil durch aktivierendes „Quartiers-Management" eigenes soziales wie politisches Kapital aufbauen kann (Grimm 2004) oder wie durch elektronische Kommunikations-Medien der grenzübergreifenden Partizipation und durch neue Muster kultureller Identifikation sich eine Europäische Zivilgesellschaft entwickeln wird (Schäfer 2005; Quenzel 2005).

2000: Zwischen „Arbeitsgesellschaft", „Wissensgesellschaft", „Bürgergesellschaft"

Als „Bürgergesellschaft" untersuchen wir in kultur- und religionssoziologischer Perspektive die unterschiedlichen Netzwerke der inter-kulturellen und inter-religiösen Begegnung und Verständigung.[10] Anders als die funktional ins Reine gesteigerte Rationalität der formalen Organisation entwickeln informelle Netze immer auch Sensibilität und Reflexivität für die subjektiven Kompetenzen der – in lose gekoppelter Autonomie – verbundenen Personen. Die heute mit dem Strukturwandel von der „Arbeitsgesellschaft" zur „Wissensgesellschaft" geforderte sozialräumliche Entwicklung ließ sich aufzeigen in den Wechselwirkungen von Netzwerken und Lernprozessen. Für die dazu geforderte Konzertierung der Kompetenz-Netze und Lern-Allianzen bietet die kommunitäre und kommunikative Kultur eine entscheidende Voraussetzung.

---

[10] Vgl. zu Netzwerken und Lernprozessen von Inter-Konfessionalität und Ökumene: Gabriel, Geller, Pankoke (2002); zur Entwicklung von multi-kultureller Vielfalt zu inter-religiöser Einigung vgl. Pankoke (2005b).

Die regionale Bündelung unterschiedlicher Kompetenzen durch Steuerung und Selbststeuerung polyzentrischer Vernetzung fordert neue Praktiken und Strategien im Management des Wissens. Neben den klassischen Fragen der Organisation von Arbeit bedeutet die Ökonomik des Wissens eine erneute Einladung zur interdisziplinären Kooperation zwischen Sozial- und Wirtschaftswissenschaften. Die Netzwerke und Lernprozesse einer inter-disziplinären Kombinatorik und Konzertierung unterschiedlicher Interessen und Kompetenzen werden weiter entwickelt in soziologischen Konstrukten wie Lern-Allianzen und Kompetenz-Clustern.[11]

Wissens-Netze, Lern-Allianzen, Kompetenz-Cluster

Die Verbindung der Arbeitsgesellschaft mit neuen Entwicklungen zur Wissensgesellschaft positioniert und profiliert die Rhein-Ruhr-Region auch in internationalen Netzwerken interdisziplinärer Forschung:

Hier erkennen wir einen Wissenschaftler neuen Typs. Die traditionelle Wissenschaft organisierte sich in „Schulen". Diese sammelten sich im jeweils „geschlossenen Kreis" der „starken Seile" („strong ties"), an denen man sich dann selbst auch festmachen und hochziehen konnte. Aber die mit solchen „Seilschaften" gesuchte Nähe musste oft auch bezahlt werden mit geistiger Enge. Heute hingegen suchen und finden wir in assoziativen Netzen und interdependenten Clustern die Möglichkeiten interdisziplinärer Konzertierung. Dies muss die disziplinäre Enge verschulter Nähe immer wieder sprengen. Kreativität entfaltet sich gerade „zwischen" den Schulen und ihren Disziplinen in „freien Feldern", wo freie Forscher – getrieben von der Komplexität ihrer Probleme – sich zusammenfinden zu hoch gespannten Kompetenz-Netzen und Lern-Allianzen. Das gilt nicht nur für die Wissenschaft, sondern – gerade an der Ruhr – auch für Wirtschaft und Technik. „Netzwerke" werden nur produktiv, wenn das jeweils eigene Profil aller Beteiligten nicht gelöscht wird, sondern sich produktiv einbringen kann. Dann wächst das „soziale Kapital" wechselseitigen Vertrauens und gemeinsamer Verantwortung. Netzwerke bieten den sozialen Kontext für Lernprozesse. Über Netze kommt Spannung in „Bewegung". Aber „Netze" funktionieren nur, wenn die kreative Autonomie aller Beteiligten nicht gleichgeschaltet wird, sondern die Interdependenzen lose gekoppelt sind – „offen für die Wahrheit des Anderen" (Schelsky). Wissensmanagement bezieht sich zunächst auf Organisationen und den betriebswirtschaftlich bewerteten Produktivfaktor einer

---

[11] Dazu die von Lukas Gersdorff, Britta Pieper und Eckart Pankoke an der Universität Duisburg-Essen entwickelte Projekt-Initiative „Cluster-Management". Vgl. Pieper (2007).

Rationalisierung der Informations-, Dokumentations- und Kommunikationsprozesse. Weiterführend geht es darum, die Rationalität des Wissens weiter zu treiben in eine neue Reflexivität von Lernprozessen.

Wissens-Management wird dann zur *bewussten Gestaltung und Steuerung* von Lernprozessen. Wissen wird in seiner Künstlichkeit (und damit seiner Gestaltbarkeit und Vermittelbarkeit) zum Projekt gezielter Förderung. Gefragt sind die Kontexte und Kompetenzen eines produktiven und kreativen Umgangs mit Lernfeldern. Wir sprechen von Kompetenz-Netzen und Lernallianzen. Diese Fragen gewinnen neue Aktualität mit den neuen Medien und Techniken telematischer Vernetzung. Aktuell wird ein regionales Wissens-Management der Steuerung regionaler „Wissens-Gesellschaften" als Netzwerk von Schulen, Hochschulen, Trägern der Weiterbildung sowie öffentlichen wie privaten Forschungsstätten. In der Kultur- und Bildungslandschaft Ruhrgebiet wird deutlich, dass die neuen Kommunikationsverhältnisse – gerade durch die vertrauensbildenden Rückhalte vertrauter Nähe – besondere Bedingungen schaffen für soziokulturelle Kompetenznetze und Lernallianzen. Dabei wird es entscheidend sein, das die neuen Strukturen sich nicht bilden über bürokratisches Diktat „von oben", sondern Entwicklungen der neuen Wissens-Netze und Lern-Allianzen sich selbst organisieren als Agenden gemeinsamer Wege „von unten" und „nach vorne". Die Herausforderung der Universitäten durch die Entwicklung ihres regionalen Umfeldes zur Wissensgesellschaft wurde deutlich in der Begegnung zwischen der sich etablierenden „Wissensgesellschaft" und einer im „Dritten Sektor" der Selbstorganisation freien Engagements sich öffentlich aktivierenden „Bürger-Gesellschaft" (Pankoke 2002).

Zu fordern und zu fördern sind damit neue Relationen zwischen wirtschaftlichen Unternehmen und wissenschaftlicher Lehre und Forschung, zwischen künstlerischer Kreativität und unternehmerischem Sponsoring, zwischen öffentlicher Verwaltung und den freien Feldern selbst-organisierten Engagements.

Literatur

Andersen, Uwe, Neuendorf, Hartmut, Pankoke, Eckart, Schatz, Heribert (1998): Erfahrungen und Potentiale eines verstärkten bürgerschaftlichen Engagements zur Entlastung der Kommunen, Essen.

Baecker, Dirk, Markowitz, Jürgen, Stichweh, Rudolf, Tyrell, Hartmann und Willke, Helmut (Hrsg.) (1987): Theorie als Passion. Niklas Luhmann zum 60. Geburtstag. Frankfurt. Suhrkamp.

Behrendt, Erich (2006): „Methodenkompetenz außerhalb der Forschung". In: Pankoke, Eckart/ Quenzel, Gudrun (Hrsg.): Praktische Künste.

Borsi, Gabriele (1994): Das Krankenhaus als lernende Organisation. Zum Management von individuellen, teambezogenen und organisatorischen Lernprozessen, Heidelberg.

Breger, Wolfram (1976): Orientierungs- und Aktionsformen der spontanen Arbeiterbewegung in der Bundesrepublik – Spontane Streiks und gewerkschaftsoppositionelle Bewegungen. Diss. Universität Essen.

Brose, H.-G./ Goedicke, A/ Diewald M.(2005): Flexicurity im Lebenslauf - Wechselwirkungen zwischen pluralen Lebensformen und betrieblicher Beschäftigungspolitik. In: Kronauer, Martin/Linne, Gudrun (Hrsg.): Flexicurity - Die Suche nach Sicherheit in der Flexibilität. Berlin: edition Sigma, S. 223-249.

Bußkamp, Werner, Pankoke, Eckart (1993).: Innovationsmanagement und Organisationskultur. Chancen innovativer Industriekultur im Ruhrgebiet, Essen.

Drepper, Thomas (2002): Organisationen der Gesellschaft. Gesellschaft und Organisation in der Systemtheorie Niklas Luhmanns. Opladen: VS-Verlag.

Drepper, Thomas, Göbel, Andreas, Nokielski, Hans (Hrsg.) (2005): Sozialer Wandel und kulturelle Innovation. Historische und systematische Perspektiven. (Festschrift E. Pankoke). Berlin : Duncker & Humblot.

Gabriel, Karl, Geller, Helmut, Pankoke, Eckart (2002): Ökumene und Gemeinde. Untersuchungen zum Alltag in Kirchengemeinden, Opladen 2002.

Göbel, Andreas (2000): Theoriegenese als Problemgenese. Eine problemgeschichtliche Rekonstruktion der soziologischen Systemtheorie Niklas Luhmanns. Konstanz: UVK Universitätsverlag.

Grimm, Gaby (2004): „Quartiermanagement: Konzept und Qualität eines strategischen Stadt(teil)entwicklungsansatzes unter besonderer Berücksichtigung intermediärer Akteure. Fallbeispiel: Essen". Essen: Klartext.

Habermas, Jürgen (1963): Theorie und Praxis. Sozialphilosophische Studien, Neuwied.

Hauser, Richard, Glatzer, Wolfgang, Hradil, Stefan, Kleinhenz, Gerhard, Olk, Thomas, Pankoke, Eckart (1996): Ungleichheit und Sozialpolitik. Bericht zum sozialen Wandel in Ostdeutschland, Bd. 2, Opladen.

Nollmann, Gerd, Strasser, Hermann (2004): Das individualisierte Ich in der modernen Gesellschaft. Frankfurt / M.: Campus Verlag,.

Pankoke, Eckart, Nokielski, Hans, Beine, Theodor (1975): Neue Formen gesellschaftlicher Selbststeuerung in der Bundesrepublik Deutschland. Diskussion an Beispielen aus den Bereichen Bildung, soziale Sicherung und kommunale Selbstverwaltung (Schriften der Kommission für wirtschaftlichen und sozialen Wandel 86), Göttingen.

Pankoke, Eckart (1990): Die Arbeitsfrage. Arbeitsmoral, Beschäftigungskrisen und Wohlfahrtspolitik im Industriezeitalter, Frankfurt a. M.

Pankoke, Eckart (2000): Der Dritte Sektor in den Kulturen Europas, in: Loth, W. (Hrsg.): Europäische Gesellschaft. Annäherung an einen Begriff (Essener Unikate 14), Essen, S. 68-79.

Pankoke, Eckart (2002): Freies Engagement, zivile Kompetenz, soziales Kapital. Forderung und Förderung aktivierender Netzwerke und Lernprozesse, in: Deutscher Bundestag (Hrsg.): Enquete-Kommission „Zukunft des Bürgerschaftlichen Engagements". Bürgerschaftliches Engagement und Zivilgesellschaft, Opladen, S. 73-88.

Pankoke, Eckart (2005a): Solidarität, Subsidiarität, Pluralität. Arenen, Allianzen, Agenden „öffentlicher und privater Fürsorge". In: Deutscher Verein für öffentliche und private Fürsorge (Hrsg.): Forum für Sozialreformen. Festschrift zu 125 Jahre Deutscher Verein für öffentliche und private Fürsorge. Berlin, S. 581-654.

Pankoke, Eckart (2005b): Islamisches Gemeinschaftsleben und Zivilgesellschaft in Deutschland. In: Peter Heinze, Aslam Syed (Hrsg.): Muslimische Philanthropie und Bürgerschaftliches Engagement. Berlin, MAECENATA Verlag, S. 173-200.

Pankoke, Eckart (2006): Konzentrieren und Konzertieren: Neue Kulturpolitik zwischen Steuerung und Selbststeuerung. In: Kulturpolitische Gesellschaft (Hrsg.): Diskurs Kulturpolitik (Jahrbuch für Kulturpolitik Bd. 6), S. 321-328.

Pankoke, Eckart, Quenzel, Gudrun (Hrsg.) (2006): „Praktische Künste" Deutungsmuster und Wissensformen kulturellen Handelns. Essen: Klartext.

Pieper, Britta (2007): Lern- und Wissenscluster. Intermediäre Allianzen als neue Perspektive der Wissensökonomik. In: DUISBURGER BEITRÄGE zur SOZIOLOGISCHEN FORSCHUNG, Nr. 1/2007.

Quenzel, Gudrun (2005): Konstruktionen von Europa. Die Formierung einer kollektiven europäischen Identität durch die Kulturpolitik der Europäischen Union. Bielefeld: Transcript Verlag.

Schäfer, Jürgen (2005): „Intermediäre Kräfte nachhaltiger Gesellschaftspolitik – Zur Politikvermittlung europäischer Nicht-Regierungs-Organisationen." Elektronische Veröffentlichung UB: Universität Duisburg-Essen.

Schelsky, Helmut (1957): Die skeptische Generation. Eine Soziologie der deutschen Jugend. Düsseldorf/Köln (Eugen Diederichs).

Schelsky, Helmut (1969): Abschied von der Hochschulpolitik oder Die Universität im Fadenkreuz des Versagens. Bielefeld: Bertelsmann-Universitätsverlag.

Schmidt, Michael, Kühl, Sebastian (2004): „Die Wirkung von Qualitätsmanagement-Systemen in sozialwirtschaftlichen Unternehmen unter Berücksichtigung mikropolitischer Aspekte. Eine empirische Untersuchung in sozialrehabilitativen Organisationen und Einrichtungen im Dritten Sektor." Elektronische Veröffentlichung UB: Universität Duisburg-Essen.

Springer, Werner (1997): Theorie als Werkzeugkoffer Zur Funktion von Handlungswissen in der beruflichen Praxis von Sozialwissenschaftlern. ESSENER UNIKATE 9/1997.

Prof. Dr. Eckart Pankoke

Jahrgang 1939. Studium der Geschichte, Germanistik und Soziologie in Heidelberg, Hamburg, Münster. 1965-1971 Wiss. Assistent, Promotion und Habilitation in Soziologie, Ruhr-Universität Bochum. Von 1971 bis 2004 Lehrstuhlinhaber für Soziologie / Sozialpädagogik, Universität Duisburg- Essen. Forschungsprojekte und Publikationen zu Industriekultur, Strukturwandel, Innovation, bürgerschaftlicher Beteiligung, gesellschaftlicher (Selbst-) Steuerung, Wandel der Arbeit, Wertedynamik, Wissensmanagement.

Journalismus

Soziologie? Aber sicher! Nach interkulturellen Abenteuern in die Redaktion einer Tageszeitung

Eleonore Baumberger

Soziologin? Aha, Sozialarbeiterin! Diese Reaktion auf meine Berufsangabe stört mich glücklicherweise nicht mehr, denn inzwischen habe ich ja einen „ordentlichen" Beruf. Unter Journalistin oder besser gesagt Redakteurin bei der größten Ostschweizer Tageszeitung kann sich ja wohl jeder etwas vorstellen. Eine Zeitung hatte schließlich jeder schon einmal in der Hand. Und wer's gar nicht glauben kann, kann meinen Namen schwarz auf weiß lesen. Das ist angenehmer, als eine anonyme Soziologin zu sein, von der man nicht recht weiß, was sie eigentlich tut – außer vielleicht Dinge zu erklären, die ja eh schon jeder weiß.

Allerdings muss ich zugeben, dass ich wenig Ahnung vom „Modestudium" Soziologie hatte, als ich Ende 1966 in Frankfurt am Main Abitur machte und mich entscheiden musste, was aus mir werden sollte.

„Soziologie?" fragte ich selbst etwas erstaunt die Berufsberaterin, die mir den Vorschlag machte, es mit dem Soziologiestudium zu versuchen. Aus meinen vagen Angaben war sie auf den ebenso vagen Vorschlag gekommen. Damals wurde in Hessen mächtig um Lehrerinnen geworben, denn man hatte noch Geld und wollte mit kleineren Klassen und größerer Chancengleichheit eine Bildungsoffensive starten.

Davon hatte ich selbst profitiert: Nach Abschluss der Realschule hatte ich direkt in die Förderstufe des Gymnasiums wechseln und Abitur machen können. Das freilich hat mich um Latein gebracht – was ich zwar nie bereut habe, was mir jedoch einige Hindernisse in den Weg legte. So war mir das Nebenfach Psychologie verbaut, ein Studium, das mich noch heute reizt. Für mich boten sich damals das Hauptfach Soziologie und die Nebenfächer Politik und Volkswirtschaft an. Von letzterem als Hauptstudium hatte man mir wegen der „höheren" Mathematik abgeraten. Ein weiser Entscheid, wie ich bald feststellen konnte.

Von der Freiheit überfordert

Ende '66 herrschte an den deutschen Universitäten noch die volle akademische Freiheit, im Studium gab es kaum Regelungen, Zwischenprüfungen wurden erst allmählich eingeführt, man konnte sozusagen belegen, was man wollte und musste schließlich nur ein paar Scheine vorlegen. Nicht nur ich war von der Freiheit nach der engen Regulierung in der Schule überfordert. Das Zeitalter der Massenuniversität begann. Das galt in jedem Fall für die Frankfurter Johann-Wolfgang-Goethe-Universität. Dort lehrten damals Theodor W. Adorno, Ludwig von Friedeburg und Jürgen Habermas. Selbst der emeritierte Max Horkheimer ließ sich ab und zu blicken. In der Nachbarschaft des Instituts für Sozialforschung lag das Sigmund-Freud-Institut, an dem Alexander und Margarete Mitscherlich tätig waren.

All diese Größen zogen nicht nur reguläre Studenten an. Wenn Adorno auftrat, war das Audimax überfüllt. Das schüchterte die Studienanfängerin total ein, denn einerseits hatte Adorno seinen „Kreis" (bereits kahlköpfig werdende Männer und junge Blondinen), der ihn wie eine Aura umgab. Und andererseits konnte der so kleine und zurückhaltend wirkende Mann jeden herunterputzen, der seiner Meinung nach eine Frage nicht bereits brillant formulierte und dem Meister huldigte. Habermas war kaum besser zu verstehen, und von Friedeburg, der spätere hessische Bildungsminister, wirkte leicht arrogant. Der von Bern nach Frankfurt berufene Volkswirt Walter Rüegg, Rektor der Universität, war zwar der Soziologie ziemlich unkundig, seine Assistentinnen und Assistenten boten aber nach schulischem Muster Dogmengeschichte und Pro-Seminare zu Max Weber und Georg Simmel an. Das war eine leicht begreifliche Einführung in die Soziologie.

Schließlich waren wir im Jahr 1968, da interessierte das „Wesen" der Gesellschaft, Missstände galt es aufzudecken und zu denunzieren, nicht kleinliche Bindestrich-Soziologie zu betreiben. Philosophen hatten die Welt schließlich nur interpretiert, Soziologen wollten sie verändern. Es ging um Gesellschaftstheorien, Utopien, strukturelle Gewalt, idealistische Vorstellungen vom neuen Menschen, von der Kulturrevolution in China, vom Guerillakampf zur Befreiung der Dritten Welt nach dem Vorbild von Che Guevara oder Ho Chi-min. Alle sprachen von Marx, kaum einer hatte ihn gelesen – geschweige denn verstanden. Alle sprachen vom Proletariat, aber von den Bürgersöhnen und -töchtern hatte kaum einer jemals mit einem Arbeiter geredet.

Ich will die damalige Zeit an der Frankfurter Universität nicht missen – sie hat mein Denken und meine Einstellungen bis heute geprägt – aber es war keine Atmosphäre, um ein Soziologiestudium erfolgreich zu Ende zu führen.

Nicht dass ich die Universität Freiburg im Breisgau wegen ihrer Intimität und damals noch gewissen Abgeschiedenheit oder wegen ihrer Professoren Heinrich Popitz und Wilhelm Hennis gewählt hätte – dafür war vielmehr ein Schweizer

Soziologiestudent verantwortlich, mit dem ich mich sozusagen in der Mitte zwischen Frankfurt und Bern traf. Ein Bündnis, das bis heute gehalten hat.

Freiburg erwies sich als gute Wahl. Ich machte Bekanntschaft mit der Entwicklungssoziologie. Assistenten des damals schon schwer kranken Popitz waren Gerd Spitteler, später Professor für Ethnologie in Bayreuth, und Christian Sigrist, später Professor für Soziologie in Münster. Spitteler brachte seine langjährigen Erfahrungen aus Afrika ein, Sigrist machte uns mit der „Asiatischen Produktionsweise" bekannt und regte uns zu einem baldigen Studienabschluss an. Beim Politologen Hennis wurde ich zu Max Weber geprüft, die Volkswirte hingegen nahmen die Soziologen nicht ganz ernst und ließen uns mit einfachen und praktischen Fragen bestehen.

Ein chinesisches Abenteuer

Soziologie? Und was nun? Der Weg ins Berufsleben schien steinig, ein Auslandsaufenthalt war angebracht, um noch etwas Verschnaufpause zu haben. In meiner Magisterarbeit über die Asiatische Produktionsweise hatte ich mich mit China befasst, in politischen Seminaren mit der neueren chinesischen Geschichte, und die Vorstellung vom Aufbau einer neuen Gesellschaft, von der Entwicklung eines neuen Menschen gar, lockte. Warum sollten wir es nicht mit China versuchen? Der Deutsche Akademische Austauschdienst, bei dem ich mich zunächst umsah, vermittelte nur Studenten nach Taiwan. Aber es bestand die Möglichkeit, in der VR China zu arbeiten.

Soziologin? fragte der dafür zuständige Herr Wang auf der chinesischen Botschaft in Bern. (Mit der Bundesrepublik hatte die Volksrepublik Anfang der 70er Jahre noch keine diplomatischen Beziehungen). Soziologie war wie ihre Schwester Psychologie im sozialistischen China verpönt. Individuelle Probleme hatten nach offizieller Lesart sowieso einen gesellschaftlichen Hintergrund, und gesellschaftliche Probleme wurden nicht durch Theorien, sondern durch den Klassenkampf gelöst! Aber die Chinesen – obwohl sie sonst ganz auf die eigene Kraft vertrauten – suchten Sprachlehrer und Lektoren. Und pragmatisch gingen sie davon aus: Wer studiert hat, kann auch Deutsch. Damals traf das wohl noch zu – inzwischen bin ich mir da als Redakteurin, die zahlreiche Manuskripte liest und redigiert, nicht mehr so sicher.

So wurde ich in China nicht nur einfach Lehrerin, sondern Deutsch-Dozentin an der renommiertesten Hochschule Chinas, der Peking-Universität. Meine Aufgabe war einerseits, durch Konversation die Umgangssprache der Deutschdozenten und -studenten zu verbessern und auf den neuesten Stand zu bringen, und andererseits, den Lehrerinnen und künftigen Dolmetschern und Übersetzern eine Idee vom Leben in Deutschland zu vermitteln.

Mir half, was ich im Studium gelernt hatte: weniger das Wissen und die Kenntnisse, die ich mir angeeignet hatte, als die Fähigkeit, das Wesentliche einer Sache, einer Situation, eines Textes zu erkennen, eine fremde Kultur aufzunehmen, Vergleiche anzustellen, zu improvisieren, Distanz zu wahren, zuzuhören, kritisch zu hinterfragen. Im jugendlichen Ungestüm und mit großer Naivität und in einer gewissen Euphorie für das neue sozialistische China schlugen diese Eigenschaften nicht immer durch, und ich trat in manches Fettnäpfchen. Schließlich war ich damals erst 24. Für die Chinesen hätte ich mindestens doppelt so alt sein müssen, um wirklich ernst genommen zu werden; denn unsere damalige Parole „Trau keinem über 30" entspricht in China eher: „Trau keinem unter 60". Aber insgesamt haben meine Erfahrungen bestätigt, dass ein Soziologiestudium – und ich wage gar zu behaupten, nur ein solches – dazu befähigt, mit einer solchen Situation fertig zu werden.

Die Erfahrungen in China waren eine gute Ergänzung und Weiterentwicklung. Zudem lernte ich die Achtung vor dem Alter, Akzeptanz des Fremden, ohne eigene Werte zu verleugnen, das Erkennen der Relevanz der Geschichte. Durch die politische Situation (die Zeit am Ende der Kulturrevolution war durch Vorsicht gegenüber Ausländern geprägt), durch Isolierung und Lebensumstände (mein Mann und ich verfügten über eine wesentlich bessere Wohnung, hatten mehr Geld und weitere Privilegien) von den Chinesen getrennt, lebten wir in einem Ghetto. Aber wir lebten dort zwei Jahre lang zusammen mit Menschen aus aller Welt: manche hatte es wie uns aus Abenteuerlust hierher verschlagen, andere aus politischen Gründen, nicht wenige lebten in China im Exil. So profitierten wir nicht nur von den Erfahrungen mit Chinas Menschen und Kultur, sondern auch vom Kontakt mit Menschen aus anderen Kontinenten. Die Sprachkenntnisse des Chinesischen blieben dabei allerdings weitgehend auf der Strecke.

In den vergangenen 30 Jahren sind wir übrigens immer wieder nach China zurückgekehrt, und der Aufenthalt 1972 bis 1974 (aus dem eine Reihe von Artikeln und Broschüren, vor allem aber das Rowohlt-Bändchen „Beethoven kritisieren, Konfuzius verurteilen" entstanden sind), befähigt uns bis heute, das Land zwischen wirtschaftlicher Euphorie und politischem Pessimismus einigermaßen angemessen einzuordnen.

Entwicklungssoziologie in Münster

Was nun? Das war die Frage nach abgeschlossenem Studium und zweijähriger Praxis als Deutschlehrerin in China. Wir knüpften an, wo wir aufgehört hatten. Christian Sigrist war inzwischen nach Münster in Westfalen berufen worden und hatte dort einen Kreis von Doktorandinnen und Doktoranden um sich versammelt, der an Themen und Ländern der Dritten Welt interessiert war: Iran, Palästina, Lateinamerika, Afrika und eben China. Die meisten Studienkollegen waren ebenfalls Soziologen und beschäftigten sich nun disziplinübergreifend mit Fragen der Asiatischen Produktionsweise, den russischen Narodniki, der zweiten Internationale, Befreiungsbewegungen in der Dritten Welt, mit peripheren Gesellschaften und Transformationsgesellschaften. Meine Dissertation über die Metamorphose der Intellektuellen im Jahrhundert der chinesischen Revolution war beeinflusst durch diese Diskussionen, vor allem aber durch die Erfahrungen, die ich in China gemacht hatte. Bis heute ist es der Traum jedes Chinesen, das Reich der Mitte wieder reich und mächtig zu sehen. Noch ist es nicht gelungen, der Stachel der Niederlage Mitte des 19. Jahrhunderts durch die britischen Kanonenboote sitzt noch tief. Vor diesem Hintergrund war es später selbst für uns Europäer eine Genugtuung zuzusehen, wie die Briten am 1. Juli 1997 nach 150 Jahren aus Hongkong abzogen.

Meine Promotion verlief weniger erfolgreich, ich stolperte zunächst über die Interdisziplinarität der Arbeit (ein historisches Thema, soziologisch bearbeitet) sowie letztlich über mein fehlendes Latein. „Ein Studium ohne Latein ist gerade noch akzeptierbar, aber ein Doktor ohne Latein, das geht nicht", bescheinigte mir die damalige Dekanin der sozialwissenschaftlichen Fakultät in Münster. Hätte man von mir ein tief gehenderes Studium des Chinesischen verlangt – ich hätte ein Jahr daran gehängt. Aber mit fast 30 Jahren noch Latein lernen zu müssen, nur um eine Bescheinigung vorweisen zu können – das erscheint mir bis heute als Zumutung. Zum Glück fand ich Asyl in Hessen, genauer gesagt in Giessen, bei Reimer Gronemeyer. 1980 promovierte ich dort.

Auf der Suche

Zuvor war aber die Studienzeit endgültig zu Ende gegangen. Ich war 30 und nichts anderes als eine Soziologin. „Wenn Sie ein Studium abgeschlossen haben, werden Sie immer leicht eine Stelle finden", hatte mir die oben erwähnte Berufsberaterin zehn Jahre zuvor versichert auf meine skeptische Frage, was man denn mit einem Soziologiestudium anfangen könne. Heute antworte ich selbst darauf: Alles und Nichts. Alles, weil man die Fähigkeit erlernt hat, sich überall einzuarbeiten, auf allen Gebieten Probleme schnell zu erkennen, zu strukturieren, das Wesentliche anzupacken, vor allem: sich nichts vormachen zu lassen. Nichts, weil es kein eindeutiges Berufsbild gibt wie etwa Anwältin oder Ärztin. Auf meiner Suche nach einer Stelle – ich lebte inzwischen in der Schweiz – konzentrierte ich mich auf alles mögliche: Erwachsenenbildung, Kommunikation, Tätigkeit in einem Verband, Beratung, PR.

Es war eigentlich Zufall, dass ich Journalistin wurde – und ich kann heute sagen: Es ist der richtige Beruf für mich, ein Traumjob. Ein Soziologiestudium könnte geradezu die Voraussetzung für Journalismus sein – obwohl natürlich unter meinen ebenso engagierten Kolleginnen und Kollegen Geisteswissenschaftler und Naturwissenschaftler aller Richtungen sind. Allerdings nahm ich zunächst das Angebot als Redakteurin einer medizinischen Zeitschrift zu arbeiten, nur als Übergangslösung an – und weil sich nichts anderes fand. Es war dennoch anregend und eine gute Vorbereitung auf die weitaus interessantere Arbeit bei der Tageszeitung. Auch hier hat mir die Soziologie geholfen: Recherchieren, die richtigen Fragen stellen, Probleme erkennen, Beobachten, Beurteilen, Statistiken interpretieren.

Dass mir ein Bereich wie Medizin, von dem ich nichts verstand, und in dem ich immer eine Schmalspurexpertin bleiben würde, bald zu eng erschiene, war absehbar. Ich bewarb mich bei einer Tageszeitung – und wurde wohl aufgrund meines Lebenslaufs engagiert. Denn anders als heute üblich hatte ich weder eine Journalistenschule besucht, noch ein längeres Praktikum bei einer Zeitung absolviert. Ich lernte durch Erfahrung und by doing. Heute bin ich als „Hintergrund"-Redakteurin täglich auf der Suche nach neuen Themen, guten Autoren und lesefreundlichen Zugängen.

Berufsalltag

Journalismus hat viel Gemeinsames mit dem Fach Soziologie, obwohl das Arbeiten in der Praxis – vermutlich wie überall – ganz anders ist als in der Universität. Die Konzentration über längere Zeit auf ein Thema ist kaum mehr möglich. Heute beschäftige ich mich eher oberflächlich mit einem Thema. Innerhalb eines Tages eigne ich mir durch Lesen und Gespräche alles Wissenswerte auch über ein mir gänzlich fremdes Thema an – um es am nächsten Tag wieder völlig zu vergessen, weil ein anderes Thema ansteht: Krankenkassenprämien, Stammzelltherapie, Krieg in Irak, Gefangene auf Guantanamo, der Erzbischof von Warschau, Sterbehilfe, ein Interview mit einem Ökonomen über die Schweizer Wirtschaft, Doping im Sport, Wachstumsmarkt China, das höhere Rentenalter... Stress ist das nur, wenn man es nicht gerne tut – ansonsten ist es anregender und lustvoller als akademische Forschung.

Journalismus hat – ähnlich wie das Soziologiestudium – kein festes Berufsbild. Jeder kann Journalist sein, für den Berufsverband in der Schweiz ist lediglich ausschlaggebend, dass man mindestens 80 Prozent seines Einkommens aus journalistischer Arbeit bezieht. Wer heute Redakteur oder Redakteurin bei einer Tageszeitung ist, hat meist ein akademisches Studium hinter sich: Germanistik, Philosophie, Soziologie, Sprachen, Jura, Ökonomie, einige wenige mit einem naturwissenschaftlichen Hintergrund. Von den Redaktionen wird meist ein Volontariat oder zumindest ein Praktikum verlangt, häufig verbunden mit Kursen am Medienausbildungszentrum in Luzern.

Als Leiterin des Ressorts „Hintergrund" entscheide ich zusammen mit meinen Kollegen – aufgrund journalistischer Kriterien, der Aktualität und natürlich mit Berücksichtigung der Ressourcen an manpower und Budget – welche Themen wir aufgreifen, wer sie behandeln soll, wen wir interviewen wollen, wer Stellung nehmen soll. Wir sind frei in unseren Leitartikeln und Kommentaren, wenn wir uns in einem Thema Kompetenz angeeignet haben. Wir wählen aus und beurteilen; wir bestimmen, was in der Zeitung steht.

Als Redakteurin verbringt man viele Stunden am Schreibtisch, kommt aber mit vielen Menschen und Themen in Berührung, nimmt an Veranstaltungen teil, kann reisen. Mein Tag beginnt gegen halb zehn, nachdem ich zwei bis drei Tageszeitungen gelesen habe. Als erstes sichte ich e-Mails und die elektronischen Agenturberichte. Gegen zehn findet eine erste Besprechung mit Kollegen aus dem Ressort statt, regelmäßig auch mit jenen des Inland- und Auslandsressorts, je nach Thema auch mit Kolleginnen aus anderen Ressorts. Um 11 Uhr ist eine erste Tagessitzung der Redaktion, an der je ein Vertreter aus jedem Ressort teilnimmt. Dort wird die Tagesausgabe kritisch besprochen und die Ausgabe für den nächsten Tag geplant. Einzelne Artikel sind schon im Hause (bereits geplant und bestellt im Hinblick auf ein bevorstehendes Ereignis; eine Reportage, die nicht an den Tag gebunden ist; ein allgemein interessierendes Hintergrundthema). Artikel zu aktuellen Themen müssen besorgt werden: entweder schreibt ein Korrespondent – einer unserer Berichterstatter in verschiedenen Ländern oder unser Mitarbeiter im Bundeshaus und Parlament – oder wir bitten einen auswärtigen Autor um einen Beitrag, reden selbst mit einem Experten, sichten Nachrichten, Berichte usw., machen ein Interview, schreiben einen Kommentar.

Es müssen – mit Hilfe einer Bildredaktion – Bilder gesucht werden; zusammen mit dem Layouter werden die Seiten gestaltet, dann die Texte geschrieben, redigiert, gegengelesen. Dazwischen gilt es, zu koordinieren und weiter zu planen. Jeweils um halb fünf und um sieben Uhr findet eine „Frontsitzung" statt, an der beraten wird, was auf die Frontseite kommt, welches Thema der Aufmacher wird, welche Bilder, Anrisse, Hinweise erwünscht sind. Ein Frontredakteur koordiniert das Angebot, vergibt Aufträge, begutachtet die Titel, sorgt für den Kiosk-Aushang am nächsten Tag in der Stadt.

Nicht selten wird ein Thema verschoben oder ganz „gekippt", weil Aktuelles passiert ist: ein Attentat, der Rücktritt eines Politikers, der Tod eines prominenten Kulturschaffenden, eine Firmenfusion… Dann müssen wir – auch wenn es bereits abends sieben Uhr ist – reagieren: berichten, erklären, würdigen, fragen, kommentieren. Der Tag hat ein open end. Das Schöne ist nach aller Planung, die verworfen wurde, nach all der mehr oder weniger gelungenen Improvisation, nach allem Stress: man hat etwas geschafft. Vielleicht ist man damit nicht voll zufrieden. Es ist aber abgeschlossen. Man kann etwas vorweisen, das man im wahrsten Sinne des Wortes schwarz auf weiß besitzt.

Ich bekenne mich dazu: Ich bin eine Universaldilettantin.

Zwar bin ich heute wissenschaftlich nicht mehr der Soziologie verbunden – ich verfolge lediglich noch die ein oder andere Debatte am Soziologentag. Doch fühle ich mich immer noch als „Soziologin". Das liegt wohl vor allem an der Denkweise und Herangehensweise an Themen, die – wie ich immer wieder feststelle – so ganz anders ist als zum Beispiel jene von Juristen oder Germanistinnen.

Das inzwischen weit zurückliegende Soziologiestudium scheint mir nach wie vor hilfreich auch außerhalb meines Berufslebens. Auf Reisen in verschiedene Länder, die man in zwei bis vier Wochen „kennen lernt", um im nächsten Jahr wieder auf einen anderen Kontinent zu reisen, kann man sehr schnell einordnen, vergleichen, beurteilen ohne Vorurteile.

Auch wenn ich bei manch ehemaligem Studienkollegen sehe, wie schwierig es ist, mit einem Soziologiestudium eine berufliche Orientierung zu finden, würde ich erneut Soziologie studieren, ebenso wie ich wieder in den Journalismus einstiege. Soziologie? Aber sicher!

Dr. Eleonore Baumberger

Jahrgang 1947, Studium der Soziologie, Volkswirtschaft und Politik in F/M und Freiburg/Br.; 1972 Abschluss mit dem M.A.; 1972-1974 Deutschdozentin an der Peking-Universität; 1975 – 1978 Studium der Entwicklungssoziologie in Münster/Westfalen; 1980 Promotion in Giessen mit einer Arbeit über das Jahrhundert der chinesischen Revolution. Sie lebt in der Ostschweiz und ist Redakteurin beim „St. Galler Tagblatt".

Journalismus

‚Sich für Vieles interessieren, sich in Vielem auskennen'
Ein Gespräch

Sonia Mikich

Frau Mikich, wie sind Sie auf das Studium der Soziologie gekommen?

Das war wohl der Zeitgeist. Mich interessierte, wie Gesellschaft funktioniert, was Gesellschaft zusammenhält. Es gab Professoren, die mich darin begeisterten (Lenk, Rehberg insbesondere, Hammerich). Mich interessierte die Sache.

Ich bin keine 68erin, wir waren eher frohe 70er. Nach Aachen war ich wegen persönlicher Verbindungen, gekommen, ich lebte damals in Mönchengladbach. Und die Philosophische Fakultät der RWTH hatte einen sehr guten Ruf. Es entstanden dort auch die feministischen Strömungen, die mich interessierten.

Wie verlief Ihr Studium? Sieben Jahre (ab 1972 bis zum Magisterabschluss 1979) – ist das nicht etwas lange?

13 Semester waren damals durchaus üblich, Viele studierten länger. Ich war politisch aktiv zu der Zeit, hatte allerdings auch keine großen finanziellen Mittel, so dass ich nebenher arbeiten musste. Aber es herrschte nicht dieser Zeitdruck. Wir waren privilegiert; man konnte ausprobieren, man konnte sich auch einmal eine Auszeit nehmen. Ich habe es genossen, dass man eine Art ‚studium generale' machen konnte: Soziologie, Philosophie und anderes. Diese Kombination war wunderbar. Ich erwarb mir eine universitäre Allgemeinbildung. Analysefähigkeit und historisches Wissen, das waren und sind hervorragende Grundlagen auch für meine journalistische Tätigkeit.

Was waren für Sie Highlights im Studium?

Die Selbstorganisation begeisterte mich. Man war für sich allein verantwortlich. Inhaltlich: Geschichte der Soziologie bei Rehberg; auch Hammerich; die „Bindestrich-Soziologien", z.B. Soziologie des Fußballs, davon zehre ich heute noch, immer wenn ich mit Fußballberichten zu tun habe oder mit Hooligans;

Kriminalsoziologie u.a. Später dann die Arbeit am Arnold-Gehlen-Institut unter der Leitung von Rehberg.

Was waren Ihre Vorstellungen als Studierende der Soziologie, was wollten Sie damit machen, und wie sind Sie dann zu Ihrem heutigen Beruf gekommen?

Ich habe aus Interesse studiert und nicht mit einem klaren Berufsziel. Ich fand, Soziologie war die Mutter vieler Wissenschaften, und wir, meine Kreise, diskutierten unentwegt über gesellschaftliche Veränderungen, sei es in Architektur oder Stadtplanung, sei es in den Erziehungswissenschaften: es ging immer darum, wir wollten Dinge verändern, und ich konnte mir vorstellen, in die Politik zu gehen. Es musste mit Menschen und mit gesellschaftlichen Veränderungen zu tun haben. Gleichzeitig aber: ich habe immer gerne auch geschrieben, das war schon zu Schülerzeiten so, und deswegen hatte ich das Gefühl, im Journalismus bin ich gut aufgehoben.

Ich hatte dann noch das Glück, direkt nach dem Studium einen Job an meiner alten Universität, im Institut für Soziologie bei Rehberg als Wissenschaftliche Mitarbeiterin zu bekommen.

Das war das Arnold Gehlen Institut.

Ja, das war die Herausgabe des Gehlen Gesamtwerkes, unter der Leitung von Rehberg. Ich war da für Fußnoten zuständig und habe dann eine Zeitlang unter anderem ein feministisches Seminar gemacht und war insofern ganz dicht bei meinen Interessen.

Aber ich wusste auch, *in the long run*, dass es mir nicht um eine akademische Karriere ging. Dafür war mir das zu abgeschnitten, was an der Universität passierte, ich wollte schon hinaus ins Leben. Und dann ergab es sich, dass meine Liebe zum Journalismus sehr gut passte mit dem, was ich gelernt hatte.

Sie haben relativ früh schon ein Volontariat gemacht, bei der Aachener Tageszeitung. Aber die Entscheidung für den Rundfunk kam doch erst später.

Ja, aber das sind ja biografische Zufälle; ich bin ja gebürtige Engländerin und musste BAföG bekommen, um studieren zu können, und ich musste einfach meine Einbürgerung abwarten. Diese Zeit wollte ich sinnvoll nutzen und nicht herumreisen oder tingeln nach dem Abitur. So machte ich dann ein Volontariat. Ja, man konnte tatsächlich, das waren Luxusbedingungen, als Abiturientin zu den Tageszeitungen hingehen und sagen „Hallo, ich schreib' so gerne, kriege ich eine Chance?", und dann kriegte man eine Chance, ohne Voraussetzungen. Ich bekam meine Chance bei der Aachener Volkszeitung.

Auch das war der Touch in den 70er Jahren, das Fernsehen war nicht besonders attraktiv unter den jungen Leuten. Man guckte die Tagesschau, daran kann ich mich noch sehr genau erinnern, und den Internationalen Frühschoppen. Das war wichtig, weil man international dachte. Alles andere war mir völlig egal. Als ich dann zum WDR ging, wollte ich eher zum Hörfunk. Dann passierte für mich ein persönliches Wunder: Ich musste meine ersten Filme machen als Volontärin und fand das so wunderbar und so kreativ, dass ich dann beim Fernsehen hängen geblieben bin. Das sind Zufälle, es war nie eine berufliche Strategie dahinter.

Sie haben dann eine sehr eindrucksvolle Karriere durchlaufen. Was sind die Hauptfaktoren, die Ihnen dies möglich gemacht haben; sind das Mentoren, Zufälle, eigene Leistung (in Klammern: die aber auch erkannt und anerkannt werden muss von jemandem)?

Es ist eine Mischung, glaube ich. Es war sicherlich gut, dass ich eine, wie soll ich sagen, universitäre Allgemeinbildung hatte. Das heißt, hier im Bereich der politischen Berichterstattung sich für Vieles zu interessieren und sich auch in Vielem auszukennen. Relativ schnell sich ein bisschen Wirtschaftsexpertise anzulesen, relativ schnell dieses und jenes zu recherchieren, relativ schnell zu wissen, wie Auslandsberichterstattung geht. Wahrscheinlich mit anderen Fächerkombinationen wäre es schwerer geworden. Ich finde tatsächlich, dass meine Fächerkombination, so sehr man heute darüber lächelt und sagt: Ach, das ist ja vielleicht was von gestern, einen offen macht, Dinge aufzunehmen und zu analysieren.

Analysefähigkeit und historisches Denken, das ist ganz, ganz wichtig. Das habe ich während des Studiums gelernt, das habe ich mitgenommen. Dadurch hatten viele meiner Arbeiten, obwohl ich handwerklich noch gar nicht so weit war, intellektuell einen Fundus, hatten eine Gravitas.

Das ist das Eine, was ich mitgebracht habe. Das Zweite: ich bin relativ unabhängig im Kopf und mutig, neugierig, und ich habe sehr oft „hier" geschrieen, wenn es um schwierige Sachen ging, und fiel dadurch auf. Und das Dritte: es war auch eine Zeit, die für Frauen gut war.

Sie hatten auch Sprachkenntnisse, die Sie mitgebracht hatten, das war wahrscheinlich für den Start auch gut...

Sehr gut, ja. Ich bin fließend in Englisch und konnte mich also in der Welt bewegen, und später kam dann noch Russisch und Französisch dazu. Ich habe mich immer für Sprachen interessiert, habe auch Spanisch und Neugriechisch gelernt, jedoch wieder vergessen, aber es gab eine grundsätzliche Bereitschaft, zu lernen.

Sicherlich gab es noch viele andere Dinge, die Sie im Laufe Ihrer ersten Jahre der Berufspraxis lernen mussten. Wie haben Sie das bewerkstelligt, Weiterbildungen oder private Initiative, oder ergab sich das durch Zufall?

Nein, 'Learning by doing'. Also 'the hard way'. Ich habe am Anfang zum Beispiel sehr schlecht gesprochen. Ich hatte keine gute Sprechstimme, und das ist erst abgeschliffen worden, als ich sehr viel aus dem Ausland berichten musste. Nein, ich hab' eigentlich keine nennenswerten Weiterbildungen gemacht, auch Internetfähigkeiten und anderes, das war alles selbst beigebracht.

Nun einmal zu Ihrer gegenwärtigen Position. Was hat man sich konkret darunter vorzustellen, Leiterin einer Redaktion beim Fernsehen?

Also in dem Fall ist es ein kleiner Kosmos von Redakteuren, freien Mitarbeitern, Rechercheuren, Assistenten, und dann, was bei uns nicht direkt angegliedert ist, noch Kameraleute, Cutter usw.

Wir müssen die Wirklichkeit, die gesellschaftliche Wirklichkeit, die politische Aktualität beachten, also gucken, worüber die Leute reden, aber auch, was sind die Themen, über die Leute reden *sollten,* wir müssen sagen: „Ist das ein Filmthema, ja? kann man darüber einen Film machen, gibt es Protagonisten?" Das diskutieren wir hier in Konferenzen, die ich mindestens zweimal in der Woche einberufe. Dann geht es darum, die Fähigkeiten von den Leuten zu erkennen und zu sagen: „Okay, du bist eher ein investigativer Typ; du kannst gut Reportagen machen; du wühlst gut in Akten; du bist frech zu Politikern mit dem Mikrofon", und dass die einzelnen Leute am richtigen Platz eingesetzt sind, um eben das Produkt „Monitor" zu machen.

Ich setze Themen, oder ich höre mir Themenvorschläge Anderer an, ich kombiniere so weit wie es nötig ist, ich kombiniere Autoren zu Gruppen zusammen, ich besorge Budgets, Kameraleute usw. Ich verantworte „Monitor" nach innen und nach außen, also nach innen gegenüber der Hierarchie, nach außen gegenüber einer Öffentlichkeit, die natürlich nicht immer entzückt ist über unsere Ergebnisse und was wir herausfinden. Und, sagen wir einmal, in der publizistischen Öffentlichkeit streite ich sehr dafür, dass kritisches Gedankengut gesund ist für eine demokratische Gesellschaft. Das ist eines meiner Hauptthemen: wie unabhängig dürfen wir im Kopf sein, wie kritisch dürfen wir sein, wie weit darf Meinungsjournalismus gehen. Ich möchte eine Stimme sein, die gehört wird, und nicht nur jetzt hier Managerin sein. Gelegentlich mache ich selber Filme, ich schreibe recht viel und halte recht oft Vorträge.

Das ist *der* Job. Ich habe dann noch im Nebenjob die Dokumentarreihe „story" die läuft jede Woche im 3. Programm, gelegentlich im 1. Programm, das sind 45 Minuten Dokumentationen auch wiederum zu investigativen, aufklärerischen, kritischen, politischen Stoffen.

Ihre Mitarbeiter, oder ein Team daraus, hat einen Grimme-Preis bekommen dieses Jahr, das freut mich sehr, ich gratuliere allen Beteiligten. Ich vermute, dass auch der Teamgedanke in Ihrer Führungspraxis eine große Rolle spielt.

Ja, sehr stark, absolut. Mein Job ist es, wenn's gut läuft, den Leuten den Rücken frei zu halten und sie zu ermutigen. Mein Job ist auch, selber Themen vorzusetzen oder wenn jemand etwas vorschlägt, zu sagen: „Du hast Zeit genug, das zu recherchieren. Dann kommt auch etwas dabei heraus.

Der Preis wurde für eine investigative Leistung verliehen. Das ist, anders als das Recherchieren (mit Büchern, Gesprächen, Telefonaten, im Internet Fakten herauszufinden, zusammenzustellen und in einen Kontext zu bringen) eigentlich, etwas zu enthüllen, was so noch nicht bekannt war. Also gegen Widerstände Geheimgehaltenes ans Tageslicht zu bringen, meistens in Zusammenhang mit Skandalen, mit Machtmissbrauch, mit gesellschaftlichen Defiziten. Meistens.

Ich kann mir vorstellen, dass es auch Widerstände gibt, mit denen Sie sich auseinander setzen müssen, trotz allem Renommee, das Sie natürlich haben als höchst prominente Journalistin. Wie gehen Sie damit um?

Ich arbeite ich in einem sehr liberalen Sender. Der WDR ist zutiefst liberal, ich kann das beurteilen im Vergleich zu anderen Sendern, aber auch aus eigener Erfahrung. Ja, es gibt auch manchmal Dissens, es gibt auch manchmal richtig Krach bis hin zum Konflikt. Aber es wird auf eine Art und Weise ausgetragen, die am Ende immer zum Ziel hat: der WDR und die Sendung „Monitor" müssen dabei gut aussehen. Und das ist schon sehr hilfreich.

Es gab große Konflikte mit dem System ARD, als die Politmagazine heruntergeschrieben, verschoben wurden, beschnitten wurden, da gab es große Konflikte, die habe ich auch öffentlich ausgetragen, aber mit dem Haus WDR bin ich dabei gut gefahren. „Monitor" ist unberechenbar oder, wie heißt das im Englischen, da gibt es so einen Ausdruck... *mavericks*, ja, hat auch eine Funktion. Innerhalb eines Systems, das gut läuft und erfolgreich ist, ist es gut, solche Leute zu haben, und das erkennen auch die Chefs und die Hierarchen. Sie erwarten eigentlich auch, dass wir Ärger machen. Ich will nicht übertreiben, aber so ungefähr: „Na, ihr habt ja lange nicht mehr Schlagzeilen gemacht", das ist der eingebaute Störfaktor in einem geschlossenen System, um es soziologisch zu sagen.

Wie gehen Sie mit dem Stress um, der dabei vermutlich entsteht?

Unterschiedlich. Es gibt Phasen, da bin ich auch ganz mau, ganz müde, das hängt aber stark damit zusammen, ob wir mit unserem Anliegen erfolgreich sind. Wenn ich das Gefühl habe, wir sind erfolgreich, wir klären auf, wir spielen eine Rolle, wir sind nicht nur irgend welche Leute, die gerade mal ein paar Minuten Fernsehen füllen, sondern wir sorgen für Gesprächsstoff – dann ist mir der Stress eigentlich ziemlich egal. Wenn ich das Gefühl hab', es ist alles bleiern, es interessiert sich doch niemand dafür, es kommen keine Repliken, man sendet irgendwie ins Leere hinaus, dann macht es mich müde.

Sie haben 2004 ein Demokratie-Essay gemacht. Darf ich Sie einmal ganz generell zu Ihrer Einschätzung fragen: ‚Wohin treibt die Bundesrepublik‘?

Ich glaube tatsächlich, dass die Parteienpolitik in der Krise ist, dass die Menschen sich zu Recht von den klassischen Programmen, Politikern, Parlamentarismus abwenden. Nicht weil sie jetzt fürchterlich reaktionär geworden sind, sondern weil die Welt so komplex geworden ist. Ich glaube, dass viele Menschen gerne mehr zu sagen hätten, bei der Gestaltung ihres Alltags, ihrer Lebenswirklichkeit, und was ich damals vielspurige Demokratie genannt habe, dass das kommen wird, dass das auf jeden Fall kommen muss, dass das auch gut ist, erfreulich ist.

Ich finde diese Bundesrepublik auch mit den wechselnden politischen Konstellationen erfreulich. Es herrscht hier eine innerliche Reife und Freiheitlichkeit, die ich richtig, richtig gut finde. Und auch die Skandale oder ein Innenminister Schily werden mich nicht vom Gegenteil überzeugen. Weil es Reflexe gegen Unrecht gibt und die Medien, die aufjaulen. Es gibt hier eine Machtverteilung, die ganz gesund ist.

Was mir eher Sorgen macht, ist, dass die Politik nicht ihre Rolle spielt als Kitt der Gesellschaft, sondern viel zu viel der Wirtschaft überlässt. Dass wirtschaftliches Denken und dann auch noch nicht einmal Makroökonomie, sondern betriebswirtschaftliches Denken in Felder hineinfließt, wo es nicht hingehört. Das macht mir Sorgen.

Wenn ich mit ganz jungen Leuten spreche, dann denke ich schon mal, „Hey, wach mal auf, lebe mal!“ Sie sind so zielorientiert. ‚Second life‘, ‚Klamotten‘. Ich weiß nicht, wir hätten früher gesagt „reaktionär“... Ich finde das schade.

Kritikfähigkeit, und, was ich vorhin sagte, historisches Denken, Analysefähigkeit empfand ich immer als toll, als *power*, überhaupt nicht als Bücherdenken. Sondern wirklich schön, wahr. ‚Meine Augen sind auf, mein Kopf funktioniert, es passiert etwas und ich verstehe es, ich kann es vielleicht auch beeinflussen‘. Heutzutage habe ich den Eindruck, dass Viele in ganz kleinen Karos leben und denken. Selbst wenn sie, anders als wir, ihre Praktika in Neuseeland machen, habe ich trotzdem das Gefühl, dass da keine innere Weltläufigkeit existiert, ja?

Diese Frage musste ich Ihnen stellen als einer Zeitzeugin! – Aber zurück zur Soziologie. Ich vermute, in Ihrer heutigen journalistischen Arbeit spielen soziologische Aspekte indirekt oder direkt eine ziemlich große Rolle.

Ja, ich glaube schon. Nämlich die gute alte Ideologiekritik, die ja auch ein Baustein der Soziologie ist: Wer will, dass ich was glaube und warum? – das spielt eine ganz große Rolle in der Alltagsarbeit. Es spielt auch eine Rolle der Wert, den wir Studien beimessen, also wissenschaftlichen Expertisen, Studien, Untersuchungen, Zahlen, die Gesellschaft transparent machen, das spielt eine Rolle. Nicht umsonst habe wir auch immer wieder mit Uli Beck und Konsorten zu tun oder mit den Bielefeldern, das befruchtet. Das hat sicherlich auch mit meinem soziologischen Background zu tun.

Würden Sie sich denn heue noch in irgend einer Weise als Soziologin verstehen?

Nein, das wäre vermessen, weil ich einfach nicht dabei geblieben bin, weil ich die Entwicklung nicht verfolgt habe, weil ich die neueren Bücher nicht gelesen habe, und so weiter. Das wäre wirklich vermessen. – Ich bin nur dankbar, dass ich das Handwerkszeug habe.

Wir sprachen vorhin von jungen Leuten gerade, wenn wir mal an Studierende heute denken oder auch Absolventen, Arbeitsuchende, was sind Ihre Ratschläge an die jungen Menschen, Tipps, oder Wünsche auch, wie Sie sich vorstellen, dass die jungen Leute an diese Fragen der Ausbildung und der Berufsfindung herangehen sollten.

Soziologie begreifen tatsächlich als Handwerkszeug für Vieles, ja, und zur Soziologie noch etwas ganz Anderes dazu kombinieren, das finde ich eigentlich ideal.

Wonach soll man sich richten bei der Wahl seiner Ausbildung? Es gibt ja durchaus eine sehr starke Tendenz, die sagt, wir gucken auf das, was am Markt sozusagen ankommt; oder dagegen die Erwartung, dass man nach seinen eigenen Interessen und nach dem, was man am besten kann...

Ganz und gar opportunistisch auf die Nachfrage des Marktes zu reagieren und sich da anzubieten, halte ich tatsächlich für falsch, weil, man wird nie sehr gut sein. Man wird nie Exzellenz erreichen. Exzellenz hat auch sehr viel mit der Erkenntnis der eigenen Fähigkeiten zu tun, mit Brennen, für etwas brennen. Und deswegen neige ich sehr dazu, zu sagen: Okay, es wird wahrscheinlich in den ersten 5 Jahren, 8 Jahren schwierig nach dem Studium, und man wird unheimlich viele Niederlagen einstecken. Aber das ist besser als unfroh irgendwo zu verkrusten und die Sache mittelmäßig zu machen, ja? Dann lieber ein paar Flops hinnehmen, aber der Welt das zeigen, was man an Potential hat.

Gibt es Praktika für Studierende beim WDR?

Ja, dafür gibt es eine spezielle Stelle: Aus- und Fortbildung, Frau Lührs *(s. Homepage)*. Man muss noch Student sein; es gibt bestimmte Bedingungen, die man nachlesen kann.

Frau Mikich, warum haben Sie sich netterweise zu dem Interview bereit erklärt?

Ach, aus Sentimentalität gegenüber der Soziologie.

Hat die Soziologie noch Zukunft?

Sagt jemand das Gegenteil? Aber ja! Wer soll sonst die Dinge richten?

Frau Mikich, haben Sie herzlichen Dank für dieses Gespräch!

Sonia Mikich

Geboren 1951 in Oxford, volontierte bei der Aachener Volkszeitung, 1979 M.A. in Soziologie, Politologie und Philosophie (RWTH Aachen). Wiss. Mitarbeiterin im A.-Gehlen-Institut. Ab 1982 beim Westdeutschen Rundfunk mit zahlreichen Stationen im In- und Ausland, seit 2002 Redaktionsleiterin des ARD-Politikmagazins „MONITOR", seit 2004 zusätzlich Redaktionsleiterin der ARD/WDR-Dokumentationsreihe „die story", beides bei WDR Köln Fernsehen.

Die Fragen stellte Wolfram Breger.

Kunst

Schweizer Soziologe und Künstler im Ruhrgebiet. Über Familiensoziologie, Stadtplanung und Klinische Soziologie zur Bildenden Kunst

Robert Bosshard

Was für ein Glück ...

... irgendwie naturnah in ein subprovinziell chaotisch zersiedeltes Straßendorf namens Amriswil im Schweizer Osten gestoßen worden zu sein und also inmitten wackerer Eidgenossen am Saum saftiger Kuhweiden artgerecht eingepflanzt aufgewachsen, wobei in dem für mich Ungeheuren der dort rätselhaft erstarrten Gesellschaftsverfassung von Geburt auf sozusagen mein persönliches Urmotiv dafür erwuchs, wie ein Wahnsinniger mein ganzes Leben lang all meine professionelle Neugierde dem Sozialwissen widmen zu müssen ... und das, wie gesagt, im Guten und Rechten. Mein Elternpaar war kurz zuvor auf dieses, es absolut befremdende soziale Umfeld hereingefallen. Die Zwei hatten sich nämlich im Rahmen einer Weltwirtschaftskrise in den späten zwanziger Jahren des zwanzigsten Jahrhunderts, er, Sohn eines Weinhändlers, Fußballchampion, Radrennfahrer, Südfrüchtehändler in Marseille und Tunesien, schließlich Sänger im Chor der Mailänder Scala und Meisterschüler eines gewissen Gigli (wenn man seinen Angaben Glauben schenken will) und sie, Tochter eines Warenhausdirektors im protegierten Volontariat des Milaneser Kommerzes, weiß ich aus was für Sicherheitsbedürfnissen, Fehlurteilen oder Ängstlichkeiten heraus, sich in die ostschweizerische Textilindustrie verdingt, wo der Vater aufgrund seiner Französisch- und Italienischkenntnisse als sich schäbig behandelt fühlender Schreiber und die Mutter, im Ehrenamt gute Seele der *en masse* von Norditalien herbeiströmenden Billigarbeitskräfte und deren Anwältin als Polizeidolmetscherin, als Hausfrau sich niederließen. Eigenartig nur, dass weder sie noch er je sich wieder von dem unwirtlichen Ort wegrührten, aufgrund mir unzugänglicher Liebschaften vielleicht oder in Verpflichtung gegenüber dem kleinen Eigentum, das sie zusammengekratzt hatten, wer kann das schon wissen.

In der Schule des Sozialen

Jedenfalls hatte man mir eine Erziehung lang klar gemacht, dass aufgrund der Anhängigkeit von uns zwei Söhnen das Genie des Vaters als Sänger aufs Spiel gesetzt werden musste und die Liebe der Mutter in der dörflichen Enge zu ersticken drohte, also mir meine natürliche Heimat wie ein Fluch mit auf den Lebens- und Berufsweg mitgegeben. Kein Wunder also, dass ich bereits in meiner Frühprofessionalisierung von meinen Vorgesetzten in den soziologischen Instituten von Bern und Bochum zum Spezialisten für Jugend- und Familiensoziologie geformt werden konnte und dies mich unter Anwendung einer gewissen kritischen Theorie zutiefst befriedigte damals, unter anderem auch zur Realisierung eines elfteiligen Reports „Das Abenteuer, erwachsen zu werden" in der Illustrierten „Sie & Er" (1966) sowie zur siebenteiligen Fernsehdokumentation „Familie in der Krise" (WDR 1972) brachte.

Die frühkindlichen Einstimmungen in eine sozialwissenschaftliche Perspektive liefen also gradlinig, wenn auch ein bisschen bäurisch gehemmt und melancholisch eingefärbt. Dann aber, auch mich selbst völlig überraschend, war ich zum Schulscheiterer geworden, zum niedrigschwellig kriminellen Asozialen und vermeintlich Suizidgefährdeten, psychotisch erfasst von einem krassen Zwang, alle gehabten Zuwendungen fahren lassen zu müssen und statt dessen meinen Halt in einem existentialistischen Sartrismus und avantgardistischen Modernismus suchen zu sollen. Nach tagelangen Testserien, welche ein Interesse für politische Fragen in mir aufdeckten, eine Frühform eines hilflosen Helfers an mir thematisierten und zudem einen fundamentalistischen Moralismus manifestierten, wurde mir daraufhin von wegweisenden Beruferatern nahegelegt, den Job eines Gewerkschaftssekretärs anzustreben. Ich hatte zwar keine Ahnung, was es mit der Industriegesellschaft auf sich hatte, aber mir gefiel's spontan, dass ich dem Schweizer Proletariat auf die Sprünge helfen sollte. Wie gezaubert mobilisierten sich meine Kräfte zur Erlangung der Hochschulzulassung, und ich stolperte in ein betriebswirtschaftliches Studium. Derart vom Schicksal in die Vorhölle meiner Soziologenausbildung berufen, kriegte ich eine fantastisch klare Einsicht ins Interessensgeschiebe der schweizerischen Volkswirtschaft, respektive in die es begründende so genannte Nationalökonomie inklusive der sie rechtfertigenden Sozialgeschichten und sie tradierenden Rechtswissenschaften.

Aber der göttliche Zufall trieb's noch weiter, indem nach vier Semestern ein sozialwissenschaftlicher Studienzweig („lic.rer.pol. III") dort neu eingerichtet wurde. Und so erlernte ich unter Anleitung von Richard Behrendt, einem aus den USA nach Europa zurückgekehrten deutschen Juden, bald ausschließlich nur noch auserwählte sozialwissenschaftliche Denkmethoden und wurde als einer seiner ersten Absolventen wie automatisch Assistent an dortigen Institut. Dort hatte ich schon in der Aufbauphase, im typisch schweizerisch-akademischen Reflex durch einen Medienoligopolisten finanziert, auf die kurz zuvor in den

USA veröffentlichten Kinsey-Reports zu reagieren, und betreute unter anderem also jahrelang eine auf die Lage der deutschschweizerischen Jugend fokussierte empirische Erhebung. Meine auf diesem Untersuchungsmaterial aufbauende Doktorarbeit mit dem Titel „Die Autorität des Systems" wurde vom Doktorvater Urs Jaeggi mit der Bestnote versehen und vom unerwünschten Zweitgutachter, Sozialhistoriker Gruner, als unannehmbar abgelehnt, wie es denn auch geblieben. Es war eine äußerst glückliche und gelungene Zeit, jene Soziologenepoche rund um die 68er Ideologien.

Widerstand als Betreuung

Unter anderem wollte man ja damals noch wissenschaftlich fundiertes Wissen breiterer Bevölkerungsschichten zugänglich machen, aus den Akademien in Arbeiterviertel hinaussteigen und soziale Schranken niederreißen. Und so kam es, dass auch ich die Chance kriegte, in einem privaten Stadtplanungsbüro meine akademischen ‚konkreten Utopien' als praktischer Sozialplaner noch mal zu überprüfen. Tatsächlich verfehlten schon damals viele der offiziellen Sanierungsvorhaben eine sozial zu rechtfertigende Wirkung, und es wurde in Bürgerinitiativen nach Ausgleich und mehr Gerechtigkeit gerufen.

Es war ein grandioses Soziologenleben, den Argumenten der durch abgehobene Verfügungen Benachteiligten aufgrund kommunaler Ratsbeschlüsse folgen zu dürfen und also, professionell legitimiert in die verschiedensten Fakultäten der gesellschaftlichen Basis beordert, die Zusammenarbeit mit all den initiativen Einwohnergruppen zu suchen. Wie ein in den materiellen Alltag übertragenes kollektives Tagebuch, in dem von Projekt zu Projekt bildhaft anschaulich sich eine praktische Kritik an den zeitgeistigen Anmaßungen der abstrakten Sonderinteressen jener Tage formulierte, entwickelte sich mein Engagement zum selbstverständlichen Berufsfeld innerhalb des Panoramas einer basisdemokratisch aufgewerteten Alltagskultur. In diesem Elan gelang es uns nicht selten, die den Bewohnern blind zugewiesenen „Neuen Heimaten" und das von den Massenmedien großmäulig versprochene „Neue Eigentum" durch den Erhalt „bezahlbarer Mietwohnungen" überflüssig zu machen und ein „brauchbares Wohnumfeld" zu verteidigen, was kämpferisch stimmte und dem verbohrten offiziellen Fortschrittsdogma einen zivil kultivierten Lebensoptimismus entgegensetzte. Da es im Interesse der betroffenen Minderheiten auch um die Entwicklung einer Gegenöffentlichkeit ging, waren meine damaligen Arbeitseinsätze zugleich eine Schulung und Einübung in die praktische Anwendung moderner Kommunikationsmedien, egal, ob es um generelle Anliegen ging wie bei der Veröffentlichung „Bürger ante Portas" des Siedlungsverbands Ruhrkohlebezirk (1975) oder um speziellere wie die von uns, der Planergruppe Oberhausen, propagierte Rehabilitation der „Türkische(n) Gärten im Ruhrgebiet" (1982).

Mein postgraduierter Lehrgang als praktischer Soziologe führte mich also konsequent in die Nähe sozial benachteiligter Personengruppen, bis ich schließlich, mobilisiert durch eine Initiative ehemaliger Anstaltsinsassen, antipsychiatrisch motiviert und im Status eines klinischen Soziologen, ins Berufsfeld eines progressiv geführten psychiatrischen Großkrankenhauses eingeladen wurde. Dort wurden mir als Soziologen Problemfelder wie die Entwicklung therapiefreundlicher Milieus zur Überbrückung akuter psychotischer Krisen eröffnet. Oder ich wurde zur alltäglichen Gestaltung mitbestimmungsorientierter therapeutischer Gemeinschaften hinzugezogen. Andernorts ging es um die Emanzipation über lange Zeit hospitalisierter chronisch-kranker Klienten von der sie abhängig machenden Totalversorgung. Parallel dazu wurde ich mit der Entwicklung eines Curriculums und der Leitung einer Schule zur Stärkung des therapeutischen Mittelbaus betraut. In der Summe gehören die dort verbrachten sieben Jahre zu den erfülltesten Dienstjahren meiner Angestelltenzeit als Soziologe. Das persönliche wissenschaftliche Fachwissen, angelesen und ausprobiert in den Akademien, relativiert und adaptiert in verschiedensten sozialen Milieus und nun direkt in den Dienst von Personengruppen gestellt, erfüllte mich mit größter Befriedigung, so dass ich für dieses Feld auch nach Kräften warb, beispielsweise mit dem Film „Drinnen, das ist wie draußen, nur anders" (ARD 1976) und in den so genannten Verständigungstexten „In irrer Gesellschaft" (Suhrkamp 1980).

Die Fragilität eines Berufsstandes

Abgesehen von der begründeten Meinung, dass bei großer und auch innovativer berufspraktischer Identifikation in risiko- und konfliktreichen, affektüberladenen Arbeitsfeldern sehr oft die Berufstätigen psychisch verausgabt und ausgebrannt nach etwa sieben Jahren Tätigkeit kontraproduktiv den Arbeitsplatz, wie als Besitz, für sich umfunktionieren und zu eigenen Gunsten ihrem klientenbezogenen Sinn entziehen wollen, sie ihn also verlassen sollten, kam nun auch noch der Zusammenbruch des psychiatriereformerischen Elans hinzu, eine epochale Wende, die mich ermutigte, nach einundzwanzig Lernjahren als Bediensteter von soziologischen Praxen in latent totalen Institutionen à la Universität, politischer Verwaltung und Krankenhausabteilungen, den Angestelltenstatus aufzugeben, also mein (soziologisches und anderweitiges) Wissen endlich eigenverantwortlich und freiberuflich anzuwenden. Zu meiner Verblüffung und auch Beschämung hieß dies jedoch nach einigem Lungern nur, verstärkt Mitverantwortung für die Kindererziehung zu übernehmen, Hausmannsdienste mitzutragen und ehrenamtlich ziviler Notstopfen für Schule und Nachbarschaft zu werden. Wie im Überfall wendete sich das zuvor so grandios betreute Soziale und ging daran, mich für sich in Anspruch zu nehmen, mich sogar in überkommen feminine Rollen hineinzuzwingen. Wissen und Erfahrung dienten also nicht mehr primär dazu, die Gesellschaft zu beplanen und zu gestalten, sondern die soziale Verfasstheit und meinen eigenen Stellenwert darin neu zu interpretieren und bewusst ertragen zu lernen, um, fachlich möglichst fundiert, die Spannung zwischen der etablierten Kultur und der subjektiven Geworfenheit zu beschreiben und in einem progressiven Sinn subjektiv bewertbar zu machen – auch dies eine Dienstleistung.

Dies äußerte sich, für mich jedenfalls, darin, dass ich nun als Pflicht und Chance empfand, subjektive Sensibilität und persönliche Erfahrungen, soweit sie mir bewusst und zugänglich geworden, in mein Umfeld zurückzuspiegeln, der "Allgemeinheit" zur Verfügung zu stellen, und tatsächlich verfing ich mich nicht selten in der unliebsam besserwisserischen Funktion eines „Supervisors". So bin ich, um's besser und andersrum meine Betroffenheiten öffentlich zu machen, Künstler geworden, was immer das heißen soll: Maler, Filmemacher und Schriftsteller, der seine Legitimation aus der Kenntnis sozialwissenschaftlicher Methoden und deren urbanistischen und klinischen Anwendungen inklusive deren Nebenwirkungen herleitet. Die künstlerische Vorführung sozialer Erfahrung - weshalb auch sollte sie einer soziologischen Begründung entbehren? So wurde zu einem meiner expliziten Ziele, mein Erleben von Sozialem vor Publikum zu performatieren. Ich strebte an, mein subjektives Empfinden und Ausdrucksvermögen, meine soziokulturelle Wahrnehmung öffentlich auszustellen und damit einer anonymen Fremdwahrnehmung herzugeben. Diese Programmatik ließ sich gut in die Arbeitsweise eines Künstlerkollektivs, das nicht ausschließlich am Kunstmarkt sich orientierte, integrieren.

Die Wissenschaft des Sozialen ist nicht beschränkt auf die Sozialwissenschaften

In der Ateliergemeinschaft mit einem in Beuys'scher Tradition plastisch arbeitenden Künstler und einem in Magritte'scher Manier ausgebildeten und besessen kritzelnden Zeichner erhielt ich als erstes eine vollendete Einführung in Interdisziplinarität und sodann die hierfür erforderliche, mich an die zehn Jahre beanspruchende Ausbildung in einem damals völlig neuen, noch unbeherrschten und außengerichteten Sozialwissen. Synchron malend und das so Entstehende kollektiv repräsentierend, spiegelten wir die unsere Kultur prägenden unbegrenzten sozial regressiven Allmachtfantasien in die allgegenwärtige Ohnmacht eines breiten Publikums, lenkten also in unseren Bildern und Installationen mit Gewalt und Kraft in groben Strichen den Fokus vom beherrschenden gesellschaftlichen Funktionieren aufs konkrete gesellschaftlich Dysfunktionale um. Daraus entstanden Präsentationen wie die auf die Außenmauer einer Duisburger Kokerei gehängten „51 Bilder zum Zeitgeschehen", je 3 x 4 m Acryl auf Leinen (1983), oder das ökologische Modellprojekt „Kanalarbeit" (1985) entlang des Rhein-Herne-Kanals in Oberhausen.

Eine freiberuflich improvisierte Sozialagentur

Daran anschließend war's bloß ein kleiner Schritt, mein derart reziprok zu den herrschenden Gewohnheiten angewandtes ‚Sozialwissen' nun auch (für die Dauer von über zwanzig Jahren) unmittelbar gegenüber Tor 1 von Krupp-Rheinhausen, dem Schauplatz des letzten großen Existenzkampfs des überkommenen Ruhrproletariats, in eine Art von Gesamtkunstwerk, so möchte man sagen, zu investieren. Wir etablierten uns, firmierend als fingiertes „Agentenkollektiv" (zu zweit, mit einem literarisch versierten Stadtplaner, gemeldet als „Gesellschaft bürgerlichen Rechts") in einer zum Philosophierstübchen umgenutzten Trinkhalle, vier Stunden am Tag und fünf Tage die Woche, nahmen in bescheidenem Rahmen die relevanten Daten auf und produzierten in der Ambivalenz von Niedergang und Erneuerung Kunststücke, so wie sie uns überkamen respektive finanzierten, kämpferisch in kreativer Lust darum bemüht, die uns in Randexistenzen bedroht, aber wertvoll erscheinenden sozialen Errungenschaften hinterfragbar und wahrnehmbar zu halten. In der Attitüde frei assoziativer Aufmerksamkeit ließen wir, primärrevolutionär, also theoretisch kritisch gestimmt ohne jegliche eigene Handlungsabsicht, das Zeitgeschehen und dessen Vernunft an uns vorbeigaukeln. Wir statisch in festem Stand, jenes aber malerisch exhibitionistisch werbend, halt auf dem Strich. Scheinbar versteckt in uns selbst, protokollierten wir auf den je den Themen zuträglichen Medien (Film, Text, Performance, Busfahrt, Ausstellung, Hörspiel), was das Zeitgeschehen in uns auslöste, wie wir uns erlebten darin und daran (am Untergang der syndikaldemokratischen „Montanmitbestimmung", in der Segregation der „Sozialen Marktwirtschaft" und der Dekonstruktion pazifistischer „Konfliktbewältigungsstrategien"), um in gebrochener Sprache und unschönen Bildern zu neuen Einspruchs- und Partizipationsaktionen zu animieren. Was natürlich punktuell gelang, aber, als wäre politische Kunst ein etwas altmodisch gewordenes Instrument, als zu aufzehrend und mühsam nun doch aufgegeben wurde.

Die „Agenten-Bude" ist zum Abriss freigegeben, und ich bin mit 68 Jahren nun auch noch auf einem der verhassten Heimarbeitsplätze gelandet, der vom konkreten Sozialen abstrahiert und die bloße sogenannte Netzkommunikation erzwingen will, um unter anderem die zehn Stunden Filmmaterial der Agenten wie „Duisburg, knapp verfilmt" (1984), „Essen Wahn" (1991) oder „Der letzte Krupp" (1995) wie auch die Bibel der Bude: „Härter noch als Kaltrauchen" (2000) wie auch einiger unserer Performance-Spuren zu archivieren und gleichzeitig verstärkt auf die individuelle künstlerische Produktion zu rekurrieren. Ich hatte das Glück, zum Einstieg in meine berufliche Praxis eine aufs Berufsbild bezogen unterdefinierte und variable akademische Ausbildung als Soziologe erhalten zu haben, insbesondere, weil ich daran bewusst demoskopisches Herrschaftswissen von kritischer Reflektion zu unterscheiden lernte. Dies hat mir auch über Krisen hinweg dazu verholfen, individuell handlungsfähig zu bleiben.

Die Soziologie birgt einen Haufen anwendbarer Erkenntnisse. Die daraus folgende (berufliche, gesellschaftliche, künstlerische, wie auch immer) Praxis kann allerdings, weil wir Soziologen unseren Fokus auf soziale Prozesse richten, keine Wahrheiten verzapfen, sondern sind in ihrer Latenz zwischen ‚wegweisend' und ‚fälschlich' gefangen als Bestandteil der in der Zeit verschwimmenden sozialen Wirklichkeiten, aufgeregt blinzelnd die Gesellschaft reflektierenden und damit darin sich spiegelnden Prozessen (die offensichtlich keine Erlösung finden können außer im totalitären Schlechten …). Aber das systematische Bewusstmachen der darin brodelnden Konflikte garantiert den Blick auf eine weitergehende Zukunft. Und so lauert nun schon wieder ein neues ‚Berufsfeld', das ich allerdings noch kaum gerodet noch gerichtet habe. Es ist der Sterbegarten, den es wohl selbstverantwortlich und wissenschaftlich autonom zu beharken gäbe, da beste Freunde schon verstorben sind und anderseits das Überalterungsgewäsch mich nervt. Vielleicht lässt sich wirklich noch eine letzte praktisch-soziologische Herausforderung angehen, ein seliger Abstieg von der Kleinkunstbühne ins Kellertheater… kann aber auch einfach der Ausstieg aus dem aktiven Berufsleben sein. Schön war's gewesen. Ahoi! ©07

Robert Bosshard

geb. 1939, sieben Jahre Assistent an den soziologischen Instituten von Bern und Bochum, sieben Jahre Stadtplaner im Ruhrgebiet, sieben Jahre klinischer Soziologe in einem psychiatrischen Großkrankenhaus, an und in unterschiedlichsten künstlerisch/publizistischen Kunststücken beteiligt und tätig. Lebt mit der Familie in Oberhausen.

Markt- und Sozialforschung

Der „soziologische Blick"

Annelies Debrunner

Fünf wichtige Stichworte prägen meinen Werdegang als Soziologin: Herkunft und frühe Familiengründung, verschiedene Ausbildungen, viele Zufälle sowie das Eingehen von Wagnissen auf dem Lebensweg. Stationen sind die Jugendjahre in einem kleinen Dorf, frühe Heirat und Mutterschaft. Zu dieser Zeit arbeitete ich zudem als Volksschullehrerin auf verschiedenen Stufen, schließlich ließ ich mich scheiden. Nach Abschluss des Studiums folgten Tätigkeiten in den Bereichen Soziologie, Kultur und Bildung. Mit kurzen Unterbrüchen sowie weiteren Ausbildungen behielt ich die Tätigkeitsbereiche als Freischaffende bei. Etwas ausführlicher lege ich dar, welche Stationen ich auf meinem Lebensweg bis anhin passierte. Damit möchte ich gleichzeitig zu individuellen Lebensentwürfen, sozialem Engagement sowie einem andauernden beruflichen und persönlichen Prozess ermutigen.

Tradition und technischer Fortschritt im kleinen Dorf

Es war übersichtlich im kleinen Dorf südlich des Bodensees, wo ich aufwuchs. Bereits mit vier Jahren entdeckte ich damals, in den Fünfzigerjahren, die Dorfwelt mit meinem kleinen Fahrrad. Dies bedeutete für mich, Freunde zu besuchen, um „Versteckis" zu spielen oder mir von betagten Frauen Geschichten aus vergangener Zeit anzuhören. So erzählte die Besitzerin der Dorfgärtnerei von meinem Großvater, ihrem Schulkollegen. Eine weitere Leidenschaft war das Herumtreiben im Wald und das Sammeln von Erdbeeren oder Pilzen. Eine enge Welt? Wie kam ich denn vom Erdbeerpflücken und Dorf-erfahren zur Soziologie? Wie habe ich mir einen soziologischen Blick erworben, wie gelernt, Theorien einzubeziehen, neue Projekte zu akquirieren, aber auch abzuschalten und Wichtiges von Unwichtigem zu trennen? Wie verkrafte ich Absagen, Momente der Niederlagen und der Konkurrenz? Wie behalte ich mir meine Neugier für gesellschaftliche Veränderungen und Zusammenhänge, und wo stehe ich nach verschiedenen beruflichen Stationen heute?

Mit dem soziologischen Blick unterwegs

Basis meiner Tätigkeit ist der soziologische Blick. Darunter verstehe ich eine Betrachtung der Gesellschaft mit ihren verschiedenen Schichten, in denen soziale Ungleichheiten ihre Gesetzmäßigkeiten haben. Gleichzeitig sind auch wirtschaftliche, politische und globale Zusammenhänge und Einflüsse bedeutsam. Das kleine Mädchen mit dem Fahrrad bekam in der dörflichen Gemeinschaft davon nicht viel mit. Allerdings gab es im Elternhaus eine mechanische Werkstätte mit Velo-, Motorrad- und Autohandel sowie eine Benzintankstelle. Hier wurden mir die unterschiedlichen gesellschaftlichen Schichten anhand der Automarken bewusst. Da kam der VW-Käferfahrer, der jeweils lediglich für fünf Franken Benzin kaufte. Der Mercedesfahrer ließ jedes Mal den Ölstand kontrollieren. Beim Kleinmotorrad musste ich die richtige Öl-Benzinmischung einfüllen und ja nichts falsch berechnen. Rechnen lernte ich somit in meinem Elternhaus, denn Arbeit gab es bereits im frühen Jugendalter. Und Benzin verkaufen durfte ich, sobald ich mit Geld umgehen konnte.

Eine weitere Schärfung des soziologischen Blicks brachte meine Ehescheidung. Als Dorfschullehrerin, mit dem damalig hohen Status, hatte ich mich bis anhin nicht um den Status der Eltern meiner Schüler gekümmert. Ich teilte die Eltern in interessierte und desinteressierte ein. Dann gab es jene, die meinen durch die 68er-Bewegung geprägten Schulstil unterstützten und jene, welche einer Ohrfeige als Züchtigungsmittel nicht abgeneigt waren. Als die Ehescheidung der Dorfschullehrerin publik wurde, änderte sich Vieles. Mein Statusverlust hatte Ähnlichkeit mit dem freien Fall, und Unterrichten wurde unter diesen Umständen unmöglich. Eine schwere Krankheit zwang mich, mein Leben zu verändern. Es begann mit einer mehrmonatigen Spanienreise mit meinen Töchtern anfangs der Achtzigerjahre und mit dem Entscheid für ein Studium.

Zum soziologischen Blick gehört für mich ferner ein Betrachten der Gesellschaft aus dem Blickwinkel der innerhäuslichen und der außerhäuslichen Ereignisse und Gegebenheiten. In meinem Elternhaus war ich sozusagen an einer transparenten Schnittstelle, welche mich und mein soziales Verhalten wohl maßgeblich prägte: Draußen – außer Haus – befand sich die Benzintankstelle, wo ich die Kunden und die sehr seltenen Kundinnen bediente. Ebenerdig im Haus lag die mechanische Werkstätte, wo mein Vater mit Lehrlingen und Facharbeitern tätig war. Hier gingen die Kunden ebenfalls ein und aus. Gleichzeitig war diese Werkstatt eine Männerdomäne. Meine Brüder waren meistens hier anzutreffen und fanden interessante Spielzeuge. Die Frauendomäne befand sich im ersten und zweiten Stock des Hauses. Dort war meine Mutter, zeitweilig mit meiner Großmutter und einer Haushaltlehrtochter, zuständig fürs leibliche Wohl der Familie und der Lehrlinge. Auch im Geschäft hatte die Mutter ihre Domäne. In einem Büro neben der Werkstatt war sie verantwortlich für das Rechnungswesen.

Theorien einbeziehen

Mit dem Blickwinkel aus der (inner-)häuslichen Welt agieren wir auf der Mikroebene. Dagegen drängt sich eine Betrachtungsweise der Gesellschaft – und somit ein Theoriebezug – auf, welcher die Makroebene mit berücksichtigt. Sie entfernt sich vom Einzelmenschen und kann gesamtgesellschaftliche Phänomene sowie wechselseitige und globale Entwicklungen verfolgen.

Mit dem Einblick in die Theorien zu Beginn des Studiums eröffnete sich mir eine neue Welt. Ich verstand jedoch die Inhalte der Theoretiker schlichtweg nicht, die Unterschiede konnte ich nicht erfassen. Zudem waren mir zu diesem Zeitpunkt Theorien als Struktur für den gelebten Alltag zu weit entfernt und zu blutleer. Noch stellte ich keine Zusammenhänge her zum Leben mit Kindern, der Kulturarbeit und der Aufbruchstimmung in den Siebzigerjahren. Da ich ja mehr als zehn Jahre Dorfschullehrerin gewesen war, unterschied ich mich von meinen Kommilitonen auch durch mein Alter: Ich war bei Studienbeginn bereits 33 Jahre alt. Durchhalten ließ mich meine angeborene Neugier. Als ich mich an verschiedenen Instituten nach Studienbedingungen und Möglichkeiten erkundigte, erklärte mir der Assistent Karl Oliva am soziologischen Institut der Universität Zürich, die Soziologie beanspruche für sich, immer mindestens sechs Lösungen für gesellschaftliche Fragen oder Problemstellungen zu finden. Dieser Ansatz faszinierte mich schlichtweg. Ich entschied für das Hauptfach Soziologie. Als Nebenfächer wählte ich Sozial- und Wirtschaftsgeschichte sowie Ethnologie. Ein Ansatz, der sechs Lösungen für ein Problem voraussetzte, ließ mich durchhalten in den schwierigen Momenten der Theoriebezogenheit sowie der starken Belastungen durch Prüfungen, private Verantwortung und finanzielle Engpässe.

Die Theorien halfen mir sehr bald, eigene Brüche in meinem Leben zu verstehen. Bis ich nicht mehr den Anspruch hatte, für ein Forschungsprojekt unzählige Theoriebezüge gleichzeitig einbringen zu müssen, brauchte es hingegen eine gewisse Zeit. Lange hatte mir vorgeschwebt, dass ich mit Theorien – ähnlich wie beim Klavierspiel – wie mit Akkorden verfahren könnte. Erst eine vertiefte Beschäftigung mit der Theorie der sozietalen Systeme von Hans-Joachim Hoffmann-Nowotny, dem damaligen Leiter des soziologischen Instituts in Zürich, brachte mich dazu, die Vielfalt einzuschränken. Ebenfalls Klarheit brachte mir die Struktur der Theorien nach Dirk Kaesler. Endlich erfasste ich die Grundstruktur! Dies brachte mich wohl dazu, mich – nach mehreren Jahren des professionellen Identitätsverlusts – als Soziologin zu definieren. Zu meiner Identität als Soziologin gehört auch ein Leben, das gesellschaftlich und sozialpolitisch relevante Themen im Alltag mit einbezieht.

In den letzten Jahren fand ich ferner Zugang zu den Theorien Erving Goffmans. Sehr alltagspraktisch, weil konfliktentschärfend, finde ich die Theorien von Johan Galtung. Immer wieder ziehe ich das zerfledderte Büchlein „Strukturelle Gewalt" hervor. Es sind auch beinahe Glücksmomente, wenn Galtung sich zu einer aktuellen Konfliktsituation äußert, wie dies beispielsweise vor wenigen Jahren zu Beginn der Intervention der USA im Irak der Fall war.

Neue Projekte akquirieren

Mit Bekannten, die in anderen Geschäftsfeldern tätig sind, diskutiere ich immer wieder, ob sich selbständige Tätigkeit nach Branchen unterscheidet. Ist es anders, Brot oder Brillen, Benzin oder Projekte anzupreisen und zu verkaufen? Wo liegen die Gemeinsamkeiten? Für meinen Nachbarn und Kollegen – Brillenverkäufer – ist Ehrlichkeit sehr wichtig. Gleichzeitig will der Kunde, die Kundin ein Produkt einkaufen, das seinen Vorstellungen entspricht. Es gilt somit, die Idee des Gegenübers aufzunehmen. Eine in der Pharmabranche tätige Kollegin hat mir vor einigen Jahren drei Merkpunkte mit auf den steinigen Weg der Selbständigkeit gegeben, und der damit beschriftete gelbe Zettel hängt seither über meinem Schreibtisch: (1) Wie überzeuge ich? (2) Wende ein persönlich geprägtes Marketing an! (3) Optimierung & Prosperität.

Wir Soziologinnen und Soziologen sind eigentlich dazu prädestiniert, unsere Gegenüber richtig einzuschätzen. Wir kennen uns in schicht-, kohorten- und kulturspezifischen Gegebenheiten aus. Anders ausgedrückt: Wir wissen, welche Ansprüche Mercedes- und VW-Fahrer je haben. Gleichzeitig ist entscheidend, in welchem Segment ich mein Produkt oder mein Projekt verkaufen will: Wo liegen meine Kompetenzen, meine Erfahrungen? Sind diese auf dem Markt gefragt? Wir Soziologen bedenken leider manchmal zu wenig, dass es auch eine sozialkompatible Ökonomie gibt. Überlegungen, welche Marktfelder mir entsprechen, sind immer wieder aktuell. Ebenso bedeutsam ist der Durchhaltewillen, die „Knochenarbeit." Obwohl beim Akquirieren, oder generell beim Arbeiten, eine gewisse Leichtigkeit erwünscht ist, hat das Dranbleiben sowohl in der Phase des Akquirierens, der Projektidee und der -ausführung Priorität.

Eine weitere Herausforderung stellt die Arbeitsmenge dar. Immer wieder stellen sich die Fragen: Habe ich zu viel oder zu wenig Arbeit? Kann ich die zugesagte Arbeit alleine bewältigen, zum zugesagten Termin abliefern und gleichzeitig die geforderte Qualität halten? Oder suche ich mir, damit ich Qualität und Abgabetermin einhalte, kurzfristig kompetente Verstärkung? Bei zu wenig Beschäftigung frage ich mich, wo ich mir innert kurzer Zeit bezahlte Arbeit organisiere.

Abschalten und Wichtiges von Unwichtigem trennen

Der Arbeitsalltag besteht bei mir selten aus acht Arbeitsstunden und einer Fünf-tagewoche. Hingegen kann ich mir die Freiheit nehmen, zwischendurch mal für eine Stunde spazieren zu gehen oder Rad zu fahren. Dies tue ich hauptsächlich dann, wenn die Sonne scheint und eine Idee am Schreibtisch nicht reifen will. Dennoch zwinge ich mich zur Disziplin, die ebenso zur bereits erwähnten „Knochenarbeit" gehört. Es sollen schließlich aus der einen Stunde nicht deren drei oder vier werden. Wichtig ist zudem das morgendliche Lesen der Zeitung. Ich halte mich insbesondere auf dem Laufenden zu meinen Kernthemen Bil-dung, Soziales, Integration und Gleichstellung. Da ich mich u.a. mit der Integra-tion von Menschen in unsere Gesellschaft und in die Arbeitswelt beschäftige, interessieren mich auch Wirtschaftsthemen. Gleichzeitig glaube ich, gesellschaft-liche Themen und Ereignisse sowie Prozesse seien ein Muss für eine Soziologin. Wo hört hier der Arbeitsalltag auf? Schließlich betrachte ich die Welt immer mit meinem soziologischen Blick. Zum einen versuche ich abzuschalten, indem ich in schwierigen Momenten nicht für alles und jedes Verantwortung übernehme. Oder zumindest versuche ich, dies zu tun. Im Alltag bedeutet dies beispielsweise ein bewusstes Sich-Zeit-Nehmen für einen Menschen in einer schwierigen Le-benssituation oder für eine ehrenamtliche Tätigkeit. Allerdings gehört das Nein-Sagen ebenfalls dazu. Dies ist notwendig, um die Qualität der Arbeit zu gewähr-leisten und die eigene Gesundheit nicht zu strapazieren.

Wie verkrafte ich Absagen und Momente der Niederlagen?

Schwierig im Berufsalltag ist das Einstecken von Niederlagen. Ich gehöre zu je-nen Menschen, die sich schwer tun damit. Es bleibt mir somit nichts anderes übrig, als nach der Ablehnung einer Offerte, für die ich unter Umständen mehre-re Wochen gearbeitet habe, mich erst zu beruhigen. Ich tue dies beispielsweise, indem ich mich zwei Stunden auf dem Bodensee aufhalte. Die Fähre Romans-horn – Friedrichshafen fährt im Stundentakt, glücklicherweise muss ich sie nicht täglich in Anspruch nehmen.

Habe ich die Frustration einmal bewältigt, erkundige ich mich möglichst bald bei der zuständigen Person nach dem Grund der Absage. Solche Gespräche fordern mich immer wieder heraus. Auch hier geht es um ein wichtiges Thema, das mich in der Soziologie begleitet und einer Lebensschule entspricht: Wie bin ich mög-lichst neutral und komme aus meiner Subjektivität zu mehr Objektivität?

Neugierig bleiben...

Eine wichtige Voraussetzung für die soziologische Arbeit ist die Neugier. Neugier ist zwar nicht nur für uns wichtig, sondern bringt alle Professionen weiter und ist wohl ein Grundanspruch, um als Forschende oder in prozessorientierten Berufen tätig zu sein. Dabei geht es um ein Kultivieren jener Neugier, welche sich den Banalitäten widmet. Meine Forschungsprojekte entstehen oft aus dem Entdecken eines gesellschaftlichen Zustands oder Problems. Dann trage ich die Idee manchmal tage-, wochen- oder monatelang mit mir herum. Im Idealfall schreibe ich tagebuchartig am Thema und suche mir irgendwann Partner und Forschungsgelder. Manchmal finde ich auf meinem Schreibtisch beim Aufräumen alte Notizen, die nach Jahren wenig von ihrem Aktualitätsgehalt eingebüsst haben.

Beim Schreiben dieser Zeilen habe ich mich gefragt, wie meine Neugier entstanden ist. Sicher war sie Bestandteil des Alltags im Elternhaus. Immer wieder stellte uns mein Vater bei Feierabend seine Ideen vor. Dabei behalf er sich entweder verschiedener verfügbarer Materialien, wie Essbesteck und Geschirr oder Schere, Papier und Taschenmesser. Damit gab er seinen Ideen eine erste dreidimensionale Wirklichkeit. Meine Mutter andererseits unterstützte meine eigenen Ideen, indem sie insbesondere meine textilen Entwürfe teilweise mit bearbeitete oder zu Ende führte. Später hatte ich mit den eigenen Kindern die Möglichkeit, meine Neugier zu pflegen und zu kultivieren.

Die Neugier bekommt immer wieder Nahrung in der Auseinandersetzung mit dem Fremden und im Vergleich zwischen Fremdem und Vertrautem. So hatte ich 1991 und 1995 Gelegenheit, als Stipendiatin mehrere Monate in Finnland zu verbringen. War 1991, während meiner Dissertation, der Blick über die schweizerische Gesellschaft hinaus dringend notwenig, so bringen mir nun kürzere Aufenthalte erwünschte neue Impulse. Zudem verfolge ich den Entwicklungsprozess dieses Landes, seine Annäherung an Europa, die Veränderung des Selbstbewusstseins eines ganzen Volkes sowie dessen kulturelle Eigenständigkeit.

... und damit Geld verdienen

Lässt sich mit Fantasie und mit Ideen Geld verdienen? In meinem Fall reicht es zum Leben. Es lassen sich bestimmte Tätigkeitsmuster ausmachen. Während meines Studiums hatte ich verschiedene Gelegenheitsjobs, als Buchverkäuferin, Erdbeerpflückerin und Lehrerin. Nach dem Abschluss habe ich neben der Tätigkeit als Forscherin meistens eine Teilzeitstelle mit größerem oder kleinerem Pensum gehabt. In der ersten Hälfte der Neunzigerjahre war ich Kulturbeauftragte in einer Kleinstadt, dann Deutschlehrerin. Später war ich einige Jahre an der Fachhochschule St. Gallen in der Forschung und als Gleichstellungsbeauftragte tätig, um dann wieder ganz in die Selbständigkeit zu wechseln. Ich hatte die Möglichkeit, als Mitinhaberin in der Firma Landert Farago und Partner in Zürich einzusteigen, und seit einem Jahr bin ich mit „Debrunner Sozialforschung und Projekte" meine eigene Chefin.

Aktuelles

Was ist in meinem Arbeitsalltag anders wie vor 20 Jahren, als ich mein Studium beendete? Damals prägte meine langjährige Tätigkeit als Lehrerin meine Arbeitsweise. Ein Beobachten, ein soziologischer Blick, wie ich es nenne, war zwar vorhanden. Ich suchte jedoch neben der neutralen Beobachtung oft früh schon nach Lösungen, wie sie im Schulzimmer gefragt waren. Kurz nach Studienabschluss hatte ich die Chance, ins Team des Familiensoziologen François Höpflinger einzusteigen und das Thema junge Erwachsene zwischen Beruf und Familie zu bearbeiten. Zu diesem Zeitpunkt war ich Forschungsnovizin. Ich brachte zwar meine ersten Erfahrungen bei wissenschaftlichen Arbeiten an verwandten Themen ein. Hingegen waren sowohl Forschungsmethodik wie -ablauf bereits vorher festgelegt. Meine Fähigkeiten hätten auch nichts anderes erlaubt. Anschließend an diese Forschungsarbeit – nach weiteren vier Jahren – hatte ich die Möglichkeit, bei Höpflinger meine Doktorarbeit einzureichen.

Im Laufe der Jahre habe ich die Forschungsmethoden verfeinert, spezifiziert. Die gegenwärtigen Themen liegen in den Bereichen Soziales, Bildung, Familie, Integration und Gesundheit. Gleich bleibt sich die Arbeit in verschiedenen interdisziplinären Teams und somit die Bearbeitung von Schnittstellen, oft in Pilotprojekten. Was sich veränderte, ist die Methodenvielfalt, die ich mir im Laufe der Jahre angeeignet habe. Zwar bleibt meine Kernkompetenz im qualitativen Bereich, für komplexe quantitative Berechnungen suche ich mir kompetente Partner. Projekte sind jedoch stärker umsetzungsorientiert. Ich bearbeite Themen von der ersten Idee bis zur Umsetzung in die Praxis. Dies bedeutet bei einem abgeschlossenen Forschungsprojekt eine weitere Bearbeitung, auch nach dem Erscheinen einer Publikation. So läuft zum Thema „Supported Employment" ein Lehrauftrag für Praxisleute, und kürzlich beauftragte mich eine Institution mit einer Evaluation. Nach Abschluss der Forschung zu „Freiwillige und ehrenamtliche Tätigkeit im Jugendsport als Integrationsleistung" erschienen verschiedene Artikel in Tageszeitungen, ferner sind Referate angesagt. Während ich diese Zeilen schreibe, ist der Entscheid über eine Publikation oder ein Manual noch offen.

Faszinierend ist für mich immer wieder die Möglichkeit, beim Aufbau von Bildungsinstitutionen mitzuwirken. So hatte ich an der Fachhochschule St. Gallen Gelegenheit, beim Aufbau dieses neuen Zweiges in der schweizerischen Bildungslandschaft mitzuwirken und gleichzeitig die Gleichstellung aufzubauen. Als zweites bin ich seit einigen Jahren Mitglied des Fachhochschulrats der pädagogischen Hochschule des Kantons Thurgau.

Das Schreiben dieser Zeilen hat mich dazu gezwungen, mir Parallelen in meinem CV bewusst zu werden und Prioritäten für Sie herauszuarbeiten. Dabei wurde mir die Parallele zwischen dem offenen Elternhaus und dem Geist der Siebzigerjahre bewusst: Alles ist machbar, Ideen lassen sich immer umsetzen. Nach dem finanziellen Hintergrund wurde nicht gefragt. Eine Mischung zwischen Entwicklung und Umsetzung von Ideen und dem Einbezug ökonomischer Überlegungen ist jedoch unabdingbar. In der Tätigkeit als Soziologin habe ich die Möglichkeit, beides zu verbinden.

Dr. Annelies Debrunner

Jahrgang 1949. Selbständige promovierte Sozialforscherin mit den Schwerpunkten Arbeit, Bildung, Biografien, Gleichstellung und Soziales; bis 2003 Dozentin an der Hochschule für Technik, Wirtschaft und soziale Arbeit in St. Gallen (CH); Mitglied des Schulrats der Pädagogischen Hochschule Thurgau (CH)

Markt- und Sozialforschung

Als Soziologe in der Marktforschung. Auch Auslandserfahrung und Sprachkenntnisse sind wichtig

Matthias Kötter

Einleitung

Als ich gefragt wurde, ob ich für dieses Buch einen Beitrag beisteuern könnte, war ich schnell angetan von dem Gedanken, die Marktforschung als Arbeitsgebiet vorzustellen, jungen SoziologInnen dieses breite Betätigungsfeld und einen möglichen Weg dahin zu zeigen. Dabei sollte man prinzipiell unterscheiden zwischen zwei verschiedenen Richtungen, in denen Soziologen in Marktforschungsinstituten grundsätzlich tätig werden können:

Zunächst wäre die Tätigkeit des Projektmanagers zu nennen, also die inhaltliche Betreuung verschiedener Marktforschungsprojekte. Weniger verbreitet ist die Tätigkeit „im Feld", also in der Logistikabteilung von Marktforschungsinstituten.

In diesem Bericht geht es um meine Tätigkeit als Feldleiter in kleineren Marktforschungsinstituten. Am Anfang meines Berufsweges habe ich kurze Zeit auch die Tätigkeit eines Projektmanagers ausgeübt, von daher wird diese Arbeit kurz angeschnitten, im Wesentlichen geht es aber um die Arbeit in der Feldabteilung.

Zu Beginn meines Studiums hatte ich eine recht vage Vorstellung davon, welche berufliche Laufbahn sich an das Studium anschließen sollte. Ich vermute, dass es auch heute noch vielen Neuanfängern des Soziologie-Studiums so ergeht. Irgendwas mit „Medien" sollte es sein, ein Job, bei dem man reisen kann, gut verdient und viele Menschen kennen lernt. Aber was? Doch der Reihe nach...

Was ist die Tätigkeit eines Feldleiters in der Marktforschung?

Für diejenigen, die sich unter Marktforschung nur vage etwas vorstellen können, zunächst eine Erläuterung: Marktforschung unterscheidet sich von Sozialforschung in erster Linie durch den Untersuchungsgegenstand. Dieser ist z.B.

Kommunikation zwischen Anbieter und Konsumenten, Einstellungen gegenüber bestimmten Produkten, die Untersuchung von deren Anwendung in der Praxis („Handlingtests") und vieles mehr. Dabei kommen Untersuchungsformen zum Einsatz, die sich in den verwendeten Methoden kaum von reiner Sozialforschung unterscheiden. Zudem ist Marktforschung „kommerzialisierte Wissenschaft", da es sich in der Regel um Auftragsarbeiten aus der „freien Wirtschaft" handelt. Auch darin unterscheidet sie sich nicht sehr von Sozialforschung, zumal in der heutigen Zeit die Einwerbung von Drittmitteln auch in den Kultur- oder Geisteswissenschaften eine immer größere Rolle spielt. Je nach Untersuchungsgegenstand und Spezialisierung des Institutes können Forschungsvorhaben als quantitative oder qualitative Forschung durchgeführt werden. Marktforschung ist stark anwendungsorientiert: Das Ziel der Erarbeitung umsetzbarer Ergebnisse ergibt sich daraus, dass Marktforschungsprojekte in der Regel Auftragsarbeiten mit klar umrissener Zielsetzung sind. Studien sind empirische Studien, die Theoriebildung spielt eine untergeordnete Rolle bzw. dient eher dazu, empirische Ergebnisse zu deuten und in Handlungsempfehlungen umzusetzen.

Die Feldabteilung in Marktforschungsinstituten ist, etwas vereinfacht ausgedrückt, die Einheit, welche für die saubere Erhebung von empirischen Daten und deren pünktliche Bereitstellung in guter Qualität verantwortlich ist. Die einzelnen Tätigkeiten finden in einem Kontext enger Zusammenarbeit mit anderen Abteilungen (Projektleitung, Auswertung, Datenverarbeitung, etc.) statt. Zudem ergeben sich viele weitere „strategische" Arbeiten, die im wesentlichen der effektiven Vorbereitung und Abwicklung von zukünftigen Projekten dienen – z.B. die Anwerbung von Mitarbeitern und Dienstleistern, deren kontinuierliche Schulung, die Einwerbung neuer Projekte usw.

Schulzeit und Studiumsfindung

In meiner Schulzeit waren zwei recht unterschiedliche Bereiche für mich persönlich besonders interessant – zum einen war dies die Mathematik, welche mich faszinierte. Doch auch im sprachlichen Bereich lagen Interessen. Ich war bereits recht früh politisch interessiert, und so gehörte auch Geschichte zu den Fächern, welche mir besonders am Herzen lagen. Als es in der gymnasialen Oberstufe zur Schwerpunktbildung kam, entschied ich mich für Mathematik und Physik.

Privat beschäftigte ich mich viel mit Computern, zunächst als Spielerei, später ergaben sich auch erste Schritte einfacher Programmierung und Neugierde an der Hardware. In den 80ern war die Ausbildung am PC leider noch keine Selbstverständlichkeit, meine Schule bot Interessierten aber in Computer AGs zeitweilig an, den Wissensdurst in diesem Bereich zu stillen. Ich war außerdem privat musikalisch aktiv in verschiedenen Bands und unternahm dort im organisatorischen Bereich sowie in der Pressearbeit erste Gehversuche.

Nach dem Abitur – ich wusste außer der Tatsache, dass ich studieren wollte, so recht noch nicht, welche meiner Neigungen aus der Schulzeit ich vertiefen würde – kam dann der Aufschub der Berufswahl durch den 15-monatigen Zivildienst. Am Ende der Dienstzeit stand ich immer noch vor der Entscheidung: mathematisches oder sprachlich/gesellschaftlich-politisches Studium?

Schließlich schrieb ich mich an der Kieler Universität für Mathematik und Physik ein. Doch wurde mir recht schnell klar, dass dies nicht die richtige Wahl war. Im zweiten Semester stand ich vor der Frage, ob ich mir vorstellen könnte, mein Leben als Mathematiker zu verbringen. Ich musste feststellen, dass ich darauf mit "nein" antworten musste. Es rächte sich, dass ich relativ unvorbereitet in das Studium gegangen war und niemand mir vorab eine rechte Vorstellung vermittelt hatte, was konkret Inhalt und Ablauf eines Studiums war.

Mir wurde klar, dass ich mich lieber mit Menschen und der wissenschaftlichen Bearbeitung menschlichen Zusammenlebens beschäftigen wollte, und ich suchte nach einer geeigneten alternativen Ausbildung. Die Psychologie zog mich zunächst an. Ich fand dort viele meiner Interessen wieder. Mein Problem war, dass zu dieser Zeit Studienplätze für Psychologie zentral von der ZVS vergeben wurden und mein Abitur zwar nicht schlecht, aber auch nicht gut genug war, um mir ohne eine unbestimmte Zeit an Wartesemestern einen Studienplatz zu garantieren. Bei der weiteren Recherche nach Alternativen stieß ich auf das mir bis dato weitgehend unbekannte Fach „Soziologie". Es hörte sich ‚irgendwie' spannend an – so wie eine Mischung aus Politologie, Philosophie und Psychologie. Zudem lockte mich die Möglichkeit, im Verlauf des Studiums einen Quereinstieg in die Psychologie wagen zu können – was mich nicht zuletzt dazu bewog, das Soziologiestudium zu ergreifen. Was sich exakt hinter dem Begriff „Soziologie" verbarg, wusste ich nicht genau.

So waren zunächst meine Nebenfächer Psychologie und Politische Wissenschaft die Eckpunkte in meinem Magisterstudium, unter denen ich mir noch mehr vorstellen konnte als unter meinem neuen Hauptfach! Offensivere Aufklärung hätte hier Not getan, denn war die Soziologie für mich zunächst nur Notnagel und Übergangsfach, so stellte ich später fest, dass sie alles beinhaltete, was ich gerne im Studium und beruflich machen wollte. Als „Soziologe" fühlte ich mich zunächst überhaupt nicht...

Studium

Meine Identifikation mit dem Fach vertiefte sich im Laufe meines Studiums sehr. Zunächst verschaffte ich mir über verschiedene Bereiche innerhalb der Soziologie einen Überblick. Ich belegte die im Grundstudium obligatorischen Kurse und besuchte ich Seminare zu verschiedenen speziellen Soziologien.

Im Laufe meines Studiums wurden meine Interessensschwerpunkte und damit die Hauptinhalte meines Studiums deutlich; diese waren schließlich vor allem im Bereich der politischen Soziologie und – im Hauptstudium – der Katastrophensoziologie zu finden. Die Schwerpunktbildung, welche zwar sinnvoll, aber im Studienplan nicht zwingend vorgeschrieben war, empfand ich nicht als einengend, da insbesondere die Katastrophensoziologie sich als sehr anregend und abwechslungsreich erwies.

In der Soziologie fand ich zudem tatsächlich Elemente aus Mathematik, Psychologie, Politologie, Volkswirtschaft und Philosophie wieder, selbst Geographie und Technik spielten eine Rolle. Eine solche Bandbreite an Möglichkeiten, interdisziplinär zu arbeiten und aus vielen benachbarten Wissenschaften zu lernen, bieten wohl nicht viele Fächer! Die Möglichkeit, sich in der Soziologie unabhängig vom gegebenenfalls gewählten Schwerpunkt quasi zum Generalisten auszubilden, ist für mich die große Stärke dieser Disziplin. Denn es geht weniger um das Einpauken von Wissen als vielmehr um das Erlernen von Methoden, sich Wissen rasch anzueignen und dieses (auch zeitlich) angemessen aufzuarbeiten.

Zudem wurde in meinem soziologischen Studium vor allem der Blick dafür geschärft, in Prozessen und Geschehnissen, an denen Menschen beteiligt sind, Strukturen zu erkennen, sowie diese in situative und strukturelle Elemente aufzuteilen. Diese Blickweise kommt mir tatsächlich in der Organisation meiner Arbeitswelt täglich zu Gute.

Nach etwa zwei Dritteln meines Studiums zog es mich ins Ausland. Die Internationalisierung des Studiums wurde damals von den Soziologen noch wenig umgesetzt. Ich gehörte zu den ganz wenigen meiner Kommilitonen, die einen Auslandsaufenthalt im Rahmen ihres Studiums anstrebten. Meine Teilnahme am ERASMUS-Programm konnte ich dann (trotz Unterstützung meines Soziologie-Professors) nur über mein Nebenfach als Politologe wahrnehmen. Daher setzte ich für ein Semester mit der Soziologie aus und studierte in Kopenhagen Politikwissenschaft. Diese Zeit war für mich eine sehr wichtige Erfahrung, denn außer der sprachlichen Komponente und der Tatsache, dass ein Auslandaufenthalt für meine späteren Arbeitgeber ein Muss (!) war, war es auch für mich persönlich eine reiche Erfahrung, sich in fremdem Terrain ganz auf sich gestellt zu beweisen und dabei quasi „bei Null" anfangen zu müssen.

Obwohl mich dies zum zeitweiligen „Bruch" mit meinem Fach zwang, kann ich sagen, dass ich mich im Verlauf meines Studiums mit dem Fach Soziologie mehr und mehr identifizieren konnte. Witzigerweise stieg diese Identifikation noch, je mehr ich herausfand, dass es „die Soziologie" eigentlich nicht gibt. Ich verstehe Soziologie eher als Sammelbegriff verschiedener wissenschaftlicher Ansätze zur Analyse sozialer Vorgänge. Die Bandbreite der in der Soziologie vertretenen Ansätze machen einerseits den Reiz des Faches mit aus – andererseits machen sie es aber den Lehrenden auch schwer, Interessenten am Fach die Inhalte und verschiedensten Herangehensweisen zu vermitteln, ohne das eigene Fach ad absurdum zu führen. Aus meiner Sicht wäre wünschenswert, Studienanfängern zu Beginn ihres Studiums einen Überblick über verschiedene theoretische Grundausrichtungen der Allgemeinen Soziologie zu geben und dabei deutlicher zu machen, dass dies durchaus auch heute noch konkurrierende Theoriemodelle sind.

Mir kamen die Vorlesungen zu Theorien der Soziologie jedenfalls immer wie Geschichtsunterricht vor. Relevanz für die Gegenwart konte ich damals nicht erkennen... Ich habe die verschiedenen theoretischen Strömungen so richtig intensiv erst im Verlauf meiner Prüfung kennen gelernt, da es unter anderem um eine Einordnung katastrophensoziologischer Ansätze in die verschiedenen Richtungen ging – und habe diese Recherche als einer der spannendsten „Reisen" in meinem Studium wahrgenommen!

Nebenjobs

Für den beruflichen Einstieg waren neben den Kenntnissen, welche ich im Studium erwarb, die Erfahrungen in meinen Nebenjobs mindestens genau so wichtig. Finanziell war es mir leider nicht möglich, unentgeltliche Praktika durchzuführen, doch erwiesen sich meine Nebenjobs als sehr hilfreich für den weiteren Berufsweg. Ich kann nur jedem empfehlen, sich seine Nebenjobs nicht nur nach rein finanziellen Gesichtspunkten auszusuchen, denn diese müssen keine verschwendete Zeit sein, sondern können reiche Erfahrungen bringen.

Längerfristig arbeitete ich zeitweilig für einen Motorenhersteller. Durch einen glücklichen Zufall „hineingerutscht", betreute ich nach Bedarf ausländische Geschäftskunden während ihres Aufenthalts in Deutschland. Für den Motorenhersteller arbeitete ich zudem mehrfach auf Messen, ebenfalls verbunden mit der Betreuung von Kunden.

Zur Finanzierung meines Studiums begann ich, im Call Center der Deutschen Telekom zu arbeiten. Dort machte ich weitere Schritte in der (diesmal telefonischen) Kundenbetreuung im Bereich Internet und Telefondienste.

Nach meinem Auslandssemester heuerte ich im Call Center der Mobilcom an; hier kamen mir meine privaten Computerkenntnisse und die Erfahrungen aus der Arbeit bei Telekom zugute. Von Beginn an war ich in einer neu aufgebauten Einheit „Internetberatung" tätig – damals noch Pioniere auf dem Gebiet, der Preis von 19 Pfennig pro Minute Internet galt als sensationeller Preisbrecher! Aus dieser Abteilung erwuchs später der Kundenservice der Firma freenet.de. Für mich war dies eine günstige Konstellation, denn als Mitarbeiter von Beginn an bekam ich schnell die Möglichkeit, bei starkem Wachstum der Abteilung als

„Coach" weiterzuarbeiten. Hierbei ging es vor allem darum, Wissen und Erfahrungen an neue Mitarbeiter weiterzugeben und diese bei der täglichen Arbeit zu betreuen. Mobilcom setzte sich zum Glück sehr für die Ausbildung auch der „Nebenjobber" ein, und so wurden die bei meinen ersten Gehversuchen im Call Center eher „on the job" erworbenen Kenntnisse durch Schulungen und Lehrgänge theoretisch untermauert. Zudem lernte ich die Organisation und Arbeitsabläufe einer stark wachsenden Abteilung gut kennen. Für mich war diese Zeit sehr fruchtbar. Ich gewann viele Kenntnisse und Erfahrungen, die ich später wieder anwenden konnte.

Berufseinstieg

Die Vorbereitungen zum Berufseinstieg begannen bereits vor dem Studiumsabschluss. Während ich Themen suchte für meine Magisterarbeit und mich für diese anmeldete, kündigte ich meinen Job im Call Center. Ich suchte für die Zeit der Prüfungen einen (Neben-)Job, der mir flexiblere Möglichkeiten der Arbeitszeitgestaltung bot. Außerdem sollte die Tätigkeit perspektivisch einen möglichen Berufseinstieg vorbereiten.

So stieg ich in die Marktforschung ein. Ich hatte bis dato nicht viel mit Marktforschung zu tun gehabt. Trotzdem war sie mir als mögliches Betätigungsfeld für Soziologen schon länger präsent.

Um meine Callcenter-Erfahrungen einbringen zu können, fing ich beim Kieler Marktforschungsinstitut Dr. Parge & Partner zunächst als Telefoninterviewer an. Dank meiner Vorkenntnisse im Telefon- und Kundenservicebereich wurde ich noch während der Prüfungsphase zum Supervisor ernannt, die Aufgaben entsprachen in etwa denen des Coachs bei Mobilcom. Zudem war ich immer bereit, auch Aufgaben zu übernehmen, die über die definierte Tätigkeit hinausgingen – durchaus auch mit dem Hintergrund, um mich für eine weitere Tätigkeit im Institut zu empfehlen –, vor allem aber, weil mir die Tätigkeit sehr zusagte und es mir Spaß machte, Verantwortung zu übernehmen.

Meine Prüfungsthemen waren weniger direkt berufsbezogen – die Magisterarbeit schrieb ich über Katastrophendefinitionen in der Soziologie. Man sollte meinen, dass ein solches Spezial-Thema nicht „sexy" für einen Arbeitgeber außerhalb des universitären Betriebs ist. Meine Erfahrung ist aber eine andere – das Thema machte neugierig und hob offenbar meine Bewerbung von anderen ab, gereichte mir also meines Erachtens nicht zum Nachteil. Ich kann daher aus meiner Erfahrung Absolventen nur ermutigen, scheinbar „exotische" Qualifikationen nicht zu verschweigen, sondern auch offensiv anzubieten, denn diese zeigen ja auch Interessen und Neigungen eines Kandidaten und können letztlich sogar den entscheidenden Unterschied in einer Bewerbung ausmachen. Dabei gilt es natürlich, darauf zu achten, in welcher Branche man sich bewirbt. Die Marktforschung ist sicher weniger konservativ als andere Bereiche. Mein Tipp kann nur lauten: Informieren, informieren, und wenn möglich mit Leuten sprechen, die Einblicke in die gewünschten Branchen haben.

Nachdem ich also meine Prüfungen abgelegt hatte – und zwischenzeitlich auch Vater geworden war – begann ich, mich für feste Stellen zu bewerben. Neben verschiedenen Bewerbungen in unterschiedlichen Einrichtungen sprach ich auch in dem Marktforschungsinstitut vor, in welchem ich bereits jobbte. Meine Kollegen sprachen sich zu meinen Gunsten aus und so wurde ich zum Bewerbungsgespräch geladen. Dieses fiel für mich nicht weniger ausführlich aus als für externe Bewerber, so dass ich meine Qualifikationen ausführlich darlegen und zum Teil (Statistiktests!) auch beweisen musste.

Die Bewerbung war erfolgreich und ich bekam das Angebot, als „Projektmanager Call Center & Database" die Arbeit aufzunehmen. Die Tätigkeit umfasste die Organisation des Call Centers/Telefonstudios inklusive der Betreuung, Auswahl und Schulung der dort arbeitenden Interviewer – meist Studenten. Auch die Durchführung telefonischer Studien, Fragebogenerstellung, Quotenüberwachung, die Betreuung und Weiterentwicklung der eingesetzten Technik gehörten zum Stellenprofil. Der Bereich „Database" umfasste vor allem die Betreuung verschiedener Kundendatenbanken für die Musikindustrie, die Auswertung von Marktforschungspostkarten und die Aufbereitung der Daten in Form von Charts und Berichten.

Welche Qualifikationen waren letztlich entscheidend für den Erfolg der Bewerbung? Zunächst sind für die Tätigkeit in der Marktforschung ein breites Interesse und eine gute Allgemeinbildung erforderlich, da man sich in verschiedenste Bereiche einarbeiten muss. Diese Qualifikation war ja, wie bereits dargestellt, eine der Schlüsselqualifikationen aus dem Studium. Weiterhin waren aus meiner Sicht vor allem folgende „hard skills" und „soft skills" entscheidend: Grundlegende Methodenkenntnisse, Bereitschaft zum Engagement und zur Übernahme von Verantwortung, Grundkenntnisse in der Mitarbeiterführung und -motivation, organisatorische Kenntnisse insbesondere im Bereich Call Center/Telefonstudio, Kommunikationsstärke und gute EDV-Kenntnisse. Da ein Schwerpunkt des Instituts im Bereich der Musikindustrie lag, waren auch meine private musikalische Aktivität und mein Interesse wichtige Pluspunkte in meiner Bewerbung. Wie man unschwer sieht, machen die Qualifikationen des Studiums nur einen Teil der erforderlichen Qualifikationen aus. Die Aktivitäten neben dem Studium waren im Bewerbungsprozess mindestens genau so wichtig.

Weiterer Berufsweg

Nach einem halben Jahr meiner Tätigkeit als Projektmanager stand das Institut vor einer Umgestaltung – wie in vielen Marktforschungsinstituten bereits üblich, sollten die Bereiche „Erhebung" und „Konzeption/Auswertung" getrennt werden. Ich wurde vor die Wahl gestellt, mich in Zukunft nur noch mit der inhaltlichen Seite von Projekten und der Abstimmung mit den Kunden als Projektmanager zu widmen – oder die Leitung der Erhebungen bei allen Projekten zu übernehmen. Da für mich die Arbeit mit den Interviewern und die Planung und Durchführung von Studien den größten Reiz ausmachten, entschied ich mich für den Bereich Erhebung und übernahm einen neugeschaffenen Posten: „Field Resources Manager". Dazu übernahm ich von den anderen Projektleitern neben den Erhebungen im Telefonstudio und der Bearbeitung der Musik-Databases den Aufbau des bundesweiten Interviewerstabes und die Organisation internationaler Studien sowie die Online-Marktforschung. Die internationale Marktforschung wurde in der Regel mit Partnerinstituten vor Ort durchgeführt und brachte eine rege Reisetätigkeit mit sich. Schwerpunkt bei den Onlinestudien war der Aufbau einer Onlinebefragungsplattform für die Durchführung von Musiktests im Internet.

Nach etwa vier Jahren der Tätigkeit in dem Institut verspürte ich aus verschiedenen Gründen den Wunsch, mich beruflich zu verändern und weiterzuentwickeln. Daher begann ich, mich erneut zu bewerben. Für das Schöttmer-Institut war neben den bereits erwähnten „soft skills" vor allem die Erfahrung entscheidend, die ich in den vergangenen Jahren meiner Berufstätigkeit sammeln konnte. Da das Schöttmer-Institut sehr viel Wert auf persönliche Kontakte zwischen den beteiligten Akteuren legt, kam mir insbesondere zugute, dass ich mit vielen der Partner des Instituts bereits zusammengearbeitet hatte. Die Struktur und Größe der beiden Institute war vergleichbar, so wurde mir letztlich der Vorzug gegeben vor anderen Bewerbern mit teilweise großer Erfahrung aus größeren Marktforschungsinstituten – die aber unter Umständen nicht gewohnt waren, neben der bei einer so umfangreichen Tätigkeit notwendigen Delegation auch vieles selbst in die Hand zu nehmen und auch einfache Arbeiten selbst durchzuführen. Die Tätigkeitsbeschreibung enthielt auch die Leitung des Hamburger Teststudios. Für mich war diese Aktivität eine neue Herausforderung, in welche ich mich dank guter Einarbeitung vor Ort recht schnell hineinfinden konnte. Mir kamen dabei auch viele Kenntnisse aus der Leitung des Telefonstudios zugute, da sich viele Kenntnisse auf die Situation im Teststudio übertragen ließen.

Letztlich war es also eine bunte Mischung aus im Studium erworbenen Grundkenntnissen, neben dem Studium gewonnenen Einblicken in die „freie Wirtschaft", ersten Berufserfahrungen (wozu auch gehört, sich mal eine „blutige Nase" zu holen) und auch Kenntnissen und Erfahrungen aus dem privaten Bereich, die mich auf mein heutiges Aufgabengebiet vorbereiteten.

Tipps und Wünsche

Kann man Tipps und Wünsche aus meiner Berufslaufbahn verallgemeinern? Natürlich kann für einen Studenten, der eine wissenschaftliche Karriere anstrebt, ein anderes Profil sinnvoll sein als für eine Tätigkeit in der freien Wirtschaft. Mein persönlicher Tipp an werdende Soziologen ist: Geht mal raus aus der Uni und schaut über den Tellerrand des reinen Wissenschaftsbetriebes hinaus, entdeckt auch das „wahre Leben" und die Arbeitsweisen in der Wirtschaft. Dies kann durch Praktika geschehen – natürlich signalisieren Praktika in einem Lebenslauf Engagement und Interesse –; genauso gut kann dies durch gut gewählte Nebenjobs geschehen. Es kommt letztlich darauf an, wohin man will. Aber da der Praxisbezug in der Soziologie nicht immer per se gegeben ist, sollte man ihn selbst herstellen. Zudem können sich nicht alle Arbeitgeber unter Soziologie etwas vorstellen, so dass praktische Erfahrungen auch dokumentieren können, wo die beruflichen und persönlichen Stärken liegen.

Ein dringender Rat: Sprach- und Kulturkenntnisse sind heutzutage für die meisten Tätigkeiten in Folge von Europäisierung und Globalisierung unabdingbare Qualifikationen. Daher kann man gar nicht genug betonen, wie wichtig ein Auslandsaufenthalt während des Studiums ist. Von Seiten der Institute wünsche ich mir eine starke Ermutigung und Unterstützung der Studierenden, die den Wunsch eines Auslandssemesters hegen.

Mein Tipp: Informiert euch über mögliche Schwerpunkte in eurem Studium, legt eigene Schwerpunkte für euch fest. Geht ruhig auch danach, welche Neigungen ihr persönlich habt und nicht nur danach, welche vermeintlich die besten Berufschancen bieten. Letztlich zeigt ein mit Leidenschaft betriebener Forschungsgegenstand mehr Engagement und Leistungsbereitschaft als ein halbherzig durchgeführter, den man eher aus taktischen Überlegungen wählt.

Ein letzter Tipp: Lasst euch von Absagen nicht demotivieren, die gab es bei mir natürlich auch. In Bewerbungssituationen kommt es vor allem darauf an, sich abzuheben von Wettbewerbern/Mitbewerbern. Daher lasst Interessen – auch private – und Qualifikationen – auch scheinbar exotische – nicht außen vor. Vertretet offensiv, was ihr in eurem Werden gemacht habt. Manchmal geht es neben der direkten Qualifikation für eine ausgeschriebene Stelle, den „hard skills", eben auch im Wesentlichen um die „soft skills", welche man auf vielfältige Weise demonstrieren kann.

Matthias Kötter, M.A.

Jg. 1972, ab 1993 Studium zunächst der Mathematik und Physik, dann der Soziologie, Psychologie und Politischen Wissenschaft in Kiel. 1998-1999 Studium der Politischen Wissenschaft an Københavns Universitet, Kopenhagen, Dänemark; 2001 Abschluss: M.A. (Kiel); 2002 Project Manager Database & Call Center, 2002-2005 Field Resources Manager bei Dr. Parge & Partner, Kiel; seit 2005 Field Manager beim Schöttmer-Institut, Hamburg

Polizeiführung, Sicherheit

Die Bereitschaft, Verantwortung zu übernehmen

Klaus Neidhardt

Mein Name ist Klaus Neidhardt, ich bin jetzt 54 Jahre alt und seit Mitte 2002 Präsident der Polizei-Führungsakademie. Diese befindet sich derzeit in der Phase der Umwandlung zur Deutschen Hochschule der Polizei (DHPol). Im Frühjahr 2006 bin ich zu ihrem Gründungspräsidenten bestellt worden.

Studieren mit Zukunft

1972 begann ich mit dem Studium der Sozialwissenschaften in Köln; meine Fächer waren damals Soziologie im Haupt- und Erziehungswissenschaft sowie Philosophie im Nebenfach. Ich hatte mich entschlossen, Soziologie zu studieren, weil ich mich bereits während meiner Schulzeit besonders für gesellschaftsbezogene Themen interessiert hatte. Aber auch durch die Berufsberatung war ich ermutigt worden: Soziologie sei ein Fach mit Zukunft und würde mir sicher gute Chancen für einen Berufseinstieg bieten.

Nach dreizehn Semestern beendete ich mein Studium 1978 in Duisburg, wobei ich zwischenzeitlich mehrere Semester in Düsseldorf studiert hatte.

Erste Gehversuche im Berufsleben

Studienbegleitend konnte ich bereits als Lehrer an einer Berufsfachschule für Gymnastiklehrerinnen und -lehrer das Fach Soziologie unterrichten. Im Anschluss an mein Studium führte ich diese Tätigkeit im Umfang einer halben Stelle bis Mitte 1981 fort.

Unmittelbar nach dieser ersten Anstellung absolvierte ich zwei Jahre lang den Vorbereitungsdienst für eine Tätigkeit im höheren Kriminaldienst des Bundeskriminalamtes. Zu Beginn dieses Aufbaustudiums war ich 28 Jahre alt.

Die Stelle bekam ich aufgrund meiner Bewerbung auf eine Anzeige in „Die Zeit". Es wurden nicht nur Sozialwissenschaftler, sondern auch Juristen und

Ökonomen gesucht und eingestellt. Voraussetzung für die Teilnahme am Auswahlverfahren war ein Studienabschluss mit Prädikat. Das einwöchige Verfahren beinhaltete einen Rechtschreibtest, eine Reihe verschiedener Intelligenz- und Ausdauertests, eine halbstündige Gruppendiskussion mit drei Mitbewerbern zu einem uns vorher unbekannten Thema, ein Gespräch mit einem Psychologen, mehrere Sporttests und schließlich ein ca. 45-minütiges abschließendes Gespräch vor der Auswahlkommission.

Von Vorteil war für mich sicherlich meine Erfahrung als Lehrer, die mir zu einer gewissen Selbstsicherheit verhalf, vielleicht mein ehrenamtliches Wirken und mein Interesse an politischen und wirtschaftlichen Vorgängen. Entsprechende Kenntnisse hinterließen offenbar einen guten Eindruck.

Neben dem notwendigen Abschluss eines „dem höheren Kriminaldienst dienlichen Studiums" waren spezielle „sozialwissenschaftliche" Qualifikationen für die Auswahl wohl nicht entscheidend. Außer dem Besuch etwa von Seminaren zu „Abweichendem Verhalten" hatte ich mich während meines Studiums nicht auf Kriminalsoziologie spezialisiert. Methodenkenntnisse allerdings waren nicht nur zu Beginn meiner beruflichen Laufbahn von Vorteil; es ist auch für Führungsaufgaben in der Polizei nützlich, wenn man z.B. Statistiken kritisch hinterfragen kann, Umfragen konzipieren und Evaluationen interpretieren.

Mein Weg zur Polizei-Führungsakademie

Nach Abschluss des zweijährigen Aufbaustudiums war ich zunächst fünf Jahre lang Referent, d.h. stellvertretender Referatsleiter mit Personalverantwortung, in mehreren Funktionen des Bundeskriminalamtes (BKA): zuerst zuständig für strafrechtliche Ermittlungen im Bereich Spionage, danach für den Schutz von Mitgliedern der Bundesregierung und später für politische motivierte Ausländerkriminalität. Ein Jahr verbrachte ich im Bundesministerium des Innern, im Fachaufsichtsreferat über das BKA. 1988 übernahm ich die Leitung des Personenschutzreferates.

Ab 1991 war ich als Leiter eines Stabsreferates in Wiesbaden knapp vier Jahre lang mit der fachspezifischen internen Koordinierung des BKA betraut. Schwerpunkt war die Zuarbeit und Entscheidungsvorbereitung für den Präsidenten des Bundeskriminalamtes in allen tagesaktuellen Angelegenheiten: Koordination nach innen und Abstimmung nach außen, insbesondere mit dem Bundesinnenministerium. Themen meiner Arbeit waren auch grundsätzlichere Fragestellungen wie: „Wo muss sich das BKA verstärkt engagieren? Wie sollte sich die Zusammenarbeit mit anderen Behörden und Stellen verändern? Auf welche Entwicklungen muss sich das Amt einstellen?"

Mit 42 Jahren, das war 1995, habe ich nochmals ein Ermittlungsreferat übernommen, zuständig vor allem für Ermittlungen im Zusammenhang mit den damals erheblichen kriminellen Aktivitäten der Kurdischen Arbeiterpartei (PKK) in Deutschland (über 300 Brandanschläge, Autobahnblockaden, Gewaltdelikte gegen Parteiabweichler u.a. mehr).

1996 wurde ich als Fachbereichsleiter für Kriminalistik und Kriminologie zur Polizei-Führungsakademie in Münster abgeordnet, dorthin, wo ich bereits 1982 1983 das zweite Studienjahr der Ausbildung für den höheren Polizeidienst verbracht hatte. Damit war nach den vier Jahren des Pendelns von Bonn nach Wiesbaden für mich wiederum eine mehr als dreijährige Zeit des Pendelns verbunden. Die Position entsprach der eines leitenden Dozenten; ich war für die fachliche Aus- und Fortbildung des Führungsnachwuchses der deutschen Polizei im Bereich der Kriminalitätskontrolle verantwortlich, habe eigene Lehrveranstaltungen in Rahmen der Ausbildung durchgeführt, aber auch eine Vielzahl von Seminaren selbst geplant und moderiert.

Im Anschluss daran (1999) übernahm ich, wieder im Bundeskriminalamt, als Abteilungspräsident die Leitung der Abteilung „Polizeilicher Staatsschutz". Diese Abteilung ist für zentrale strafrechtliche Ermittlungen, aber auch für die polizeiliche Informationssammlung und -auswertung bzgl. aller Formen politisch motivierter Kriminalität zuständig. Mit der Funktion war die Personalverantwortung für ca. 450 Beschäftigte verbunden, überwiegend Kriminalbeamtinnen und -beamte. Als gleichzeitiger Leiter der sog. „Kommission Staatsschutz" oblag mir auch die bundesweite Koordination der für diesen Deliktsbereich spezialisierten Dienststellen in den Landeskriminalämtern. Stolz bin ich, dass während meiner Zeit in dieser Funktion ein neues, differenzierteres polizeiliches Melde- und Auswertungssystem für politisch motivierte Straftaten eingeführt worden ist. Herausragende Bedeutung aber bekam für mich in dieser Zeit vor allem die stellvertretende Leitung der „BAO USA", einer über 600 Beamtinnen und Beamte umfassenden Sonderkommission zur Aufklärung der in Deutschland bestehenden Hintergründe für die Flugzeug-Attentate am 11. September 2001 in den USA, die schon ab dem 12. September eingerichtet wurde.

Arbeiten neben dem Studium hat sich gelohnt

Ich war seit meinem Studienabschluss nie arbeitslos; das ist in der heutigen Zeit sicher ungewöhnlich, hat aber zunächst damit zu tun, dass ich bereits während meines Studiums die Chance zu einer Tätigkeit als Lehrer hatte, die ich danach fortführen konnte. Der Eintritt in das Bundeskriminalamt schließlich brachte mir die Sicherheit einer Beamtenlaufbahn. Zwar war Einstellungsbedingung zunächst die Teilnahme an dem zweijährigen Aufbaustudium, aber immerhin wurde ich als Kriminalratanwärter bereits mit einem Referendarsgehalt besoldet. Wenn ich es richtig einschätze, war ich in meinen folgenden Verwendungen nie besonders ehrgeizig im Sinne von aufstiegsorientiert, aber immer bereit, Verantwortung zu übernehmen, auch wenn dies für mich über lange Phasen mit erheblichen, überwiegend unentgeltlichen Überstunden einher ging. Meiner Frau, einer Studienrätin, habe ich damit ein hohes Maß an Toleranz und Kooperation abverlangt. Aber diese Art der Flexibilität ist ja in vielen Bereichen des beruflichen Lebens typisch.

Meine Aufgaben heute

Bei meiner jetzigen Funktion liegen die Hauptaufgaben in der Führung und im Management der nationalen Bildungseinrichtung für den höheren Polizeidienst. Ich vertrete die Polizei-Führungsakademie und jetzige Deutsche Hochschule der Polizei nach innen und nach außen. Das beinhaltet die Verantwortung für 165 Mitarbeitende, die Repräsentation der Einrichtung in nationalen und internationalen Polizeigremien und Kooperationen. Die Deutsche Hochschule der Polizei wird auf der Basis eines gemeinsamen Staatsvertrages und des Gesetzes über die Deutsche Hochschule der Polizei (DHPolG) von allen Innenministerien des Bundes und der Länder getragen und finanziert. Deshalb bin ich gegenüber einem Kuratorium rechenschaftspflichtig, in dem die Polizeiabteilungsleiter der Innenministerien vertreten sind.

Die Deutsche Hochschule der Polizei, die im September 2007 ihre Gründungsphase beenden wird, hat wie schon die Polizei-Führungsakademie die Aufgabe der Ausbildung von Aufstiegsbeamtinnen und -beamten aus dem gehobenen Dienst und von sog. Seiteneinsteigern für Funktionen des höheren Polizeidienstes. Das zweijährige Studium wird allerdings zukünftig als Masterstudiengang "Öffentliche Verwaltung – Polizeimanagement" durchgeführt, der unter Berücksichtigung der Kriterien des Bolognaprozesses gestaltet und von einem einschlägigen Institut akkreditiert wurde. Das DHPolG weist der Hochschule des Weiteren die Fortbildung der polizeilichen Führungskräfte und die internationale Zusammenarbeit mit vergleichbaren Einrichtungen zu. Neu ist die Aufgabe, die Polizeiwissenschaft zu pflegen und zu entwickeln.

Die Polizeiwissenschaft ist ihrem Selbstverständnis nach eine interdisziplinäre, methodisch stark sozialwissenschaftlich geprägte Wissenschaft über die Polizei in ihrer (gesellschaftlichen bzw. staatlichen) Funktion, über Polizei als Organisation und über polizeiliches Handeln. Sie versteht sich als empirische und gleichzeitig als normative Wissenschaft, insofern sie nicht nur das Wissen über den Objektbereich Polizei und öffentliche Sicherheit vermehren möchte, sondern auch zur Optimierung polizeilicher Praxis unter den Rahmenbedingungen des demokratischen Rechtsstaates beitragen will.

Die Gestaltung der Übergangsphase hin zu einer sehr speziellen, berufsfeldbezogenen Hochschule ist bereits ein langjähriger Prozess. Die Innenministerkonferenz hat die Entscheidung nach vielen Jahren der Diskussion und Prüfung bereits 1998 getroffen. Der einzulösende Anspruch besteht darin, sowohl den essentiellen Vorstellungen und dem Bedarf der Innenministerien bzw. der Polizeien des Bundes und der Länder zu entsprechen und gleichzeitig hinsichtlich Wissenschaftsorientierung und Wissenschaftsfreiheit alle Kriterien einer Hochschule zu erfüllen. Das ist eine Gratwanderung.

An der DHPol gibt es einen Senat, in dem alle Hochschulgruppen vertreten sind. Qua Funktion bin ich (stimmberechtigter) Vorsitzender des Senats, der in Fragen von Forschung und Lehre berät und Entscheidungen trifft. Der Lehrkörper, der in 14 Lehrgebieten organisiert sein wird, umfasst sowohl ordentliche W-2- und W-3-Professuren in akademischen Fächern als auch Stellen für Praktiker, die als Lehrkräfte für besondere Aufgaben in polizeinahen Fächern wie Polizeiliche Ein-satzlehre oder Kriminalistik lehren. Gegenwärtig finden Berufungsverfahren statt, die zum Wintersemester 2007 abgeschlossen werden sollen.

Ein weiterer Schwerpunkt meiner Beschäftigung liegt im Bereich der internationalen Zusammenarbeit. Bereits die Polizei-Führungsakademie hatte zu vielen polizeilichen nationalen Bildungseinrichtungen in Europa Kontakte und partnerschaftliche Beziehungen. Teilweise auf der Basis von Kooperations-Vereinbarungen sind damit verbunden der Austausch von Dozenten und Studierenden, Auslandstudienfahrten, gegenseitige Informationsbesuche, Austausch von Lehr- und Studienmaterial und gemeinsame Forschungsprojekte.

Die Hochschule ist darüber hinaus Mitglied der Association of European Police Colleges (AEPC), der Mitteleuropäischen Polizeiakademie (MEPA) und von CEPOL (Collège Européen de la Police), dem Netzwerk der Europäischen Polizeihochschulen und -akademien. CEPOL wurde im Jahr 2000 durch den Europäischen Rat der Innen- und Justizminister gegründet und besitzt seit 2006 den Status einer EU-Einrichtung, d. h. es wird aus dem EU-Haushalt finanziert. Seine Hauptaufgabe ist es, durch eine Reihe von Bildungsangeboten und anderen Aktivitäten zur Verbesserung der grenzüberschreitenden polizeilichen Zusammenarbeit beizutragen. Es gewinnt aber auch zunehmend Bedeutung für die Entwicklung eines gemeinsamen Verständnisses, gemeinsamer Standards und der Harmonisierung der Polizeiausbildung und -fortbildung in Europa. Als Präsident der Deutschen Hochschule der Polizei bin ich gleichzeitig das deutsche Mitglied des Verwaltungsrates, dem höchsten Entscheidungsgremium von CEPOL. Während der deutschen EU-Präsidentschaft im ersten Halbjahr 2007 obliegt mir der Vorsitz, eine reizvolle aber auch anspruchsvolle Funktion, die mit nicht unerheblichen zusätzlichen Aufgaben verbunden ist.

Fazit

Meine Arbeit hat mir bisher in allen, recht unterschiedlichen Bereichen Spaß gemacht. Sie war immer sehr abwechslungsreich, und insofern konnte ich viele unterschiedliche Erfahrungen sammeln, die in ihrer Kombination meist Voraussetzung für spätere, anspruchsvollere Verwendungen waren. Von größter Bedeutung sind sicher – wie in anderen Führungsfunktionen auch – Schlüsselqualifikationen gewesen wie soziale und kommunikative Kompetenzen, Teamfähigkeit, Überzeugungskraft, Sicherheit im Präsentieren und Moderieren, die Offenheit und Bereitschaft beständig dazu zu lernen, die Bereitschaft, Verantwortung zu übernehmen und diese dann auch zu tragen. Ich habe mich immer bemüht – und darin hat mit sicher mein Soziologiestudium sehr geholfen –, die anliegenden Aufgaben und Probleme in größeren Zusammenhängen zu sehen und zu verstehen. Systematisches, analytisches Denken und die Fähigkeit, sich schriftlich verständlich äußern zu können sollte schon im Studium erworben worden sein. Auch ein passables Englisch ist gute Voraussetzung. Vieles aber, nicht zuletzt eine gewisse Selbstsicherheit, entwickelt sich in der Praxis. Es ist schon so: der Mensch wächst mit seinen Aufgaben.

Mit Sozialwissenschaftlern habe ich während meiner Berufszeit in unterschiedlicher Intensität zusammen gearbeitet. Während der ersten Verwendungen eher wenig, häufiger schon als Leiter des Stabsreferates, wo ich mit dem kriminalistisch-kriminologischen Institut des BKA oft zu tun hatte, das u.a. für die Erstellung der jährlichen Polizeilichen Kriminalstatistik verantwortlich ist, aber auch für kriminalitäts- und polizeibezogene Forschung. Zwangläufig häufiger habe ich mich später als Fachbereichsleiter an der Polizei-Führungsakademie mit sozialwissenschaftlichen, insbesondere kriminologischen Fragestellungen befasst und mit Sozialwissenschaftlern kooperiert. Der an der DHPol angebotene Masterstudiengang und die Konzeption der Polizeiwissenschaft können ebenfalls, wie erwähnt, zu nicht unwesentlichen Teilen als sozialwissenschaftlich angesehen werden. Mehrere der 14 einzurichtenden Lehrgebiete – Polizeiwissenschaft, Polizeiliche Führungslehre, Organisation und Personalmanagement, Öffentliche Betriebswirtschaftslehre (Polizei) und Psychologie/Sozialpsychologie der Polizei sowie Kriminologie und Interdisziplinäre Kriminalprävention – sind im engeren oder weiteren Sinn sozialwissenschaftlich.

Ein Ratschlag zum Schluss

Obwohl es bei mir letztlich unerheblich war, glaube ich, dass Studierende oder Berufseinsteiger gut daran tun, sich neben einer soliden fachlich-theoretischen Basis und guten Methodenkompetenzen einen persönlichen Schwerpunkt zu suchen. Damit dürfte es leichter fallen, in entsprechende Berufsfelder hinein zu kommen.

Das Absolvieren von Praktika halte ich aus verschiedenen Gründen für sehr nützlich. Abgesehen davon, dass man die Berufswelt außerhalb der Universität kennen lernt und den Praxisbezug der erworbenen Kenntnisse und Kompetenzen auf die Probe stellen kann – und übrigens auch überprüfen, ob man sich Praktikern verständlich machen kann –, ergeben sich daraus nicht selten bessere Möglichkeiten für den Berufseinstieg. Auch im Bundeskriminalamt und an der Deutschen Hochschule der Polizei besteht für angehende Sozialwissenschaftler(innen) grundsätzlich die Möglichkeit eines Praktikums. Auslandsaufenthalte können nicht nur dem Nachweis notwendiger englischer Sprachkenntnisse dienen, sondern sind zudem ein Indiz für interkulturelle Kompetenz.

Hat man schließlich auf interessante Stellenangebote reagiert und wird zum Vorstellungsgespräch eingeladen, versteht es sich von selbst, dass man sich bestmöglich über die Stelle, die damit verbundenen Anforderungen und den möglichen neuen Arbeitgeber informiert. Es ist nach meiner Erfahrung auch sehr nützlich, sich in die Situation der Entscheidenden hinein zu versetzen und sich dann die zu erwartenden Fragen zu beantworten. Was könnte für sie wichtig sein? Warum sollten sie ausgerechnet mich nehmen (welche besonderen Vorzüge habe ich zu bieten)? Welche Erwartungen haben die Entscheidungsträger? Aber vor allem: kann ich als Bewerber bzw. Bewerberin diese Erwartungen erfüllen?

Klaus Neidhardt

Jg. 1952, Diplom-Sozialwissenschaftler (Universität Duisburg). Dozent in der Erwachsenenbildung, Referent beim Bundeskriminalamt und im Bundesinnenministerium, seit Juli 2002 Präsident der Polizeiführungsakademie, jetzt Gründungspräsident der Deutschen Hochschule der Polizei, Münster-Hiltrup. Senatsmitglied des BDS

Hintergrund

Zum Arbeitsmarkt für SozialwissenschaftlerInnen und SoziologInnen.
Ein Blick auf den Stellenmarkt in „Die Zeit"

Norbert Schreiber

Einleitung

In großen Zügen sind wir darüber informiert, wie Universitäts-AbsolventInnen den ersten Arbeitsplatz in ihrer beruflichen Laufbahn gefunden haben. So gibt eine Befragung des Hochschul-Informations-Systems (Hannover) (Briedis & Minks, 2004) (bei zugelassenen Mehrfachnennungen) als Ersteinstiege ins Berufsleben an:

Bewerbung auf eine Ausschreibung (26 %),

eine Initiativbewerbung (19 %),

einen Job während des Studiums (14 %),

ein Praktikum (13 %),

Vermittlung von Eltern oder Freunden (9 %).

Andere Wege der Kontaktaufnahme zwischen Bewerbern und Arbeitgebern ergeben sich aus einer Restkategorie, die nicht spezifiziert ist. Erkennbar ist jedoch, dass die Vermittlung in eine erste berufliche Tätigkeit zum Beispiel über die Arbeitsagentur nur eine untergeordnete Rolle spielt. Die Bewerbung auf eine Stellenanzeige, die von sehr vielen jungen AkademikerInnen praktiziert wird, ist immerhin bei einem Viertel der Übergänge in das Berufsleben letztlich der Erfolgsweg.

Insofern scheint es lohnend, sich mit dem publizierten Stellenmarkt für SoziologInnen und SozialwissenschaftlerInnen zu befassen und dabei die Frage zu stellen: Wer braucht soziologisch Qualifizierte und in welchen Tätigkeitsbereichen? Bei der folgenden Untersuchung von Stelleninseraten muss allerdings berücksichtigt werden, dass das Stellenangebot in der „Zeit" nur einen Teil des Arbeitsmarktes für die Zielgruppe abbildet. Vor allem muss daran erinnert werden, dass Positionen in der gewerblichen Wirtschaft in der „Zeit" so gut wie nicht annonciert werden, der Stellenmarkt dieses Mediums also nur einen Ausschnitt darstellt. Schließlich müssen die zahlreichen freien Stellen unberücksichtigt bleiben, für die SozialwissenschaftlerInnen zwar nicht ausdrücklich gesucht werden, für welche sie aber dennoch durchaus geeignet wären.

Der Stellenmarkt für SozialwissenschaftlerInnen in „Die Zeit"

Wer in Wissenschaft und Forschung einen Arbeitsplatz sucht, findet im Allgemeinen in der Wochenzeitung „Die Zeit" einen größeren Stellenmarkt als in anderen überregionalen Zeitungen wie der Frankfurter Allgemeinen (vgl. Meyer, 2002). Von Januar 2001 bis Dezember 2006 wurden in der „Zeit" insgesamt 2.342 Stellenangebote veröffentlicht, welche sich entweder *ausschließlich* an SoziologInnen (13 %) und SozialwissenschaftlerInnen (20 %) oder ausdrücklich *auch* an diese Zielgruppe richteten (67 %). Meistens befinden sich SoziologInnen und SozialwissenschaftlerInnen am Arbeitsmarkt also in Konkurrenz mit AbsolventInnen anderer Studiengänge wie z.B. den Wirtschaftswissenschaften oder der Psychologie (vgl. Die Zeit, 2006, S. 168). In manchen Fällen müssen die sozialwissenschaftlich Qualifizierten sogar gegenüber Wettbewerbern verschiedener Studiengänge – zum Beispiel Pädagogik und Psychologie – Profil zeigen (Tabelle 1).

Betrachtet man den Sprachgebrauch in den Anzeigen etwas genauer, wird deutlich, dass sich im Gegensatz zur Berufsbezeichnung „Psychologe" die Berufsbezeichnung „Soziologe" in Deutschland nicht wirklich durchgesetzt hat. In den meisten Fällen wird nämlich von „Sozialwissenschaftlern" gesprochen und angesprochen werden damit Personen, die schwerpunktmäßig soziologisch qualifiziert sind. Der Begriff „Sozialwissenschaftler" bezieht sich nur in wenigen Stellenangeboten auf AkademikerInnen, die explizit ein Studium der „Sozialwissenschaften" absolviert haben.

Tabelle 1: Die häufigsten Wettbewerber bei Stellenangeboten für SozialwissenschaftlerInnen in „Die Zeit" 2006 (n= 238; Angaben in Prozent)

Nur Wirtschaftswissenschaftler	18
Nur Pädagogen	11
Nur Geisteswissenschaftler (außer Juristen)	9
Nur Politikwissenschaftler	6
Pädagogen und Psychologen	6
Nur Psychologen	4
Nur Mediziner/ Gesundheitswissenschaftler	4
Juristen und Wirtschaftswissenschaftler	3
Ingenieure und Wirtschaftswissenschaftler	3
Pädagogen und Wirtschaftswissenschaftler	3

Wer sucht SozialwissenschaftlerInnen bzw. SoziologInnen?

Der Stellenmarkt in der „Zeit" bietet SozialwissenschaftlerInnen bzw. SoziologInnen vor allem Beschäftigungsmöglichkeiten an Universitäten (39 %), in öffentlichen Forschungseinrichtungen (18 %), an Fachhochschulen (10 %), bei Hilfsorganisationen und Wohlfahrtsverbänden (8 %), in kirchlichen Einrichtungen (7 %) sowie bei Bund, Ländern und Gemeinden (6 %). Sogenannte „gewinnorientierte" Unternehmen spielen, wie bereits erwähnt, als Anbieter auf dem durch die „Zeit" repräsentierten Markt kaum eine Rolle, obwohl SozialwissenschaftlerInnen nachweislich in diesem Bereich beruflich tätig sind (Brüderl & Reimer, 2002). Die Wirtschaft sucht nur in wenigen Fällen ausdrücklich sozialwissenschaftliche Fachleute, wendet sich in erster Linie an AkademikerInnen mit erkennbarem wirtschaftswissenschaftlichen und speziell betriebswirtschaftlichem Hintergrund und hält für ihren Personalbedarf eher andere Presseorgane für angemessen.

Außerhalb von Hochschulen, Wissenschaft und Forschung ist die Wettbewerbssituation für SozialwissenschaftlerInnen bzw. SoziologInnen im Allgemeinen ungünstigster, weil sie in den meisten Fällen mit AbsolventInnen anderer Studiengänge um die freien Plätze konkurrieren müssen (Tabelle 2). Die sozialwissenschaftlich ausgewiesenen BewerberInnen haben hier vielfach den Nachweis zu erbringen, warum sie für die angebotenen Stellen besser geeignet sind als beispielsweise die Mitbewerber mit wirtschaftswissenschaftlichem Abschluss.

*Tabelle 2: Adressaten bei Stellenangeboten für SozialwissenschaftlerInnen
in „Die Zeit" nach Anbietern 2001-2006 (Angaben in Prozent)*

Stellenanbieter	nur Soziolo-gInnen	Soziolo-gInnen und andere	nur Sozialwissen-schaftlerInnen	Sozialwissen-schaftlerInnen und andere
Bildungseinrichtung	2	0	7	90
Interessenverband	0	6	6	89
Stiftung	0	19	10	71
Kirchliche Einrich-tung	0	8	24	68
Bund, Bundesland, Kommune	2	13	22	63
Hilfsorganisation, Wohlfahrtsverband	0	24	16	60
Öffentliche For-schungseinrichtung	3	17	29	51
Privates Forschungs-institut	12	16	28	44
Fachhochschule	14	23	20	43
Universität	27	20	17	36

In der Hälfte der für SozialwissenschaftlerInnen bzw. SoziologInnen ausge-schriebenen Stellen werden wissenschaftliche Mitarbeiter oder vergleichbares wissenschaftliches Personal gesucht. Jeweils ein Fünftel der Angebote entfällt auf Hochschullehrer sowie Fachkräfte im außerwissenschaftlichen Bereich. Ein Zehntel der Angebote bezieht sich auf Führungskräfte wie zum Beispiel Ge-schäftsführer oder Direktoren.

Welche Qualifikationen werden erwartet?

Die Qualifikationsanforderungen an die BewerberInnen mit sozialwissenschaftli-chem Abschluss sind im Laufe der letzten Jahre stark gestiegen (Tabelle 3). Be-sonders häufig wird von SozialwissenschaftlerInnen erwartet, dass sie die Me-thoden der empirischen Sozialforschung beherrschen. Dabei überwiegt zur Zeit noch die Nachfrage nach quantitativen Methodenkenntnissen speziell für Befra-gungen. Unter anderem durch die Internationalisierung von Wissenschaft und Forschung, die weltweite Tätigkeit deutscher Hilfsorganisationen und die stei-gende internationale Kommunikation von Institutionen in Deutschland sind

Fremdsprachenkenntnisse zunehmend unabdingbar geworden. Die Nachfrage nach Fremdsprachenkenntnissen speziell bezüglich Englisch ist vermutlich noch größer, als in den Stellenanzeigen zum Ausdruck kommt. Fremdsprachenkompetenz dürfte bei jungen AkademikerInnen zunehmend als selbstverständlich vorausgesetzt werden.

Tabelle 3: Nachgefragte Qualifikationen in Stellenangeboten für SozialwissenschaftlerInnen in „Die Zeit" 2001-2006 (Mehrfachnennungen; Angaben in Prozent)

	2001	2002	2003	2004	2005	2006
Methoden empirischer Sozialforschung	43	48	52	55	46	52
Fremdsprachen-kenntnisse	34	33	39	47	49	46
Promotion	28	36	45	37	47	41

Während Methoden- und Fremdsprachenkenntnisse in zahlreichen Tätigkeitsfeldern also recht gefragt sind, muss der berufliche Nutzen einer Promotion als sehr unterschiedlich eingeschätzt werden (Tabelle 4).

Tabelle 4: Nachgefragte Qualifikationen bei Stellenangeboten für SozialwissenschaftlerInnen in „Die Zeit" nach Anbietern 2001-2006 (Mehrfachnennungen; Angaben in Prozent)

Stellenanbieter	Methoden empirischer Sozialforschung	Fremdsprachen-kenntnisse	Promotion
Öffentliche For-schungseinrichtung	73	55	43
Privates For-schungsinstitut	69	31	11
Universität	62	34	53
Bund, Bundesland, Kommune	44	37	6
Fachhochschule	39	24	78
Stiftung	25	64	29
Interessenverband	17	36	11
Hilfsorganisation, Wohlfahrtsverband	14	67	1
Bildungseinrichtung	7	54	10
Kirchliche Einrich-tung	2	32	3

Er konzentriert sich auf die Tätigkeitsfelder Fachhochschulen, Universitäten und öffentliche Forschungseinrichtungen. Gewisse Image-Vorteile der Promovierten deuten sich auf den oberen Etagen von Stiftungen, Interessenverbänden und Bildungseinrichtungen (z.B. Akademien, Volkshochschulen) an.

Die Nachfrage nach Promovierten ist bei kirchlichen Einrichtungen (z.B. Caritas oder Diakonie) und Hilfsorganisationen, die überwiegend Personal für Aus-landseinsätze suchen, auffallend gering, obwohl auch bei diesen Stellen in erheb-lichem Maße fachliche Qualifikationen erwartet werden. Diese fachlichen Fähig-keiten können aber offensichtlich nur in seltenen Fällen durch den Nachweis der besonderen Befähigung zu wissenschaftlichem Arbeiten belegt werden.

Hinzuzufügen ist, dass kirchliche Anbieter in aller Regel von den BewerberInnen nicht nur bestimmte fachliche Fähigkeiten, sondern auch eine positive und aktive Einstellung zur jeweiligen Religionsgemeinschaft erwarten. Entsprechendes gilt für Interessenverbände (z.B. Architektenkammer), Greenpeace, Gewerkschaften, Parteien oder parteinahe Stiftungen (z.B. Hans-Böckler-Stiftung), bei denen SozialwissenschaftlerInnen ohne Identifikation mit den Organisationszielen kaum eine Anstellung finden dürften.

In welchen Regionen gibt es Arbeit?

Wer als SozialwissenschaftlerIn Arbeit sucht, muss damit rechnen, eher in einer (west-)deutschen Großstadt als auf dem Lande fündig zu werden (Tabelle 5). In Berlin ist das Anbieterspektrum besonders vielfältig geworden, nachdem einige Verbände und Organisationen ihre Zentrale in die neue Bundeshauptstadt verlegt haben. Das alte politische Zentrum – der Köln-Bonner Raum – bietet SozialwissenschaftlerInnen aber nach wie vor relativ viele Beschäftigungsmöglichkeiten. Dies ist unter anderem auf den „Berlin-Bonn-Ausgleich" zurückzuführen, durch den im Köln-Bonner Raum gezielt neue Institutionen angesiedelt wurden, um den Abzug von Bundeseinrichtungen nach Berlin zu kompensieren.

In den neuen Bundesländern sind die Betätigungsmöglichkeiten für die Zielgruppe besonders spärlich. Nach den Stellenanzeigen in der „Zeit" können SozialwissenschaftlerInnen noch am ehesten in Dresden, Erfurt, Halle und Leipzig Arbeit finden. Diese Arbeitsplätze sind in der Regel jedoch an Hochschulen oder in öffentlichen Forschungseinrichtungen angesiedelt. Charakteristisch für die Arbeitsmarktsituation in den neuen Bundesländern ist, dass Einrichtungen und Organisationen außerhalb von Wissenschaft und Forschung noch seltener als in den alten Bundesländern sozialwissenschaftlich Qualifizierte nachfragen.

Tabelle 5: Die häufigsten Arbeitsorte bei Stellenangeboten für SozialwissenschaftlerInnen in „Die Zeit" 2001-2006

Arbeitsort	Anzahl Stellen	Häufigste Anbieter
Berlin	249	Universitäten
Bonn	128	Öffentliche Forschungseinrichtungen
München	92	Öffentliche Forschungseinrichtungen
Frankfurt am Main	85	Universität
Bremen	80	Universitäten
Stuttgart	77	Kirchliche Einrichtungen
Hamburg	63	Universität
Köln	56	Universität
Bielefeld	50	Universität
Mannheim	50	Öffentliche Forschungseinrichtungen

In den letzten Jahren ist eine relativ große Nachfrage von Hilfsorganisationen zu beobachten, die SozialwissenschaftlerInnen für den Einsatz in Krisengebieten suchen. Diese Fachkräfte sollen zum Beispiel beim (Wieder-)Aufbau der Infrastruktur, beim Ausbau des Bildungswesens oder bei der gewaltfreien Regelung von Konflikten helfen. Besonders häufig wurden in diesem Zusammenhang Afghanistan (18 Angebote), Niger (13), Sudan (10), Simbabwe (6) und Peru (5) genannt. Diese Auslandseinsätze sind in der Regel auf wenige Jahre befristet sowie mit sehr hohen Anforderungen an die Fremdsprachenkompetenz (Beherrschung mehrerer Fremdsprachen) und die interkulturelle Kompetenz der BewerberInnen verbunden.

Ist die befristete Beschäftigung der Normalfall?

59 % der untersuchten Stellen sind zeitlich befristet. Die zeitliche Befristung hat meistens damit zu tun, dass der Arbeitsauftrag begrenzt ist und dass nur in begrenztem Umfang Personalmittel für ein sogenanntes „Projekt" zur Verfügung stehen. Beschäftigungsverhältnisse dieser Art sind in der Forschung, an Universitäten, bei Hilfsorganisationen und Stiftungen die Regel (Tabelle 6). Befristete Arbeitsverträge sind aber eher untypisch für Institutionen und Organisationen, die kontinuierlich bestimmte Dienstleistungen zu erbringen haben. Dazu zählen kirchliche Einrichtungen ebenso wie der Öffentliche Dienst auf den Ebenen von Bund, Bundesländern und Kommunen. Für diese Arbeitgeber wäre es vermutlich auch ziemlich unwirtschaftlich, ihre neuen AkademikerInnen relativ lange speziell einzuarbeiten und sie dann nach ein paar Jahren wieder zu entlassen.

Tabelle 6: Beschäftigungsverhältnisse bei Stellenangeboten für SozialwissenschaftlerInnen in „Die Zeit" nach Anbietern 2001-2006 (Angaben in Prozent)

Stellenanbieter	befristet	unbefristet
öffentliche Forschungseinrichtung	80	20
Hilfsorganisation, Wohlfahrtsverband	71	29
Universität	66	34
Stiftung	64	36
privates Forschungsinstitut	56	44
Bildungseinrichtung	46	54
Bund, Bundesland, Kommune	41	59
Interessenverband	39	61
Fachhochschule	33	67
kirchliche Einrichtung	26	74

Die Beschäftigungsverhältnisse an den Fachhochschulen unterscheiden sich vor allem deshalb von jenen an den Universitäten, weil Fachhochschulen, wenn sie SozialwissenschaftlerInnen nachfragen, meistens HochschullehrerInnen auf Dauer suchen. Universitäten und die ihnen zugeordneten Institute suchen demgegenüber wesentlich öfter wissenschaftliche MitarbeiterInnen, die in zeitlich befristete Forschungsprojekte eingebunden sind.

Fazit

Wer demnach als SozialwissenschaftlerIn einen „dauerhaften" Arbeitsplatz sucht, konzentriert sich bei der Stellensuche am besten auf potenzielle Arbeitgeber, die nicht nur zeitweise, sondern kontinuierlich bestimmte Leistungen zu erbringen haben. Aus dieser Sicht kommen projektgebundene wissenschaftliche Tätigkeiten in den meisten Fällen nur als Übergangslösung oder als erster Einstieg in das Berufsleben in Frage. Vor diesem Hintergrund erklärt sich auch, warum die überwiegende Mehrheit der SozialwissenschaftlerInnen später nicht in Wissenschaft und Forschung tätig ist (Behrendt, Kallweit, Kromrey 2002; Brüderl, Reimer 2002), obwohl dieses Tätigkeitsfeld von denen, die dort (befristet) arbeiten, als besonders fachadäquat eingeschätzt wird (Brüderl, Reimer 2002). Rein sozialwissenschaftliche Berufsinteressen stoßen offensichtlich auf einen Arbeitsmarkt, der Sozialwissenschaftliches häufig nur teilweise oder zeitweise (projektgebunden) nachfragt. Was liegt bei dieser Arbeitsmarktlage näher, als das berufliche Interessenspektrum schon während des Studiums gezielt zu erweitern und frühzeitig zusätzliche Qualifikationen zu erwerben? Die Mehrheit der jungen SozialwissenschaftlerInnen muss heutzutage damit rechnen, in Tätigkeitsfeldern außerhalb von Wissenschaft und Forschung ihre beruflichen Perspektiven zu finden.

Literatur

Behrendt, Erich; Kallweit, Hauke; Kromrey, Helmut (2002): Primat der Theorie? Arbeitsmarkt, Qualifikationen und das Image der Soziologie. In: Stockmann, Reinhard, Meyer, Wolfgang, Knoll, Thomas (Hrsg.): Soziologie im Wandel. Universitäre Ausbildung und Arbeitsmarktchancen in Deutschland. Opladen: Leske und Budrich, S. 187-197.

Briedis, Kolja; Minks, Karl-Heinz (2004): Zwischen Hochschule und Arbeitsmarkt. Eine Befragung der Hochschulabsolventinnen und Hochschulabsolventen des Prüfungsjahres 2001. Hannover: Hochschul-Informations-System.

Brüderl, Josef; Reimer, David (2002): Soziologinnen und Soziologen im Beruf. Ergebnisse ausgewählter Absolventenstudien der 90er Jahre. In: Stockmann, Reinhard, Meyer, Wolfgang, Knoll, Thomas (Hrsg.): Soziologie im Wandel. Universitäre Ausbildung und Arbeitsmarktchancen in Deutschland. Opladen: Leske und Budrich, S. 199-214.

Die Zeit (2006): ZEIT Studienführer 2006/07. Hamburg: Zeitverlag.

Meyer, Wolfgang (2002): Die Entwicklung der Soziologie im Spiegel der amtlichen Statistik. In: Stockmann, Reinhard, Meyer, Wolfgang, Knoll, Thomas (Hrsg.): Soziologie im Wandel. Universitäre Ausbildung und Arbeitsmarktchancen in Deutschland. Opladen: Leske und Budrich, S. 45-113.

Dr. rer. soc. Norbert Schreiber

seit 1977 in der Bildungsforschung tätig. Die Forschungsprojekte wurden überwiegend vom Bundesministerium für Bildung und Forschung sowie von Ministerien verschiedener Bundesländer finanziert. Zur Zeit an der Universität Trier tätig; untersucht die Einführung der neuen Bildungspläne in Kindertageseinrichtungen. *dr.norbert.schreiber@t-online.de*

Unternehmen

Kernaufgabe: Strategische Veränderung.
Als ‚Change Manager' in einem Industrieunternehmen

Gustav Giest

Zur Person

Ich bin 53 Jahre alt und seit mehr als 18 Jahren bei der Ford Motor Company als Manager tätig. Mein Start in diesem Unternehmen war im Personalwesen im Trainingsbereich, dann ging ich in die Fertigung, und heute bin ich in Marketing & Verkauf.

Die Etappen meines Studiums sind in Kurzform:

- Soziologiestudium in Tübingen von 1972 bis 1979 (13 Semester); Magisterabschluss mit den Nebenfächern Politikwissenschaften und Volkswirtschaftslehre (hier: Wirtschafts- und Sozialgeschichte).

- Schwerpunkte lagen in der Empirischen Sozialforschung und der Organisations- bzw. Betriebssoziologie.

- Keine Auslandssemester, allerdings Zusammenarbeit mit anderen inländischen Hochschulen (bspw. Projektarbeit in Trier)

Auf das Studium der Soziologie kam ich eigentlich zunächst, weil Soziologie dem Wunsch, Psychologie zu studieren, sehr nahe kam. Psychologie bzw. Medizin waren aber aufgrund des Numerus clausus für mich unerreichbar.

Ursprünglich hatte ich noch ein ganz anderes Interesse, nämlich Ingenieurswissenschaften. Den Anstoß in die „konträre" Richtung gab unter anderem die kritische Auseinandersetzung mit den gesellschaftlichen Bedingungen im Nachgang der „68er-Bewegung".

Erste berufliche Stationen

Meine ersten beruflichen Etappen entwickelten sich wie folgt:

- 1 ½ Jahre Ressortleiter im Institut für Demoskopie Allensbach (Ressort Interview) von 1979 bis 1980,

- Wechsel nach Frankfurt; dort Bereichsleiter Umfragen und Umfrageforschung innerhalb einer großen Werbeagentur (J.W. Thompson) 1980 bis 1985,

- Marketing-Projektmanager und stellvertretender Geschäftsführer bei Laux (einer kleinen Agentur) 1985 bis 1987,

- 1987 bis 1988 Mitglied der Geschäftsleitung von GEMADI Nauheim (Bereichsleiter Training),

- Dann das Angebot von Ford. Ich war 35 Jahre alt, als ich dort zunächst Leiter des Führungs- und Verhaltenstrainings im zentralen Bildungswesen wurde; später war ich in diesem Bereich in den USA tätig (Detroit 1995 bis 1996).

Wahrscheinlich hätte ich einen eher akademischen Karriereweg eingeschlagen. Aber sicherlich ist der Einfluss von Elisabeth Noelle-Neumann nicht zu unterschätzen. Sie hat mich nach Allensbach geholt, hat aber auch stets auf beruflicher Veränderung ihrer jungen MitarbeiterInnen bestanden.

Insgesamt verstehe ich mich unabhängig von formalen Titeln als Berater, unabhängig ob es intern oder extern ist.

Aktuelle Tätigkeit

Bei meiner heutigen beruflichen Tätigkeit geht es im Kern darum, Arbeitsprozesse unter dem Aspekt der Prozessverbesserung zu verstehen und Betroffene in Verbesserungsaktionen einzubinden über vielfältige Formen von Kommunikation und Training.

Insgesamt arbeiten wenige Sozialwissenschaftler bei Ford, einige Ausnahmen gibt es im Trainingsbereich. Die Prozessberater mit Trainerausbildung, also z.T. diejenigen, welche in Veränderungsprozessen mitwirken, sind fast ausschließlich Sozialwissenschaftler, allerdings mit befristeten Verträgen

In Deutschland halten sich für die klassischen Personalverwaltungsfunktionen Betriebswirte, Juristen und auch Sozialwissenschaftler mittlerweile die Waage. Aber auch Ingenieure sind in klassischen Personalfunktionen. Tendenziell, würde ich sagen, ist es ein verschwindend kleiner Teil an Sozialwissenschaftlern. Bei der Ford Werke GmbH in Köln mit rund 25.000 Mitarbeitern in Deutschland ist es ein sehr kleiner Teil der Neuanstellungen in diesem Bereich. Das ist jedoch nicht ungewöhnlich für produzierende Betriebe.

Soziologische Aspekte spielen eine wichtige Rolle bei der Aufgabe, komplexe Prozesse analytisch zu klären und zu erklären. Die akademische Ausbildung war besonders für meine erste Stelle (Allensbach) enorm wichtig, das Soziologiestudium von Vorteil, da es sich um ein klassisch sozialwissenschaftliches Institut handelte.

Es war ein langer Weg vom Idealen zum Realen. Dennoch ist die Soziologie eine hervorragende Basis, ein sehr guter Background insbesondere für jede Art von beratender Tätigkeit.

Führungs- und Verhaltenstheorien sind in einer Funktion, wie ich sie wahrnehme, ganz wichtig, aber auch Management, d.h. zu wissen, wie manage, wie organisiere und entscheide ich, und dann noch ein Wissen, das von der Hochschule nicht vermittelt wird: Netzwerke. Das heißt, wie funktionieren große Unternehmen?

Jemand in meiner Position kann nur Erfolg haben, wenn er die unternehmensspezifischen Netzwerke versteht und auch vermitteln kann. Entscheidend ist, dass man die abteilungsübergreifenden Prozesse richtig einschätzt. Dazu braucht man Erfahrung an Theorie, aber auch Fehlschläge, also Erfahrungswissen, wie die Soziologen sagen. Dazu kommt Wissen im Coaching und in Interviews beispielsweise und natürlich das Tagesgeschäft. D.h. Sie werden jeden Tag herausgefordert, Menschen zu bewegen, sich zu verändern – was viele nicht wollen! Das Ganze läuft also auf strategisches Verändern hinaus, das ist im Kern die Aufgabe.

In meiner Funktion habe ich zum Beispiel oft Einstellungsgespräche mit BewerberInnen oder Entwicklungsgespräche mit MitarbeiterInnen zu führen. Es geht dann darum, dass ich letztendlich auf das „next second step" schaue, d.h. ich schätze das Potential von Menschen für die übernächste Stelle ein. Das setzt ein hohes Abstraktionsvermögen beim Interviewenden voraus Ich versuche eine Brille aufzusetzen und mir vorzustellen, was macht der, der mir gegenüber sitzt, in 5 Jahren? Kann ich jemanden einer beschleunigten Führungsentwicklung empfehlen (das ist die Sequenz, welche große Unternehmen heute anstreben)? Wir suchen in der Organisationsentwicklung keine Chefbuchhalter, welche mit Armschonern 10 Jahre lang den gleichen „Job" machen.

Soziologie bleibt aktuell

Es ist für mich dabei relativ wichtig, eine gute sozialwissenschaftliche Grundlage zu haben.

Ich bin und bleibe Soziologe. Das wird selbstverständlich durch die Mitwirkung im Berufsverband Deutscher Soziologinnen und Soziologen (BDS) verstärkt. So kann ich mich in diesem Rahmen, aber auch in der Gesellschaft für Projektmanagement (GPM) noch mit Entwicklungen des Faches bzw. mit soziologischen Fragen befassen.

Einige Tipps

- Mehrere Sprachen zu sprechen bzw. wenigstens zu verstehen, hilft ungemein.

- Praktika in dem angestrebten beruflichen Bereich sind nützlich. Wir haben z.Zt. Soziologie-Praktikanten der Universität Hamburg.

- Ich werde oft gefragt „Können Sie meinem Sohn oder meiner Tochter nicht einen Tipp geben, wie er oder sie sich auf dem Arbeitsmarkt anbieten soll?" Das Einzige, was ich dazu dann sagen kann, ist: aufrecht bleiben und die Haltung „Das Glas ist halb voll" verinnerlichen. Das Schwierige ist, wenn Sie die dritte oder vierte Ablehnung bekommen haben, haben Sie das Glas „halb leer". Ihr Gegenüber erkennt das dann zum Beispiel schon an Ihrer Körperhaltung.

- Egal was du studiert hast, völlig egal, was du machst: du brauchst jemanden, der dich unterstützt und ehrlich aufbaut. Soziologen haben etwas anzubieten! Das müssen sie Anderen vermitteln.

Gustav Giest

Jg. 1953, M.A. in Soziologie (Universität Tübingen). Leiter Lean Process und Change Management Ford Werke GmbH, Köln. Senatsmitglied des BDS

Unternehmen

Im „Bohnenfeld" der Preis- und Produktlandschaften. Marktforschung und Wettbewerbsanalyse im Unternehmen

Andreas Hahne

Mein Weg zur Soziologie

Um mit einem Bekenntnis zu beginnen: Nachdem ich mit 19 Jahren mein Abitur gemacht hatte, brach für mich eine Welt zusammen! Es war rückblickend geradezu essentiell für meinen weiteren Weg, dass mir der 20-monatige Zivildienst, den ich in einer Abteilung für schwerstpflegebedürftige Senioren leistete, Aufschub und Bedenkzeit für die kommenden Entscheidungen erlaubte.

Die scheinbare Klarheit der Ausbildungs- und Berufszielvorstellungen von Jugendlichen und jungen Erwachsenen in meiner heutigen Umgebung kann ich nur bedingt nachvollziehen. Zwischen Begabungen (Mathematik, Technik) und Interessen (Philosophie, Sozialwissenschaften) schwankend, liebäugelte ich einerseits mit einem Studium der Mathematik, ja der Elektrotechnik sowie der Philosophie. Ein Hochschulstudium schien mir als einmalige Chance, meinen persönlichen Wissens- und Erkenntnisdurst zu stillen, weniger als weichenstellende Entscheidung für meinen späteren Berufsweg. Ich ahnte zwar, dass die Wahl des Studienfaches Konsequenzen haben würde und mich das Studium der „brotlosen Kunst Philosophie" an den Rand der Gesellschaft treiben könnte, doch das hielt ich für akzeptabel. Das war sicher unreif und blauäugig gedacht, doch ich würde bis heute sagen, dass es so gut war.

Im Wintersemester 1989/90 begann ich das Studium der Philosophie im Hauptfach an der Albert-Ludwigs-Universität in Freiburg im Breisgau. Als Nebenfächer entschied ich mich für Soziologie und Neuere Geschichte. Meine Wahl war auf Freiburg gefallen, nicht nur weil mir die Stadt bei meinem ersten Besuch besonders sympathisch war, sondern auch, weil ich den Numerus clausus der Philosophischen Fakultät (damals bundesweit einzig im Fach Philosophie) geschafft hatte.

Die Wahl des Nebenfachs Soziologie geschah eher beiläufig. Was genau darunter zu verstehen war, konnte ich damals noch gar nicht sagen. Doch ich hatte deutliche Hinweise darauf, dass es spannend zu werden versprach. 1988 sah ich im Kino den Film „Milagro – Der Krieg im Bohnenfeld" nach einem Roman von John Nichols unter der Regie von Robert Redford. Der Film handelt von dem Konflikt einer dörflichen Gemeinschaft mit den Interessen eines Großunternehmers, der ihren Lebensraum zerstört. Die Reaktionen und Verhaltensweisen der Protagonisten waren heroisch und magisch-märchenhaft zugleich. Einer der Charaktere war ein *junger Soziologe,* der in dem Dorf teilnehmend und beobachtend Feldforschung betrieb und für mich in Nebensätzen beeindruckende Analysen und Interpretationen des Geschehens lieferte. Nach dem Film verließ ich das Kino mit vor Rührung schlotternden Knien!

Mein berufliches „Bohnenfeld"

Inzwischen arbeite ich seit 6 Jahren als „Referent für Marktforschung und Wettbewerbsbeobachtung" bei der Mainova AG, einem der größten regionalen Energieversorger in Deutschland mit Sitz in Frankfurt am Main. Seit gut 2 Jahren besteht das Referat nicht mehr nur aus mir allein und kann seine Aufgaben wesentlich produktiver wahrnehmen. Mainova versorgt knapp eine Million Menschen unmittelbar mit Strom, Erdgas, Fern- und Nahwärme, Wasser und angrenzenden Dienstleistungen. Das Unternehmen hat 2.700 Mitarbeiter, 75- %ige Mehrheitseigentümerin ist die Stadt Frankfurt am Main.

Die Referentenstelle wurde im Jahr 2000 im Zuge der durch Fusion der Stadtwerke Frankfurt am Main GmbH sowie der Maingas AG erforderlichen Umstrukturierungen geschaffen. Der Blick war schon damals auf die mittlerweile in der Umsetzung befindliche Liberalisierung der Energiemärkte in Deutschland gerichtet. Hervorhebenswert ist in diesem Zusammenhang, dass ich mir meine eigene Stelle zwar nicht selbst schaffen, sie jedoch weitestgehend selbst ausgestalten (in Hinblick auf Aufgabenfelder, Methoden, Instrumente) musste.

Ich hatte zunächst Bedenken, ob die Arbeit bei einem Energieversorger reizvoll genug sein würde. Aufgrund meiner Erfahrungen als institutioneller Marktforscher (siehe unten) wusste ich aber, dass es nahezu gleichbedeutend ist, in welchem Wirtschaftszweig man sich umtreibt: die angewandten Modelle, Methoden und Analysetechniken gleichen sich weitestgehend.

Klassische Marktforschung als Arbeitsfeld

Zu Beginn konzentrierte sich mein Arbeitsfeld weitgehend auf klassische Kundenzufriedenheits- und Produktpotentialforschung. Mittlerweile erstrecken sich die Projekte jedoch auch auf Medienresonanzanalysen, Sponsoringevaluation, Kampagnentests, Benchmark-Ansätze und vieles mehr. Während die ersten Projekte noch nahezu komplett (exklusive Feldphase) „inhouse" abgewickelt wurden, gebe ich heute auch größere Projekte nahezu vollständig in die Hände ausgewählter Institute, mit denen ich eine intensive Zusammenarbeit pflege. Wesentliche Teile der Studienkonzeption einschließlich der Erarbeitung von Forschungsfragen werden dabei stets intern entwickelt.

Die bearbeiteten Fragestellungen haben stets einen ganz konkreten betriebswirtschaftlichen Hintergrund, z.B.: Welchen Zugewinn an Kundenloyalität bringt die Marketingmaßnahme xyz? Ist es aus Marketingsicht eher erfolgversprechend, die Online-Community für Jugendliche und junge Erwachsene inhaltlich fortzuentwickeln oder etwa alternativ die Reichweite in der Zielgruppe zu erhöhen?

Überhaupt sind die Einnahme unterschiedlichster Perspektiven, aus denen sich die Gesamtheit unserer Kunden betrachten lässt, sowie ein Verständnis von Zielgruppenpräferenzen wesentliche Anforderungen meiner beruflichen Tätigkeit. Energieversorger machen naturbedingt ein Produkt, das jeder braucht – insofern musste man sich in vorliberalisierten Zeiten um die Kunden nicht wirklich kümmern. Eine Folge ist die bis heute anhaltende Tendenz, Marketinginstrumente (Preisgestaltung, Kommunikationsmittel, Konditionen etc.) stets mit der „Gießkanne" anzuwenden.

Die oben beschriebenen Aufgaben lassen sich unter dem Titel „Inhouse-Beratung" für das Management (Produktmanagement, Kundenkommunikation, Unternehmensentwicklung) zusammenfassen. Die Arbeit besteht nicht allein darin, gegebene Fragen zu beantworten, sondern selbst auf Basis eigener Marktbeobachtung Fragen zu entwickeln und praktikable Lösungsvorschläge zu erarbeiten. Das heißt, Impulse und neue Denkansätze in das Unternehmen hineinzutragen, denen sonst aufgrund der jedem Mitarbeiter eigenen „Betriebsblindheit" nur schwer Aufmerksamkeit zuwachsen würde.

Die Tätigkeit ähnelt durchaus gelegentlich derjenigen eines Politikers, der nachhaltig um Zustimmung für seine Lösungsansätze und Zielvorstellungen werben und auch Risiken eingehen muss. Konkrete Ziele, wie etwa die Umsetzung eines neuen Marketingansatzes, die Entwicklung unseres Vertriebsgebietes oder die Personalentwicklung werden teils über Jahre hinaus strategisch verfolgt. Erfolge lassen sich da manchmal nur an einer fortlaufenden Reihe kleinerer Veränderungen ablesen.

Wettbewerbsbeobachtung als Arbeitsfeld

Der Wettbewerbsgedanke zog in die Energiewirtschaft durch die Möglichkeit ein, auch außerhalb der eigenen angestammten Versorgungsgebiete Kunden mit

Energie zu versorgen. Bis dahin praktizierte man lediglich eine Beobachtung der Preislandschaft.

Heute unterziehen wir die Preis- und Produktlandschaft bei Strom und Erdgas bundesweit einer monatlichen Revision. Das Reporting umfasst auch detaillierte kartographische Analysen. Regelrechte Forschungsarbeiten können aus der Bearbeitung von Anfragen der Landeskartellbehörden erwachsen, wenn etwa die Entwicklung von Energiepreisen über mehrere Jahre im Kontext der Entwicklung von Kostenindikatoren (Preise für andere Primärenergieträger wie Öl, Kohle etc.) betrachtet wird. Betrachtet man Unternehmen als unabhängige Agenten auf einem Markt, lassen sich Erklärungs- und Prognosemodelle für die weitere Marktentwicklung ableiten, die hohe strategische Relevanz für das eigene Unternehmen haben können.

Ähnlich wie bei der Analyse von Befragungsergebnissen werden die bei der Analyse von Energiepreisen eingesetzten IT-Werkzeuge wie z.B. SPSS-Programme oder Excel-Makros größtenteils von uns selbst entwickelt und nach Bedarf weiterentwickelt.

An zweiter Stelle berichtet die Wettbewerbsbeobachtung Nachrichten. Zu diesem Zweck erstellen wir täglich einen HTML-Newsletter, der ca. 40-50 ausgewählte Meldungen aus Online- und Printquellen zusammenstellt und an einen definierten Leserkreis weiterleitet. Auch hier kommen eigenentwickelte Software-Lösungen zum Einsatz, die den hierfür täglich erforderlichen Zeitaufwand auf 30 Minuten verkürzen.

Kundendatenanalyse als Arbeitsfeld

Dies ist unser „intimstes" Arbeitsfeld: Marketingexperten wissen seit langem, dass in der großen Menge von Kundendaten, die auch Energieversorger zu Verwaltungszwecken (Ablesung von Zählern, Abwicklung von Zahlungen, Erstellung von Rechnungen) pflegen, eine immense Menge marketingrelevanter Informationen brach liegt, die aufgrund technischer oder methodischer Schwierigkeiten nicht gehoben werden kann. Ich möchte dies mit zwei Beispielen verdeutlichen.

Angenommen, man ist auf dem Wege klassischer Marktforschung zu der Erkenntnis gekommen, dass private Immobilieneigentümer eine Zielgruppe für Kundenbindungsmaßnahmen sind. Man möchte für diese Gruppe ein zielgruppenspezifisches Kommunikationsprogramm, später gepaart mit individuellen Produktangeboten, auflegen.

Die Fragen: Wer sind diese Kunden? Wie viele gibt es davon? Welches Energieverbrauchs- oder Zahlungsverhalten haben sie? Wo wohnen sie und unter welchen Anschriften kann man sie ansprechen? sind nur auf Basis einer Kundendatenanalyse zu beantworten.

Um zu verstehen, wie schwierig das ist, muss man wissen, dass das Eigentum eines Kunden für seinen Energieversorger zunächst absolut uninteressant und daher in den Systemen nicht gespeichert ist. Durch Herstellung logischer Beziehungen zwischen Merkmalen, die zu gänzlich anderen Zwecken erhoben wurden, sowie unter Heranziehung vernünftiger Annahmen lässt sich aber dennoch für jeden Kunden eine robuste Wahrscheinlichkeit dafür errechnen, dass er Immobilieneigentümer ist.

Angenommen, man hat anhand der Befragung einer kleineren Stichprobe von Geschäftskunden einen wertvollen Algorithmus zur Segmentierung der Kunden nach deren Bedürfnislagen gefunden. Da man über historische Daten zur Entwicklung der Geschäftsbeziehung verfügt, findet man eine Korrelation zwischen Segmentzugehörigkeit und bestimmten Kundenmerkmalen. Jetzt ist es wertvoll, die anhand einer kleinen Stichprobe gewonnene Segmentierung mittels statistischer Verfahren auf den gesamten Kundenbestand zu übertragen, d.h. die Daten aller Kunden mit einer neuen Information anzureichern und diese Information im Marketing zu nutzen.

Bei der Lösung von Aufgaben hilft es, wenn man über – sozialwissenschaftliche – Erfahrungen bei der Ableitung von Modellen zur Verhaltensprognose aus Daten verfügt und den Umgang mit einer Software zur Analyse und Konstruktion von Beziehungen zwischen bloßen „Daten" beherrscht (in unserem Fall SPSS).

Inner- und außerbetriebliche Kommunikation als Arbeitsfeld

Schließlich gehört Kommunikation innerhalb und außerhalb des Unternehmens zu den Kernaufgaben meiner Tätigkeit, z.B. in der Zusammenarbeit mit Verbänden oder Geschäftspartnern. Dabei stehen zwei Metaqualifikationen im Vordergrund: Kommunikationsfähigkeit: d.h. die Fertigkeit, sich variabel auf Gesprächspartner unterschiedlichster Ebenen im Unternehmen einstellen zu können – vom Vorstandsmitglied bis zum Mitarbeiter in der persönlichen Kundenbetreuung. Ferner zählen dazu Rhetorik, eine gewisse Eloquenz und die Beherrschung von Präsentationstechnik, die man mit Fortbildungen meist noch wesentlich verbessern kann. Transformationsfähigkeit: Für den eigenen Erfolg ist es maßgeblich, fachlich eine gewisse Exzellenz zu erreichen, d.h. triftige Modelle, Analysen oder Prognosen erstellen zu können. Für die Einwerbung von Koalitionären im Unternehmen ist es jedoch immer entscheidend, diese auch auf Managementtauglichkeit „herunterkochen" zu können. Damit meine ich, dass man idealerweise jeden Zusammenhang anhand einer 2x2-Felder-Tafel zu erklären imstande sein sollte.

Zusammenfassend möchte ich festhalten, dass ich bis heute mit der Bandbreite unterschiedlicher Fragestellungen sowie den Entwicklungsmöglichkeiten in meiner Position sehr zufrieden bin. Die größten Herausforderungen bleiben für mich bis heute Geduld und Frustrationstoleranz: Man braucht die Bereitschaft, „dicke Bretter zu bohren", um Erfolge – auch nach Jahren – noch als die eigenen erkennen zu können.

Ein wichtiger Unterschied zu jeder Art wissenschaftlichen Arbeitens dürfte in der massiven Parallelität der Aktivitäten liegen: Während sich ein Studium oder eine wissenschaftliche Arbeit in der Regel über längere Zeit auf wenige Fragestellungen konzentrieren, verfolgen wir bis zu 20 unterschiedliche Aktivitäten gleichzeitig und passen täglich die Prioritäten der aktuellen Lage an. Arbeits- und Selbstorganisation sind daher wichtige Erfolgsfaktoren.

Mein Weg in die Berufstätigkeit

Im 2. Fachsemester meines Studiums fiel eine wichtige Entscheidung: Ich ließ das Nebenfach Neuere Geschichte zugunsten von Soziologie als 2. Hauptfach fallen. Zwar hatte ich nach wie vor das Ziel, mein Examen in Philosophie zu machen, ließ mich aber auch von meinem wachsenden Interesse für die Soziologie leiten. Den Abschluss eines Studiums mit zwei Hauptfächern habe ich nur einmal bereut, weil dies mit der damaligen Freiburger Promotionsordnung in Konflikt stand.

Im Rahmen meines Studiums nahm ich mir viel Raum für die Entwicklung meiner persönlichen Interessen und machte zahlreiche Scheine, die von der Prüfungsordnung nicht gefordert wurden, obwohl hierdurch meine Studienzeit (in Summe 14 Semester) verlängert wurde.

Eine weitere wichtige Entscheidung betraf die Zweigleisigkeit meines Soziologiestudiums: Während ich mich im theoretischen Teil mit Fragen der Sozialstruktur, Phylo- und Ontogenese, Machtsoziologie und vielem anderen eher suchend beschäftigte, habe ich die Ausbildung in den Methoden der empirischen Sozialforschung und Statistik weit über die Pflicht hinaus gesucht. Hierauf aufbauend habe ich mich erstmals für eine Erwerbstätigkeit qualifiziert.

Noch vor dem Magisterexamen, dass ich anders als ursprünglich geplant mit einer Arbeit im Fach Soziologie statt in Philosophie abschloss, hatte ich Gelegenheit zu einem längeren Praktikum beim Deutschen Institut für Urbanistik in Köln, obgleich ich mich mit stadtsoziologischen Fragen bisher nicht beschäftigt hatte. Dieses Praktikum möchte ich im Nachhinein als das wichtigste unter zahlreichen anderen bezeichnen, da es mir nachfolgend Kontakte, einen erfahrenen Mentor und Einblick in völlig neue Themenbereiche jenseits der Universität gewährte. 1995 arbeiteten wir zunächst an einem Projekt zur Evaluation städtebaulicher Fördermaßnahmen in den neuen Bundesländern. Daran schloss sich eine Studie zur Prognose der Nachfrage nach Tagesbetreuungsplätzen für Kinder in Nordrhein-Westfalen an. In Zusammenarbeit mit den Mitarbeitern des Instituts trug ich wesentliche Teile der Analysemethodik bei und überzeugte dadurch so sehr, dass man mich anschließend mit Empfehlung an eine rheinländische Kommune weiterreichte, deren Sozialplaner die Durchführung einer eigenen Studie zur Prognose der Nachfrage nach Kindergartenplätzen plante. Ich übernahm damals auf Werkvertragsbasis die konzeptionelle Betreuung und Durchführung der Studie bis zum Bericht. Wenn man so will: die erste Marktforschung noch vor dem ordentlichen Examen. Rückblickend habe ich in dieser Zeit vor allem Teamarbeit gelernt.

Im Anschluss an das Examen, das ich 1996 nach 14 Semestern mit einer Magisterarbeit über die anthropologischen Grundlagen menschlicher Erkenntnis bestritt, erwog ich kurzzeitig auch eine Promotion. Die Entscheidung, dem akademischen Betrieb den Rücken zu kehren, reifte um die Jahreswende 1997/98. Ich war enttäuscht von der Seinsart des Akademikers und trug mich mit dem Gedanken herum, einen Gewerbebetrieb als Marktforscher anzumelden. Dabei befand ich mich in der ersten Verhandlung mit einem potenziellen Kunden: einem Backwarenfilialisten im Freiburger Umland. Parallel dazu beschäftigte ich mich – noch ganz wissenschaftlich – mit Kundenzufriedenheitsforschung.

Meine Bewerbungsoffensive startete im Januar 1998 und fokussierte den Marktforschungssektor, sowohl auf Instituts- wie auch auf betrieblicher Seite. Ich vermute, dass mir der Berufseinstieg damals nicht allein aufgrund meiner guten fachlichen Vorbildung und meiner Eigeninitiative relativ leicht gefallen ist: auch der Arbeitsmarkt war deutlich entspannter als heute, die „Generation Praktikum" noch nicht erfunden. Auf die inhaltliche und formale Gestaltung der Bewerbung habe ich damals erhebliche Arbeit verwandt und außerdem ein „Produkt-Booklet" zur Kundenzufriedenheitsforschung beigelegt. Ich erinnere mich, es waren keinesfalls mehr als 15 Bewerbungen nötig, um ein Angebot über ein 1-jähriges Trainee-Programm beim Bielefelder EMNID-Institut für Markt- und Sozialforschung in der dortigen Abteilung für Kundenzufriedenheitsforschung zu erhalten.

Dort lernte ich die institutsinternen Prozesse, insbesondere Projektplanung und Organisation, von Grund auf kennen. Daneben konnte ich in diesem Umfeld meine methodischen Kenntnisse in den Bereichen Datenanalyse und Statistik einbringen und mich dennoch bei der Erarbeitung und Präsentation von Studienberichten in Metaqualifikationen wie Rhetorik, Körpersprache usw. üben. Bei EMNID fand ich außerdem Vorgesetzte, die ihre Mitarbeiter aktiv förderten und behutsam an höhere Aufgaben heranführten. In der Gruppe meiner direkten Kolleginnen und Kollegen fand ich, was ich bis heute in Projektteams sehr schätze, nämlich unterschiedliche fachliche Hintergründe und Denkweisen: Neben Soziologen arbeiteten Betriebswirte, Psychologen, Wirtschaftsmathematiker oder Sozialwissenschaftler kreativ an gemeinsamen Projekten. Im Anschluss an das Trainee-Jahr wurde ich als Junior-Marktforscher („Research Executive") übernommen und arbeitete noch 1½ weitere Jahre in dieser Position, bis einerseits der Eintritt in die Familienphase und deren schlechte Vereinbarkeit mit häufigen 60-Stunden-Wochen, andererseits der Wunsch nach Veränderung die nächste Phase der beruflichen Entwicklung einläuteten.

Schlussfolgerungen

Ich bin mit meinem Vorsatz gut gefahren. Der Eintritt in die Berufstätigkeit erforderte eine hohe Kompromissbereitschaft, die sich heute für mich als Gewinn darstellt. In meinem Arbeitsalltag begegne ich häufig vollkommen fachfremden Kollegen und Geschäftspartnern, wobei beide Seiten von der abweichen Sichtweise ihres Gegenübers profitieren, Freude an der gemeinsamen Arbeit haben und Projekte voranbringen. Ich bin stolz auf meine akademische Ausbildung, die ich, von kleineren Umwegen abgesehen, durchaus gerne noch einmal absolvieren würde. Ich glaube, dass insbesondere Soziologen große Chancen haben, im Verlauf ihres Studiums Metaqualifikationen zu erwerben, die sich im Berufsleben gewinnbringend einsetzen lassen, und möchte jungen Kolleginnen und Kollegen Mut machen, in der Phase des Berufseinstieges weit über den eigenen Tellerrand zu schauen.

Andreas Hahne

geb. 1968, verheiratet, 3 Kinder, Magisterexamen (Soziologie, Philosophie, Universität Freiburg) 1996; BDS-Mitglied seit 1994, heute Referent für Marktforschung & Wettbewerbsanalyse beim Frankfurter Energieversorger Mainova.

Unternehmen

Gesprächspartner für alle sein. Personalarbeit in der Wirtschaft

Sandra Heerwagen

Dies ist der Text einer Praktikerin, die vor ca. 10 Jahren ihr Studium abgeschlossen und seitdem nie ganz den Kontakt zu Universität und Wissenschaft verloren hat, allerdings in der Hauptsache Personalarbeit in der Wirtschaft macht. Was können Sie also auf den nächsten Seiten erwarten? In erster Linie die Schilderung meines Berufswegs als Soziologin in der Wirtschaft. Nicht erwarten können Sie Bezüge zu soziologischen Theorien, allerdings werde ich versuchen, Ihnen nahe zu bringen, inwieweit mein Selbstverständnis und meine soziologische Sicht auf die Dinge in meine Personalarbeit einfließen und einen Gegenpart bilden zu den Technikern und Betriebswirten, die mich umgeben.

Mein Weg zur Soziologie

Im Verlauf der Oberstufe habe ich irgendwann eine Entscheidung getroffen, die ich nie bereut habe und die die Weiche für die Soziologie gestellt hat: ich werde meine Studienwahl in erster Linie nicht an einer möglichen Berufstätigkeit, sondern an meinen inhaltlichen Interessen orientieren und erst in zweiter Linie daran, was ich damit später beruflich tun will. Damit hatte ich mich gegen die Betriebswirtschaftslehre entschieden, auf die ich einzig und allein gekommen war, weil ich mir eine spätere Berufstätigkeit in einem Wirtschaftsunternehmen gut vorstellen konnte. Mit dieser grundsätzlichen Klärung stellte sich mir allerdings die Frage: woran bin ich denn inhaltlich interessiert? Meine Antwort lautete: Geschichte und Sozialwissenschaften. Und dies vor allem aufgrund der intensiven Diskussionen in diesen Fächern und der Auseinandersetzung mit Gesellschaft, Politik und Kultur. Meine Wahl fiel auf die Soziologie, weil ich mir mehr von der Auseinandersetzung mit der Gegenwart versprach und vielfältigere Möglichkeiten sah, damit später in unterschiedlichen Berufsfeldern Fuß zu fassen (sogar mein Berufsberater war Soziologe!).

Bestärkt wurde ich in meiner Wahl durch die Entscheidung, an der Universität Bielefeld zu studieren. Als ich mich dort irgendwann näher informierte, begrüßte mich ein großes Plakat, auf dem es hieß, dass hier die größte Soziologie-Fakultät Europas zu finden sei. Wenn ich das Glück hatte, in der Stadt meiner Wahl eine ausgezeichnete Fakultät zu finden, wollte ich dies auch nutzen.

Im Verlauf meines Studiums hat sich das bestätigt. Durch die Möglichkeit, nach dem Grundstudium Praxisschwerpunkte zu wählen, konnte ich mich wieder auf mein ursprüngliches Interesse, die Tätigkeit in einem Wirtschaftsunternehmen, besinnen. Ich wählte den Schwerpunkt Personal- und Organisationswesen und untermauerte diesen Weg durch den bei den Pädagogen sehr gut vertretenen Bereich der Berufspädagogik. Natürlich erlaubte ich mir auch Seitenblicke in Bereiche wie die Wissenschafts- und Technikforschung und besuchte immer wieder Grundlagenseminare zu verschiedenen Themen. Irgendwann habe ich jedoch für mich beschlossen, dass ich gerne mitdiskutiere, die intensive Auseinandersetzung jedoch eher anderen überlasse und mein Interesse dem Transfer in die Praxis gilt. Damit traf ich dann im Grunde endgültig die Entscheidung gegen eine wissenschaftliche Karriere und für einen Berufsweg in der Wirtschaft.

Warum Personalarbeit?

Ich habe mein Studium 1996 beendet und mich für zwei Bereiche interessiert: die Personalarbeit und die Organisationsberatung. In spannenden Bewerbungsgesprächen mit Unternehmensberatungen, deren Beratungsansatz meinem Verständnis von Veränderungsprozessen entsprach, stellte sich für mich heraus, dass meine theoretischen Grundlagen hervorragend passten. Ich konnte jedoch weder Berufserfahrung in dem Bereich aufweisen noch eine, gegebenenfalls durch Auslandsaufenthalte geförderte Mehrsprachigkeit mitbringen. Außerdem kristallisierte sich heraus, dass eine hohe Bereitschaft zu Reisetätigkeit und „Leben aus dem Koffer" gefordert war. Hätte sich eines der Unternehmen zu dieser Zeit für mich entschieden, hätte ich die Stelle natürlich angenommen. Im Nachhinein merkte ich jedoch, dass ich diese Facette der Beratungtätigkeit unterschätzt habe und das Leben im Hotel mir nur bedingt erstrebenswert erscheint. Ich bin froh, dass ich letztendlich doch in der betrieblichen Personalarbeit Fuß fassen konnte.

Und wie kam es dazu? Zunächst einmal musste ich einen kleinen Gewissenskonflikt mit mir selbst austragen: Zeitarbeit – ja oder nein? In meinem Bemühen um eine Stelle in der Personalbetreuung bin ich natürlich auf die Problematik fehlender Berufserfahrung gestoßen. Überall wurden Personalreferenten mit mindestens 2 Jahren Berufserfahrung gesucht. Mein Weg dorthin ging über die Zeitarbeit und dem Abwägen zwischen Idealen und Vorurteilen auf der einen und dem Wunsch, endlich in der Praxis Fuß zu fassen, auf der anderen Seite. Ich bin froh, mich für die Zeitarbeit entschieden zu haben, vor allen Dingen, weil ich das

Glück hatte, als Personaldisponentin für ein Unternehmen arbeiten zu können, das sehr viel Wert auf die Vermittlung von Fachwissen und kommunikativen Kompetenzen legte. Hinzu kam eine Chefin, die eine ausgesprochen engagierte Mentorin war und schnell erkannte, dass der Bereich Akquisition mir nicht sonderlich viel Spaß machte. So kam es, dass ich gegen Ende meines zwei Jahre dauernden Berufseinstiegs in der Zeitarbeit einen Bereich betreuen konnte, den ich in der Rückschau als die kleine externe Personalabteilung eines großen Automobilzulieferers bezeichnen würde.

Mein weiterer Berufs- und Qualifizierungsweg

Nach zwei Jahren Zeitarbeit stellte ich fest, dass ich nichts mehr dazulernen konnte, da die Bereiche Personal- und Organisationsentwicklung in diesem recht kurzlebigen Geschäft keinen allzu großen Raum einnahmen und ich mal wieder mehr für den Kopf tun wollte.

Mein erster Schritt war das Zurückkehren an die Universität. Nach längerer Recherche im Internet fand ich ausgerechnet in Braunschweig, der Stadt, in die es mich nach dem Studium verschlagen hatte und in der ich immer noch wohne, einen Weiterbildungsstudiengang, der ganz meinen Wünschen entsprach. Der Studiengang „Personalentwicklung im Betrieb" beinhaltet unterschiedliche Schwerpunkte aus den Bereichen Personal- und Organisationsentwicklung. Behandelt werden aber auch Aspekte der Wirtschaftsethik und soziologische Themen. Aufgrund der Themenvielfalt kann in den einzelnen Seminaren jedes Thema natürlich nur sehr oberflächlich behandelt werden. Man bekommt aber einen breiten Überblick und endlich mal wieder „Futter für den Geist". Denn sowohl die Tätigkeit in der Zeitarbeit, als auch meine jetzige Tätigkeit als Personalreferentin, die ich kurz nach Aufnahme des Weiterbildungsstudiums antrat, haben hohe Anteile an rein organisatorischen Tätigkeiten.

Seit nunmehr sechs Jahren bin ich Personalreferentin in einem mittelständisch anmutenden Tochterunternehmen eines französischen Konzerns mit mehreren Standorten in Deutschland, von denen ich drei betreue. An meinem Hauptstandort in Braunschweig betreue ich zurzeit ca. 260 Mitarbeiter. Mein Aufgabenfeld umfasst alle Themen, die über die Personalabrechnung und Administration hinausgehen. Meine Kollegin, die die Verantwortung im administrativen Bereich trägt, hat es einmal so ausgedrückt: „Sie sind verantwortlich für die Worte und wir für die Zahlen." Vielleicht trifft es das am ehesten.

Angefangen bei der Einstellung eines neuen Mitarbeiters betreue ich alle Themen, die einen erhöhten Gesprächsbedarf mit sich bringen oder die Koordination verschiedener Bereiche erfordern. Nach der Einstellung unterstütze ich den Einstieg des Mitarbeiters in das Unternehmen, berate in Weiterbildungsfragen und bin auch diejenige, die unter Umständen die Beendigung eines Arbeitsverhältnisses vorbereiten muss, wobei mir natürlich eine kompetente Rechtsberatung zur Seite steht. Trotzdem erfordert auch dieser Aspekt meiner Tätigkeit sehr viel Vorarbeit und inhaltliche Arbeit. Ein weiterer Bereich ist die Beratung der Vorgesetzten bei Problemen mit Mitarbeitern oder eigenen Fragestellungen. Darüber hinaus betreue ich die Auszubildenden und vertrete die Geschäftsleitung beim Betriebsrat. Jedes Jahr ergeben sich unterschiedliche Projekte, wie zum Beispiel aktuell die Einführung von Fehlzeitengesprächen, die Optimierung des Betrieblichen Vorschlagswesens oder die Einführung des Instruments „Kollegiale Beratung" und die Moderation der „Kollegialen Beratung" zwischen den Vorgesetzten. Darüber hinaus begleite ich auch Veränderungsprozesse, bzw. suche externe Unterstützung, wenn es sich um ein größeres Projekt handelt.

Und wofür brauche ich die Soziologie?

Zu Beginn meiner Berufstätigkeit hatte ich immer etwas halbherzig gesagt, dass ich durch mein Studium gelernt habe, mich ständig in neue Themen einzuarbeiten und dass mir die Soziologie eine bestimmte Sicht auf die Dinge vermittelt hat.

Inzwischen kann ich bestimmt sagen, dass sich diese Perspektive von der Sichtweise der Betriebswirte und der Techniker, mit denen ich zusammenarbeite, unterscheidet und dass sie insbesondere in der Personalarbeit wichtig ist, da das Erkennen von Strukturen und der Einfluss sozialer Beziehungen bei der Lösung verschiedener Fragestellungen mindestens ebenso relevant ist wie die Orientierung an Zahlen und an der Technik. Nachdem ich zu Beginn meiner Tätigkeit aufgrund meines Alters (unter 30) und aufgrund meines exotisch anmutenden Studiums häufig belächelt wurde, werde ich in den letzten Jahren sehr häufig herangezogen, wenn es darum geht, Konflikte in Abteilungen oder zwischen Mitarbeiter und Vorgesetzten zu lösen. Auch wenn Veränderungen anstehen, aufgrund derer Widerstand der Mitarbeiter erwartet wird oder die Unterstützung der Mitarbeiter eingefordert werden soll, gelte ich als kompetente Beraterin.

Zur weiteren Qualifizierung in diesem Bereich habe ich eine Moderationsausbildung gemacht und befinde mich derzeit in der Ausbildung zur systemischen Beraterin. Auch meine aktuelle Fortbildung zur systemischen Beraterin ließe sich auf unterschiedlichen theoretischen Niveaus absolvieren. Ich habe mich aber für ein praxisorientiertes Institut und gegen die Gelegenheit, mich mal wieder mit den Systemtheoretikern aus meiner Studienzeit auseinander zu setzen, entschieden. Warum? Weil ich erkannt habe, dass ich nicht genug Zeit habe, um mich in die Theorie zu vertiefen, und lieber die Methoden zu nutzen lerne, die sich aus diesen Theorien entwickelt haben. Ich orientiere mich an meinen Möglichkeiten. Denn trotz des großen Spaßes an meiner Arbeit und einer starken Identifikation mit meiner Arbeit möchte ich genug Zeit haben für die anderen spannenden Dinge des Lebens. Oder, um es mit einem dieser eigentlich unsäglichen Modebegriffe zu sagen: ich achte sehr auf die richtige „work-life-balance".

Was befähigt mich zu guter Personalarbeit?

Ein wichtiger Grundsatz für mich ist, dass ich allen Menschen mit der gleichen Wertschätzung begegnen will. Das Anliegen des Mitarbeiters am Band hat für mich die gleiche Relevanz wie die Anfrage des Geschäftsführers. Ich versuche, eine vertrauensvolle Zusammenarbeit in allen Belangen zu erreichen, und darf dabei natürlich nie aus den Augen verlieren, dass ich schlussendlich die Interessen der Geschäftsleitung vertrete. In diesem Rahmen gilt es, sich zu bewegen und bestmöglich zu agieren. Ein Beispiel? Ich kann nicht verhindern, dass Mitarbeitern gekündigt wird. Ich kann aber in meinem Rahmen dazu beitragen, den Kündigungsprozess fair zu gestalten und den Mitarbeiter, soweit mir das möglich ist, zu unterstützen.

Meine tägliche Arbeit besteht zu einem Großteil aus Kommunikation. Es geht in der Regel nicht darum, jemandem mein Wissen zu vermitteln, sondern über die richtigen Fragen Wissen, Ziele und Motivation meines Gesprächspartners zu ermitteln. Hierzu gehört auch die Fähigkeit, Gruppen zu moderieren und dabei vor allen Dingen die Neutralität zu wahren, um die zu moderierende Gruppe möglichst gut begleiten zu können.

Das von mir genutzte Fachwissen besteht zum einen aus soziologischem Wissen über Strukturen in Gruppen und in Organisationen, über die Gestaltung von Veränderungsprozessen und über organisationales Lernen. Zum anderen nutze ich arbeitsrechtliche Kenntnisse und spezielles Wissen aus dem Bereich Personalwesen.

Ein weiterer Bereich ist die Durchführung von Projekten, die strukturiertes Arbeiten und eine gute Planung und Recherche erfordern. Vor allem letzteres ist aufgrund des hohen Zeitaufwandes, den ich auf das Tagesgeschäft verwenden muss, häufig nur in einem sehr begrenzten Zeitrahmen möglich.

Grundsätzlich ist mein Arbeitsalltag dadurch geprägt, dass ein Tag schwierig zu planen ist, da jeder Telefonanruf eine neue Wendung bedeuten kann und damit schnelles Handeln gefordert ist. Die positive Seite ist, dass diese Position ein hohes Maß an Selbstorganisation erfordert und täglich viele Entscheidungen zu treffen sind. Kurz gesagt: es wird nie langweilig!

Mein Fazit

Ich antworte immer noch gerne und mit Stolz auf die Frage nach meiner Qualifikation. Je länger ich im Beruf stehe, desto häufiger finde ich weitere Bezüge zu meinem Studium.

Ich kann die Theorien und Ansätze meiner Studienzeit nicht mehr konkret erläutern und mit theoretischem Wissen glänzen. Das war aber noch nie meine Sache, und zur Erreichung meiner Ziele im Beruf ist dies nicht notwendig. Meine Bezüge zur Soziologie frische ich immer wieder in meinen Weiterbildungen und durch die Beschäftigung von Praktikanten und Diplomanden auf.

Wenn Sie sich für eine Tätigkeit in der Wirtschaft entscheiden sollten, würde ich Ihnen raten: Lassen Sie sich nicht „verrückt machen". Sorgen Sie im Rahmen Ihrer Möglichkeiten dafür, dass Sie den Kontakt zur wirklichen Welt – der Welt außerhalb der Universität – behalten. Die Erfahrungen aus meinen verschiedenen Jobs in Produktion und Verkauf während meines Studiums helfen mir oft viel besser zu verstehen, was in den Mitarbeitern vor sich geht, als die Theorien meines Studiums. Natürlich haben sich die beruflichen Perspektiven auch für Akademiker in den letzten 10 Jahren sehr stark verschlechtert, aber sehr anschaulich fand ich einen Artikel über die „Generation Praktikum", der vor kurzem in der ZEIT erschien und der gut zu meinem eigenen Lebenslauf passt. Das Fazit lautete, dass es Absolventen gibt, die lieber ein interessantes Praktikum machen und weiter auf ihren Traumjob warten, als über weniger attraktive Stellen den (Um-)Weg zu ihrem Traumjob zu finden. Meine Entscheidung, damals den anderen Weg zu gehen, war die richtige. Was ich Ihnen darüber hinaus auf den Weg geben kann: Bei meinen eigenen Bewerbungen bin ich immer am besten gefahren, wenn ich mich bemüht habe, möglichst authentisch zu sein.

Mein zukünftiger Weg ist noch nicht klar. Bis jetzt habe ich noch in jedem Jahr neue Herausforderungen in meinem jetzigen Unternehmen gefunden und weitere Themenfelder für mich erschlossen.

Sandra Heerwagen

Jahrgang 1971; Studium der Soziologie von 1990 bis 1997 in Bielefeld (Diplom-Soziologin). 1997-2000 Personaldisponentin; seit 2000 Leiterin Personalbetreuung in einem Braunschweiger Unternehmen

Unternehmen

„E-Learning" als Sprungbrett. Projektmanager in einem Versicherungsunternehmen

Eckart Struck

Warum Soziologie?

Ich bin erst auf Umwegen zur Soziologie gekommen. Begonnen habe ich 1985 in Münster mit dem Studium der Rechtswissenschaft.

Ich hatte damals ziemlich romantische Vorstellungen über mein Studium und war schockiert, dass die reale Situation damit nichts zu tun hatte. Man erhielt Fallschilderungen und wurde darin unterrichtet, nach bestimmten Kriterien Rechtsnormen zu finden. Mit der Formulierung der aus der/den Rechtsnormen ableitbaren Ansprüche oder Konsequenzen war das Ganze – so schien es mir wenigstens damals – erledigt.

Es klingt romantisch, aber es sind möglicherweise solche vulgär-soziologischen Fragestellungen, die jemanden mit knapp zwanzig Jahren zur Sozialwissenschaft treiben wie z.B.: „Wie funktioniert denn überhaupt eine Gesellschaft? Wer bestimmt darüber, was in den Gesetzen steht? Wieso stehen in Gesetzen Dinge, die offensichtlich nichts mit meinem Rechtsempfinden zu tun haben?" Die Rechtswissenschaft schien mir nicht den Anspruch zu haben, diese Fragen zu beantworten.

Ich informierte mich nun intensiv bei der Studienberatung und wechselte nach zwei Semestern nach Bochum zu dem dortigen Studiengang „Sozialwissenschaft". Soziologie war dort eins von fünf Fächern, hinzu kamen Politikwissenschaft, Sozialökonomie, sozialwissenschaftliche Methodenlehre und Statistik. Das war mir wichtig, denn ich habe mein Studium nie als anwendungsfreie „Bildung" betrachtet, sondern immer auch als Grundlage für eine spätere Beschäftigung. Am Fach selbst hat mich die Vielfalt der Themen begeistert. Es gibt nach meinem Eindruck nur wenige Fächer, wo die Menge der Themen, die zum Wissenschaftsprogramm gehören, so groß ist.

Wenn man Soziologie ganz pauschal in einen theoretischen und einen for-schungspraktisch-empirischen Bereich aufteilen kann, dann habe ich mich für letzteren entschieden. Mich hat die Umsetzung einer theoretischen Aussage in praktische Forschungsoperationen immer besonders begeistert. Kann die Be-hauptung durch empirische Befunde bestätigt werden; zeigt sich das, was man vermutet hat, in den Daten oder nicht – das hatte immer etwas sehr Spannendes. Wer als Studierender an solchen Fragestellungen Interesse hat, dem bietet die Soziologie heute eine hervorragende Infrastruktur. In wenigen Minuten kann man Datensätze und Codebücher vom Zentralarchiv für Empirische Sozialfor-schung über das Internet herunterladen und damit zum Beispiel Sekundäranaly-sen betreiben.

Der Weg in den Beruf

Mein Studium entwickelte sich genau nach Plan. Ich war gut und auch gut genug, um mit einem Stipendium ein Jahr in Frankreich zu studieren. Ich wurde studen-tische Hilfskraft beim Dachverband einer Krankenkassenorganisation und konn-te dort schnell meine statistischen Kenntnisse einsetzen. Ich hatte das Angebot, nach Abschluss meines Studiums dort sofort auf eine unbefristete, gut dotierte Stelle übernommen zu werden. Ich lehnte ab, was aus späterer Sicht ein Karrie-re-Fehler war. Es wurde schließlich viel schwieriger, eine angemessene Beschäf-tigung zu finden, als ich mir aufgrund meines – sehr guten – Abschlusses ausge-rechnet hatte.

Mein Weg begann zunächst über „prekäre" – kurzfristige – Beschäftigungen im Arbeitsamt und in kleineren Forschungsinstituten. Letztlich habe ich meinen Berufseinstieg meinem ehemaligen Professor zu verdanken, der mich als wissen-schaftlichen Mitarbeiter an seinen Lehrstuhl holte. Ich promovierte über compu-terunterstützte Lernumgebungen. 1999 war das Thema „e-Learning" ein Top-Thema in der betrieblichen Weiterbildung. „E-Learning" versprach Kostenein-sparungen und gewaltige qualitative Vorteile. Entsprechend groß war der Bedarf in den Unternehmen nach Mitarbeitern, die sich in diesem neuen Thema aus-kannten. Ich wurde über einen Headhunter angesprochen worden und bewarb mich bei einem Kölner Versicherungsunternehmen um die Mitarbeit in einem Projekt zum Aufbau einer computergestützten Lernplattform. Eingestellt wurde ich, weil man mir nach den Gesprächen freundlicherweise die größte „Lernfä-higkeit" unter den Bewerbern bescheinigte. Das war der Abschied von der uni-versitären Laufbahn, den ich bis heute nicht bedauere. Genutzt haben mir in der Wirtschaft bis heute meine methodischen und statistischen Kenntnisse. Soziolo-gisches Theoriewissen spielte dagegen kaum eine Rolle.

Was ich konkret tue

Ich würde mich selbst als Projektmanager bezeichnen. In dem Unternehmen, in dem ich jetzt sieben Jahre beschäftigt bin, habe ich mich fast ausschließlich mit Projektaufgaben beschäftigt. Meine allgemein einsetzbare Qualifikation hat es mir ermöglicht, sehr unterschiedliche Aufgaben zu übernehmen. Ich gelte als „Mann für alle Fälle" und wechsle häufig meine Aufgaben: Ich habe eine Lernplattform mit aufgebaut, war zwei Jahre Leiter des Intranet und zuständig für das Thema Wissensmanagement, habe ein Call Center mit aufgebaut und bin seit einiger Zeit Leiter eines großen Vertriebsprojekts mit starkem IT-Anteil.

Um, was immer wieder notwendig wird, neue Kenntnisse und Kompetenzen zu erwerben, verfolge ich ein stets gleiches Vorgehen: Ich besuche als Auftakt Seminare und erwerbe das restliche Wissen zum Thema über Selbststudium anhand geeigneter Literatur. So habe ich mich immer in relativ kurzer Zeit in ganz unterschiedliche Bereiche einarbeiten können.

Ein persönlicher Rückblick

Mein Wunsch nach Wissen, wie und warum Gesellschaft funktioniert, sehe ich heute nüchterner. Soziologie erscheint mir nicht mehr als eine Königsdisziplin, die umstandslos Antworten auf meine Fragen liefert. Trotzdem bleibe ich dabei, dass auch heutzutage Soziologie ihren Beitrag leisten kann, aber nur, wenn sie sich mit anderen sozialwissenschaftlichen Disziplinen verbindet.

Durch mein sozialwissenschaftliches Studium habe ich einen umfassenden Kanon an Methoden und Instrumenten erlernt. Das betrachte ich als enormen Vorteil für meinen aktuellen Beruf, aber auch für mich ganz privat. Die Vermittlung von Theorien beurteile ich allerdings skeptischer. Theorien sind für mich Hilfsmittel, die den Anspruch auf Erklärung und Prognose sozialer Sachverhalte erheben. Dagegen wurden Theorien bei uns im Studium häufig wie etwas „Heiliges" behandelt. Die Didaktik, wie man am besten Theorien lehrt bzw. sich diese aneignet, war seinerzeit unterentwickelt.

Ich sehe mich nicht als Spezialisten für ein soziologisches Thema, sondern eher als Generalisten und Methodiker: Meine Kernkompetenz besteht darin, beliebige Themen unter Anwendung meines methodischen Wissens zu bearbeiten. Mit meiner fachlichen Herkunft habe ich aber praktisch „gebrochen". Über das gelegentliche Lesen der ZUMA-Nachrichten hinaus beobachte ich die Entwicklung des Faches selbst kaum mehr.

Ich bin manchmal auch ein wenig verärgert über unsere Disziplin, an der ich ja eigentlich hänge. Die Soziologie hat meiner Meinung nach ein gewaltiges Potential für die Beantwortung von Fragen, für die Lösung von Problemen. Allerdings scheint dies in der Gesellschaft kaum wahrgenommen zu werden. Außerhalb der

Universitäten wimmelt es von Fragen sozialwissenschaftlicher Natur – nur wissen das die Fragesteller häufig nicht. Als Beispiele aus „meinem", aber genau so gut aus vielen anderen Unternehmen lassen sich nennen: „Warum funktioniert die Kommunikation im Unternehmen über Projekte schlecht?", „Wie lässt sich die Motivation bei den Mitarbeitern verbessern?", „Wie könnte Wissensmanagement für das Unternehmen aussehen?" und vieles andere. Für solche und ähnliche Fragen müssen schnell angemessene Antworten gefunden werden. Derjenige, der in der Lage ist, solche, häufig diffus formulierten Fragestellungen für den Auftraggeber zu strukturieren, die Erkenntnisinteressen herauszuarbeiten, mit einem angemessenen Instrumentarium Informationen zu generieren und Antworten zu formulieren, hat geradezu ein Alleinstellungsmerkmal. Darauf bereitet kein Fach besser vor als die Soziologie.

Einige Ratschläge an Studierende und Absolventen

Ein guter Sozialwissenschaftler muss die Methodologie standardisierter und nicht-standardisierter Sozialforschung sicher beherrschen. Man verfügt damit über eine universell einsetzbare Schlüsselkompetenz! Seien Sie selbstbewusst! Ein gut qualifizierter Sozialwissenschaftler ist in dieser Hinsicht Absolventen anderer Disziplinen überlegen.

Lassen Sie sich nicht von den Auseinandersetzungen zwischen „quantitativer" und „qualitativer" Sozialforschung irritieren! Sie sollten beide Methodenlehren beherrschen und Methoden unvoreingenommen danach auswählen, welche für die Beantwortung Ihres Erkenntnisinteresses am besten geeignet ist.

Bei Auslandsaufenthalten, die heue ja häufig „angesagt" sind, sollten Sie vorher genau erheben, was studiert und zertifiziert werden kann. Gehen Sie ins Ausland – aber gut vorbereitet.

Machen Sie Praktika. Mit Ihrer Analyse- und Problemlösungskompetenz können Sie bei vielen Unternehmen, öffentlichen Institutionen oder Unternehmensberatungen mit Gewinn arbeiten. Bewerben Sie selbstbewusst diese Fähigkeit!

Dr. sc. soc. Eckart Struck

Jahrgang 1965, Diplomabschluss in Sozialwissenschaft (Ruhr-Universität Bochum), Wiss. Mitarbeiter. Seit 2000 Projektmanager in einem großen Versicherungsunternehmen in Köln

Universität

Wissenschaft als Passion – Anspruch und Wirklichkeit einer akademischen „Karriere"

Dietmar J. Wetzel

Mein Weg in die Soziologie

Da ich nicht aus einem akademisch geprägten Umfeld stamme, habe ich selbst einige Zeit gebraucht, die Lust zum Studieren zu entdecken und später auch den Drang zum wissenschaftlichen Arbeiten entwickeln zu können. Was bleibt, ist die Erinnerung an eine entscheidende Studienberatung, die ich Ende der 1980er Jahre in dem kleinen Grenzstädtchen Lörrach von einem Berufsberater erhalten habe. Mir wurde damals zum ersten Mal ein „Berufsziel" genannt: *Soziologe*. Dies hat mich offensichtlich beeindruckt, denn wenige Monate später – also im geschichtsträchtigen Oktober 1989 – nahm ich in Freiburg im Breisgau mein Studium auf. Genau wusste ich damals allerdings nicht, was sich für ein Abenteuer hinter diesem fernen Berufsziel Soziologe/Sozialwissenschaftler verbergen würde. Klar war: die Neugier hatte mich gepackt!

Ganz entscheidend war in der Zeit unmittelbar vor dem Studium die Erfahrung des emotional und psychisch belastenden Wehrdienstes gewesen. Zusammen mit einem überaus liebenswerten „Kameraden", der Hans Jonas („Prinzip Verantwortung") las und auch ansonsten ziemlich kritisch den militärischen Gepflogenheiten gegenüber stand, die wir damals über uns ergehen lassen mussten, bildeten wir eine Art minimale Widerstandsgruppe vor Ort. Die Zeit beim Militär war insgesamt zwar schmerzhaft – daran war ich übrigens nicht unschuldig, denn wer schon freiwillig zu einer Eliteeinheit geht, darf sich eigentlich auch nicht wundern, wenn die körperlichen und psychischen Strapazen uns des Öfteren an die Grenzen des Erträglichen führten. Gleichwohl handelte es sich um eine prägende und überaus lehrreiche Erfahrung insofern, als ich anfing, mir über mein Leben, meine berufliche Zukunft – und zwar unabhängig von Anderen – Gedanken zu machen. Rückblickend fällt mir öfter auf, dass ich just in dieser Zeit, im Alter zwischen 18 und 20 Jahren, vielen Themen begegnet bin, die ich später in meinen soziologischen Arbeiten behandelt habe: Macht und Unterordnung, Disziplinierung (Foucault), Führungsorganisation und Management, Fragen der Identitätsbildung/Anerkennung sowie der Gemeinschaft und des Ethisch-Politischen (Lévinas/Derrida). Doch bevor ich mich all diesen Themen ausführlich widmen konnte, musste ich erst einmal studieren. Und eben das habe ich ausgiebig getan.

Das Studium: Zwei Curricula (offiziell/inoffiziell)

Nach einem mehrmonatigen Praktikum in der Schweiz, wo mein Vater als Geschäftsführer eines mittelständischen Betriebes tätig war, begann ich zum Wintersemester an der ehrwürdigen Albert-Ludwigs-Universität im Oktober 1989 Soziologie zu studieren. Bezüglich der Wahl der Nebenfächer war ich mir unsicher, so dass erst im Laufe des Grundstudiums die Ethnologie und die Neuere deutsche Literaturwissenschaft als optimale Ergänzung dazu kamen. Aber das war lediglich der offizielle Studienplan. Anders als heute, wo vieles in Zeiten des „Bologna-Prozesses" durchökonomisiert und nutzenmaximiert im Studium abläuft, haben wir uns wirklich die Freiheit genommen, unseren Neigungen zu folgen. So saß ich immer wieder in philosophischen Seminaren, psychologischen Vorlesungen und anregenden Abendvorträgen, die innerhalb des ‚studium generale' angeboten wurden. Auch die Pädagogik und die Wirtschaftswissenschaften hatten mein Interesse früh auf sich gezogen. Ich erinnere mich an ein Plakat, das damals in der Bibliothek ausgestellt war. Es enthielt ein Zitat von Maxim Gorki: „Ich esse Bücher" und eben das habe ich fortan getan: Bücher kaufen und ausgiebig lesen. Unter Zuhilfenahme des psychoanalytischen Vokabulars würde ich durchaus von einer „libidinösen" Besetzung von Büchern, Theorien, sogar von Autoren sprechen. Dem Traum einer facheinheitlichen Theorie (Luhmann) konnte ich früh wenig abgewinnen, stattdessen ging es von Anfang an um Pluralität, Heterogenität und die von Heiner Müller beschworene „Arbeit an der Differenz".

Allerdings hatte ich einen denkbar ungünstigen, schweren Einstieg in die Soziologie, denn überall war zu Beginn der 1990er Jahre von der „Krise" oder gar dem „Ende der Soziologie" die Rede, auch und gerade in wissenschaftlichen Publikationen, die mir als Neuling einiges zu denken gaben. Das war nicht gerade ein motivierender Auftakt. Geholfen hat mir in dieser Zeit die Orientierung an begeisterungsfähigen Persönlichkeiten und Mentoren, die sich im Laufe des Studiums für alle drei Fächer finden ließen. Sie gehörten zum „offiziellen Teil" des Studiums. Auf der anderen Seite gab es eine Art ergänzendes, „inoffizielles" Curriculum, das wesentlich über Arbeits- und Lesegruppen organisiert wurde. Dieser intensiven Auseinandersetzung habe ich sehr viel zu verdanken, auch wenn rückblickend klar geworden ist, dass solche Gruppen nie frei von Konkurrenz, Neid und Eifersüchteleien waren. Allesamt übrigens Dinge, die damals nur sporadisch diskutiert und kaum ernst genommen worden sind. Dennoch überwiegt eindeutig das Positive: Wir lernten sehr schnell in kleinen und hoch motivierten Gruppen, was es heißt, interdisziplinär zu denken und wie man gemeinsam auf die Herausforderung des Nicht-Verstehens von schwierigen Texten reagiert, manchmal auch mit der hermeneutisch nur bedingt zufrieden stellenden Erkenntnis, dass es mindestens so viele Lesarten wie Leser gibt.

Sehr geprägt haben mich auch die Forschungserfahrungen in Mexiko, die ich mit Soziologen und Ethnologen machen durfte. Besonders der Feldforschungsaufenthalt bei den Maya-Indianern (Tzotzil) hat zu einer wirklichen, interkulturellen Begegnung mit dem/den Anderen geführt. Dass unser Aufenthalt in Chiapas genau in das Jahr 1994 fiel – also im Jahr der politischen Aufstände unter dem Subcommandante Marcos – machte den Aufenthalt nicht gerade einfacher, aber insofern interessant, als unser Unterfangen mehrmals auf der Kippe stand und wir in einer nicht ganz ungefährlichen Situation dort unsere Forschungen unternahmen. Dies gab auch Anlass zu ethisch-politischen Diskussionen über Sinn und Zweck solcher Feldforschungen in unserer Forschungsgruppe.

Zurückgekehrt nach Deutschland habe ich im Hauptstudium mein Interesse für Frankreich, die französische Soziologie und Philosophie entdeckt. Die Begeisterung ist eigentlich geblieben, wenngleich ich heute sicherlich Frankreich ein wenig kritischer gegenüber stehe, da es sich – wie die Arbeiten Pierre Bourdieus, Edgar Morins, Robert Castels u.a. nachdrücklich uns lehren – als stark feudal- und klassengeprägte Gesellschaft erweist, deren soziale Grenzen wenig offen sind und die oft so gar nicht den Idealen der Französischen Revolution entsprechen will. Dennoch üben der sprichwörtliche „esprit", die Sprache und die Schönheit des Landes weiterhin auf mich eine große Faszination aus. Während der Prüfungszeit, die ich als sehr intensiv und weitgehend frei von Sinnfragen erinnere, habe ich dann langsam begriffen, für was die Soziologie eigentlich steht. Kurzum: Ich entdeckte nun endgültig die Lust am wissenschaftlichen Arbeiten, wahrscheinlich auch deshalb, weil der Studienerfolg nicht ausblieb und den Weg zu einer Promotion ebnete. Endlich hatte ich ein Berufsziel, was sowohl das familiäre als auch soziale Umfeld bis auf weiteres zufrieden stellte.

Allerdings kamen im Laufe des Jahres 1996 doch einige leise Zweifel auf, da ich mich irgendwie nach einem stärkeren Praxisbezug sehnte. Das Frankreichzentrum in Freiburg hatte ich als Anlaufstelle für meine Sehnsucht nach Praxis erkoren, doch musste ich erst einmal die Aufnahmeprüfung auf Französisch bestehen. Und siehe da, es gelang! So verbrachte ich zwei Jahre am Frankreichzentrum, absolvierte zwei intensive Praktika in Mulhouse und in Paris, schrieb eine ökonomisch-politische Diplomarbeit über die Globalisierungs- und Regionalisierungsprozesse in der im Dreiländereck zwischen Frankreich, Schweiz und Deutschland angesiedelten RegioTriRhena. Zusätzlich hatte ich weiter an meiner bereits begonnenen Dissertation gearbeitet, die sich mit Fragen der Re- und Dekonstruktion der Gerechtigkeit, der Geschlechterdifferenz und der Gemeinschaft in wissenschaftlichen und praktischen Diskursen auseinander setzte.

Berufserfahrungen

Im Sommer 1998 wurde ich wissenschaftlicher Mitarbeiter im Freiburger Sonderforschungsbereich „Identitäten und Alteritäten", was mir erlaubte, nach dem Abschluss am Frankreichzentrum 1999 meine Promotion innerhalb von zwei Jahren – finanziell einigermaßen unabhängig – abzuschließen. In diese Zeit fallen auch die ersten Vorträge, kleinere Publikationen und positive Erfahrungen in der Lehre mit der Tätigkeit als Dozent. Meinem akademischen Lehrer, Wolfgang Eßbach, habe ich zu verdanken, dass ich diese Zeit als äußerst produktiv und intensiv in Erinnerung behalte. Im Laufe des Jahres 2001 war ich damit konfrontiert, Bewerbungen für die Zeit nach der Promotion zu schreiben. Ich konnte mein Glück kaum fassen, als ich es tatsächlich im Mai geschafft hatte, eine Projektstelle am renommierten Sigmund-Freud-Institut (SFI) in Frankfurt am Main zu ergattern. Ein neues Kapitel in beruflicher Hinsicht bahnte sich an.

Am SFI lernte ich – nach jahrelangem, theoriebezogenen Arbeiten – die (Un-) Tiefen der empirischen Forschung ganz praktisch kennen. Dazu kam die interdisziplinäre Verschränkung von Soziologie und Psychoanalyse in einem sehr anregenden Projekt „Macht und Unterordnung in Beschäftigungsverhältnissen Angestellter. Beitrag zu einer Sozialphänomenologie der Aggression". Anhand von soziologischen und psychoanalytischen Interviews mit leitenden Angestellten erstellten wir nach umfangreichen Diskussionen Fallstudien, die wiederum in einen größeren theoretischen Rahmen eingespeist wurden. Uns interessierte u.a., wohin die Aggression wanderte und welche indirekten Formen sie bei Angestellten annehmen konnte.

Als ebenso schwierig wie interessant haben sich die unterschiedlichen Herangehensweisen der Wissenschaftler erwiesen. Die Gruppe bestand aus zwei Soziologen, einer Ethnologin und einer Psychoanalytikerin. Trotz der teilweise heftigen, diskursiven Gefechte war es eine absolute Bereicherung und Herausforderung, in einer solchen Gruppe – und dann auch noch umgeben von Psychoanalytikern am Sigmund-Freud-Institut – seinen Teil zum Gelingen der Forschung beizutragen. Leider stellte es sich als schwierig heraus, einen Anschluss an die Projektarbeit zu bekommen, so dass ich eine Zeit lang als Gastwissenschaftler am SFI und (unbezahlter) Lehrbeauftragter an der Universität Frankfurt mein Dasein fristete. Dennoch gelang es mir, im Laufe des Jahres 2004, wieder als regelmäßig beschäftigter Mitarbeiter am SFI arbeiten zu können. Neben der rein wissenschaftlichen Arbeit als Forscher und Lehrender habe ich sehr viel im Bereich des Kongressmanagements und der Öffentlichkeitsarbeit gelernt. Das waren doch genau jene durchaus praktischen Erfahrungen, die ich manchmal im wissenschaftlichen Alltagsgeschäft vermisst hatte.

Gleichwohl habe ich immer an meinen wissenschaftlichen Plänen festgehalten, und insofern war die Möglichkeit, im Frühjahr 2005 eine Stelle als wissenschaftlicher Mitarbeiter an der Friedrich-Schiller-Universität in Jena im Bereich der Managementsoziologie anzunehmen, eine neue Chance sich zu beweisen. Die Ausrichtung dieses Projektes „Generationswechsel im Management" ist stark empirisch (quantitativ und qualitativ) und bietet dabei die Gelegenheit, meine Forschungsinteressen an Frankreich durch den interkulturellen Vergleich mit einzubeziehen. In letzter Zeit habe ich viele überaus reichhaltige Leitfadeninterviews mit mittelständischen Geschäftsführern durchgeführt. Zudem bin ich mit der (computerunterstützten) Auswertung des in Deutschland und Frankreich erhobenen qualitativen Materials beschäftigt. Die Ergebnisse gehen auch in Lehrveranstaltungen ein, die mir immer sehr viel Freude bereiten.

Wie an Universitäten bekanntermaßen üblich, ist auch diese Stelle wiederum nur befristet, und was danach kommt, kann keiner mit Gewissheit sagen. Diese Offenheit auszuhalten, fällt mit dem Älterwerden nicht gerade leichter, vielmehr entsteht im Laufe der Jahre ein Bedürfnis nach Planbarkeit und Sicherheit.

Rückblick: Gestaltung der Gesellschaft – aber wie?

Bevor ich eine Art Bestandsaufnahme wage, möchte ich einen Blick zurück werfen, sozusagen auf die Anfänge. Mit welchen Idealen und Zielen war ich vor über 15 Jahren in das Abenteuer Soziologie gestartet? Es mag vielleicht schon fast einem Klischee entsprechen, aber Soziologie habe ich damals tatsächlich mit der festen Absicht studiert, die Gesellschaft zu verändern.

Retrospektiv würde ich die damalige Zeit der ersten Semester als Identitätssuche oder später dann als (verlängerten) Adoleszenzkonflikt beschreiben. Nach der „Wende" 1989 und dem faktischen Ende des Kommunismus musste sich nicht nur das Fach Soziologie, sondern mussten sich auch die sie Ausübenden und Studierenden neu orientieren. Heute würde ich tatsächlich von einem ziemlich naiven Wunsch sprechen, wenn es darum geht, die Gesellschaft aus ihren Angeln heben zu wollen. Ist damit aber auch das Streben nach einer kritischen Theorie der (post-)modernen Gesellschaft unmöglich geworden? Mitnichten! Wo liegen dann aber die realistischen Aufgaben der Soziologie respektive der Soziologen zu Beginn des 21. Jahrhunderts? Meiner Meinung nach muss sich die Soziologie immer und sozusagen auf Dauer gestellt um eine möglichst genaue kritisch-dekonstruktive Gesellschaftsdiagnose bemühen. Dazu müssen wir Soziologen durchaus eine globale Makroperspektive einnehmen, was einen gesellschaftstheoretischen Zugriff unabdingbar macht. Die große Herausforderung für die Soziologie besteht zum einen im Versuch einer anspruchsvollen Verbindung bestehend aus einem gesellschaftstheoretischen Bezugspunkt und dem neugierigen Blick in die empirische Wirklichkeit.

Zum anderen sollte sich die Soziologie auch von anderen Disziplinen beeinflussen oder gar belehren lassen. Folgerichtig verliert sich damit der Anspruch auf eine Supertheorie oder eine alles erklärende Wissenschaft, vielmehr steht der Soziologie eine gewisse Bescheidenheit gut zu Gesicht. Ich glaube gerade deshalb, weil sich im Prinzip alles soziologisieren lässt, (fast) allem eine soziologische Komponente eignet. Umso mehr käme es darauf an, sich über die Grenzen der eigenen Erkenntnismöglichkeiten bewusst zu werden und vor allem auch den Dialog mit den Nachbar- sowie den Naturwissenschaften zu suchen. Daraus resultiert für mich in gewisser Weise eine „kleine" oder auch „minoritäre Soziologie" (im Anschluss an Deleuze/Guattari und Alexander Kluge), die sich mit Hilfe unterschiedlicher Methoden und Darstellungsweisen (Essays, Monographien, Filme etc.) der sozialen Wirklichkeit annähert – und dabei mehr oder weniger produktiv scheitert.

Ausblick zum Selbstverständnis – Freud und Leid eines Soziologen

Und wie fällt meine persönliche Bilanz aus? Fühle ich mich als Soziologe? Habe ich meinen Traumberuf gefunden? Die Antworten auf diese Fragen fallen nicht eindeutig aus, sie bleiben vielmehr einer (bislang) produktiven Ambivalenz verhaftet. Was bleibt, ist mit Sicherheit die Lust am wissenschaftlichen Austausch, der Auseinandersetzung, dem produktiven Streit. Damit zusammen hängt unmittelbar der Umgang mit Menschen, sei es nun mit neugierigen und weltoffenen Fachkollegen oder engagierten Studierenden, die sich oft zu Recht über mangelnde Betreuung beklagen. Der Preis der Freiheit von Forschung und Lehre wird oft sehr teuer erkauft, indem man als nicht fest angestellter Wissenschaftler weitgehend auf die Planbarkeit des eigenen und auch des familiären Lebens verzichten muss, beziehungsweise ein solches nur unter Unsicherheit führen kann. Wer sich für den Beruf des Soziologen/der Soziologin entscheidet, sollte eine hohe Affinität zu Flexibilität und Mobilität in Kauf zu nehmen bereit sein. Stellenwechsel sind bei befristeten Verträgen mit einer durchschnittlichen Laufzeit zwischen zwei und drei Jahren mehr oder weniger an der Tagesordnung. Wer reich werden will, sollte sich ebenfalls besser in einem anderen Metier versuchen. Diesbezügliche Garantien gibt es aber bekanntlich nur in den wenigsten Berufsfeldern.

Ich würde heute, ausgehend von der beliebten Unterscheidung zwischen Bildung und Ausbildung, eine ausgewogene Bilanz ziehen. Dadurch dass man als Soziologe immer wieder an andere Wissens- und Fachgebiete quasi automatisch „aneckt", kann sich nach einer gewissen Zeit das intellektuell befriedigende Gefühl einstellen, sehr viel an Bildung erworben zu haben, durchaus im Sinne des guten, alten Gedankens der „universitas", der Allgemeinbildung. Soziologisch gewendet, bedeutet dies: Kulturelles Kapital (Bourdieu) ist gerade in der heutigen Zeit eine notwendige Bedingung, um bestimmte Positionen in der Gesellschaft erreichen zu können, wach und aufmerksam an den Geschehnissen der Zeit teilhaben zu können. Dieses Akkumulieren von Bildungskapital liefert wiederum einen unschätzbaren Wert zum Herausbilden und Formen dessen, was die Persönlichkeit und Individualität des Menschen bestimmt. Auf der anderen Seite fehlt der Soziologie manchmal – nota bene jenseits der akademischen Welt des auf Lebenszeit eingestellten Forschers – ein klares Berufsbild, was in Zeiten der Desorientierung zu zusätzlichen Belastungen und Ängsten führen kann.

Meinem Selbstverständnis folgend sehe ich mich nicht „einfach" als Soziologe im herkömmlichen Sinne, eher als Kultur- und Sozialforscher, der sich des soziologischen Instrumentariums bedient, dabei aber nur selten stehen bleibt. Meine zusätzliche Ausbildung als Frankreichwissenschaftler sowie meine interdisziplinär angelegte Arbeitsweise spielen bei dieser behutsamen Selbstverortung eine erklärende Rolle. Manchmal geht dies sicherlich zu Lasten einer entlastenden Fachidentität, mit der ich nicht dienen kann. Damit bin ich auch bei meinem letzten Punkt angelangt, in dem es um einige (subjektive) Ratschläge, Tipps und Kniffe geht.

Ratschläge, Tipps und Kniffe

Aus dem soeben Dargelegten ergeben sich einige Schlüsse, die ich abschließend – im Sinne von Vorschlägen und nicht von Handlungsanweisungen – den Lesern nicht vorenthalten möchte. *Erstens* lohnt es sich, auch in einem weitgehend durchorganisierten und verschulten Soziologiestudium, das zu beherzigen, was Wolfgang Eßbach einmal „das Wildern in fremden Gärten" genannt hat. Die allermeisten Gegenstände, mit denen sich Soziologen gewöhnlich beschäftigen, wie etwa Fragen der Integration, des Umbaus des Wohlfahrtsstaates, des Verhältnisses zwischen Natur und Kultur etc. lassen sich weder nur innerhalb noch mit den reichlich vorhandenen, soziologischen Wissensbeständen beantworten. Das ist meine feste Überzeugung, und deshalb bedarf es einer anhaltenden Neugier auf andere Wissensgebiete, ohne jedoch den genuinen Beitrag, den die Soziologie/n (ganz bewusst im Plural) liefern können, in Frage zu stellen. *Zweitens* würde ich rückblickend nicht nur an das Anhäufen kulturellen Kapitals denken, sondern in ähnlicher Weise das tun, was etwas banalisierend als „Netzwerkpflege" im Sinne von sozialem Kapital mittlerweile als Binsenweisheit durch die Feuilletons geistert. Da wir in einer über Macht, Prestige und Lohnarbeit organisierten Wettbewerbsgesellschaft leben, sollte man die Fallstricke und Hindernisse beim „Networkeln" jedoch keinesfalls unterschätzen. *Drittens* würde ich als Voraussetzung für eine zufrieden stellende Beschäftigung mit der Soziologie eine gehörige Portion an Idealismus als unabdingbar bezeichnen. *Viertens* bedarf es so manches Mal eines langen Atems und einer nicht zu unterschätzenden, eher hohen Frustrationstoleranz. Als Soziologe genießt man aber den Vorteil, sich und anderen erklären zu können, warum das so sein muss. *Fünftens* schadet ein rechtzeitiger Blick in die berühmte „Praxis" keinesfalls, allerdings liegt der besondere Reiz der Soziologie nicht zuletzt darin begründet, kaum zufälligerweise zwischen Theorie und Praxis angesiedelt zu sein. Mein persönliches Fazit würde ich mit der von Spnoza in seiner *Ethik* geäußerten Hoffnung verbinden: „Aus meiner Darstellung erhellt, dass wir von äußeren Ursachen auf viele Weisen bewegt werden und hierhin und dorthin schwanken wie die von entgegengesetzten Winden bewegten Wellen des Meeres, unkundig unseres Ausgangs und Schicksals".

Dr. phil. Dietmar J. Wetzel

Jg. 1968, Soziologe, Dipl.-Frankreichwissenschaftler. Studium der Soziologie, Ethnologie und der Neueren deutschen Literaturgeschichte von 1989 bis 1996 in Freiburg i. Br.; Diplom „Interdisziplinäre Frankreich-Studien" 1999 am Frankreichzentrum; Promotion 2001 in Freiburg i. Br. 2001-2004 wissenschaftlicher Mitarbeiter am Sigmund-Freud-Institut, Frankfurt a. M.; seit 2005 Wissenschaftlicher Mitarbeiter an der Friedrich-Schiller-Universität in Jena im Bereich Managementsoziologie

Verkehrswesen

Newton nein – common spirit ja

Hans-Kaspar Schiesser

Ein fiktives Gespräch

Herr Schiesser, warum machen Sie, jetzt dreißig Jahre vom Studienabschluss entfernt, bei unserm Leitfaden Berufsbiografien mit?

Dieter Kunzelmann und Uschi Obermaier schauen mit Büchern und Filmen auf ihre wilden 68er-Jahre zurück, da tue ich es zum Ausgleich mit einem Artikel für Ihren Leitfaden. Nein, im Ernst: Ich habe mich gar nicht ungern dazu verleiten lassen, mir aus der Sicht der alten Erwartungen an mein Soziologiestudium ein paar Gedanken zu meiner Berufsbiografie zu machen. Man staunt nur dann darüber, wie erstaunlich die Kinder wachsen, wenn man sie lange nicht mehr gesehen hat. Ist man immer um sie rum, fällt einem gar nichts auf.

Wie sah denn Ihr Motiv aus, Soziologie zu studieren? Für einen Gymnasiasten in einem aus hiesiger Sicht abgelegenen Bergkanton der Schweiz lag das ja nicht grad auf der Hand.

Das ist richtig. Eine Klassenkameradin und ich waren denn auch die ersten im kleinen Kanton Glarus, die mit Soziologie begonnen haben. Allerdings hat uns ein zwei Jahre jüngerer Mitschüler die Show gestohlen, entschlossener studiert und früher abgeschlossen. Aber zum Motiv. So ganz sicher bin ich mir heute nicht mehr. Es spielte wohl ein gewisser Elitarismus eine Rolle, nämlich sich von den Andern mit ihren spießigen Studien wie Jus oder Germanistik abzusetzen. Und ich weiß, dass mich im Gymnasium irgendein Aufsatz fasziniert hatte, in dem stand, dass die Soziologie eine wahnsinnig aufstrebende Wissenschaft sei, der aber noch ihr Isaac Newton fehle. Sie sei sozusagen im Zustand der Physik um 1700, eben vor dem genialen Durchbruch. Selbstverständlich tauchte da vor meinem geistigen Auge die Vorstellung auf, dass ich dieser Newton sein könnte.

Und wie sieht die Sache mit dem Isaac Newton aus heutiger Sicht aus?

„Newton" ist in dieser Form seit 1967 offenbar nicht aufgetaucht. Im Laufe der Zeit korrigieren wir im Übrigen alle die Vorstellung, dass in erster Linie einzelne Genies eine Wissenschaft, eine Politik oder eine Zeit insgesamt prägen. Wir reden zwar von Hannibals Genie, Karthago voranzubringen, die Prägung des frühen Pop durch die Beatles oder Willy Brandts zentrale Rolle für eine neue Ostpolitik. Aber genau genommen wissen wir, dass das Vereinfachungen sind, die wir unter anderem deswegen benutzen, weil wir einfach über Rom im Jahre 200 vor Christus oder die Entstehung des Brit-Pop nicht genauer Bescheid wissen. Wir sind letztlich durchaus sicher, dass es Teams sind, innerhalb deren ein Geist und eine Konkurrenz entsteht, die den Erfolg bringen. Denken Sie etwa an die „Chicago Boys" in den Wirtschaftswissenschaften oder das Aufbruch-Klima einer ganzen Uni oder wenigstens einer Fakultät wie bei der „Frankfurter Schule" damals. Ich habe ab und zu auch selbst erlebt, dass in so einem „common spirit" Dinge entstehen, ohne dass es einen einzigen genialen Antreiber gibt. Ich halte diesen Ansatz für viel zutreffender, um Fortschritt erklären zu können. Und es freut mich persönlich, dass die Tüftler- oder Genie-Theorie, wie sie damals in jenem Aufsatz durchschimmerte, gegenüber der Team- oder common-spirit-Theorie verloren hat.

Gibt es in Ihrer Job-Laufbahn Beispiele dafür?

Das schönste ist vielleicht dasjenige der „Erfindung" der Begegnungszone. Da muss ich vielleicht zuerst sagen, was das ist, weil sie im deutschen Verkehrsrecht – noch – nicht vorkommt. Die Begegnungszone ist eine Weiterentwicklung der „Wohnstrasse" oder des holländischen „Woonerft" der siebziger Jahre. In ihr dürfen alle Fahrzeuge verkehren, aber mit höchstens 20. In der deutschen Wohn-strasse ist das – unrealistischerweise – Tempo 6, an das sich natürlich niemand im Ernst hält. Und die deshalb für belebtere Quartiere, etwa im Kern von Regionalzentren, nicht geeignet sind. Die Begegnungszone passt auch für gemischte Quartiere mit viel Verkehr. Und sie bietet den Fußgängern wie auf einem Zebrastreifen unbeschränkten Vortritt auf der Fahrbahn, auch wenn sie sie schräg – „wie die Hühner" – queren. Sie hat sich seit dem Jahr 2000 in der Schweiz hundertfach durchgesetzt.

Und wieso war hier Teamarbeit erfolgreich?

Entwickelt wurde die Begegnungszone im Konflikt zwischen einem Verkehrsingenieur, der bei der Stadt Burgdorf den Tiefbau leitete, einem Burgdorfer Gewerbevertreter und eben einem Soziologen, indem wir zuerst einmal alle *No-Gos* definierten. Dazu gehörte der Parkplatzabbau, den das Gewerbe nicht toleriert hätte, eine teure Infrastrukturlösung, die Burgdorf nicht bezahlen konnte, und alles, was den Autoverkehr vermehren würde, was ich kategorisch abgelehnt hätte. Weil wir Drei trotz fast verfeindeter verkehrspolitischer Herkünfte ein gutes persönliches Verhältnis miteinander hatten, kam schließlich diese Flanierzonen-Idee, wie sie damals noch hieß, zustande. Jeder von uns hatte nach der „Erfindung" den Eindruck, er hätte zumindest 33 Prozent dazu beigetragen. Also haben wir uns in unsern drei Kreisen auch voll dafür eingesetzt, sie zuerst

Burgdorfer Wirklichkeit, dann Schweizer Verkehrsrecht werden zu lassen. Wäre es die Idee nur von einem gewesen, mit zwei Statisten daneben, wäre die Motivation, das im Gewerbe, bei den Behörden und dem alternativen Verkehrsclub gleichzeitig durchzusetzen, kaum gelungen.

Soziologie erscheint gelegentlich als abstraktes Fach. Wie haben Sie es sich anschaulich gemacht?

Ich glaube, am meisten hat dabei Lesen gebracht. Gemeinhin geht man davon aus, dass Schriftsteller gute Psychologen sind, oder zumindest psychologische Sachverhalte gut darstellen können. Ich denke, das ist richtig. Mindestens so gut stellen sie soziologische Zusammenhänge dar. Wenn Nick Hornby in „Fever Pitch" die englische Fußballhooligan-Szene und ihren oft intellektuellen mittelständischen Anhang darstellt, ist das glänzend umgesetzte Soziologie. Und es gibt kaum eine bessere und unterhaltendere Einführung in die Soziologie moderner Unternehmenshierarchie als Martin Suters „Business Class". Ich glaube das gute Rezept, sich Soziologie anschaulich zu halten, ist es, neben den Fachbüchern unbedingt auch Belletristik zu lesen.

Es scheint, dass Sie nie bereut haben, Soziologe gewählt zu haben?

Nein. Ich halte es auch heute unter anderem für ein wunderbares Allrounder-Studium, das viele Berufswege eröffnet. Ich habe es kürzlich selbst meiner Tochter empfohlen. Sie wird aber wohl Sprachen studieren.

Rückwärts betrachtet, was war für Sie der größte Mangel im Studium?

Damals in Freiburg habe ich das zwar nicht so empfunden. Aber heute ist mir klar: Die Soziologen haben dem Thema Visualisierung viel zu wenig Beachtung geschenkt. Das tun sie vielleicht heute noch. Soziologische Themen wie Subkultur, Technology Assessment oder Chiliasmus sind zumindest für Nicht-Soziologen abstrakte Begriffe. Sie können mit Visualisierungen oder Geschichten gegenüber außen verständlicher gemacht werden. In den sechziger und siebziger Jahren bemühte sich die Soziologe, möglichst *unverständlich* zu sein, um als interessante Insiderwissenschaft auf hohem Niveau zu gelten. Aber spätestens seit den neunziger Jahren muss sie sich in einem Markt behaupten. Da sollte sie sich nicht mehr leisten, als unverständliche Spinnerwissenschaft zu erscheinen. Was in der Wirtschaft an Visualisierung übertrieben wird, denn da wird jede Banalität mit einem Mords-Schema und 300 Mega Powerpoint dargestellt, das wird in der Soziologie arg untertrieben. Zumindest galt das für die Zeit zwischen 68 und 75.

Soviel zum Versäumnis der andern in Ihrem Studium. Was war denn Ihr größtes Versäumnis?

Heute ärgert mich, dass ich damals nicht viel mehr gelesen habe. Sicher: Vieles der damaligen soziologischen Literatur war von der literarischen Qualität her erbärmlich schlecht. Aber vor allem viele Amerikaner, die uns Europäern in der Popularisierung der Soziologie ziemlich voraus waren, haben exzellente und gut lesbare Bücher geschrieben. Vance Packard etwa mit seinen „Hidden Persuaders", die ich damals gelesen habe. Aber ich hätte auch seine weiteren vier Bestseller wie „The sexual wilderness" lesen müssen. Und hätte erst noch zu einem guten Zeitpunkt flüssiger Englisch gelernt.

Ihre Kollegen lasen damals, wenn sie politisch aktiv waren, doch vor allem die schwer verständlichen Wälzer der politischen Ökonomie, die unübersehbare Stamokap-Literatur oder einfach Marx und Engels.

Genau. Auch wenn die Literatur über den staatsmonopolistischen Kapitalismus heute nicht mehr so zentral scheint, wäre es gar nicht so genau drauf angekommen, *was* man gelesen hätte. Wichtig wäre gewesen, einfach *viel* zu lesen. Einige, die damals ihren Marx, der weiß der Geier eine faszinierende, aber schwierige Lektüre ist, ausführlich studiert haben, bekamen zumindest Übung im Lesen. Wurden sie später Marketing-Lautsprecher in durchaus kapitalistischen Organisationen, hatten sie, wie ich von einigen weiß, weniger Mühe, die Lehrbücher der Business-Class sich einzuverleiben als ich. Ich musste mir das Lesen später wieder eher mühsam angewöhnen. Es läuft ja wie bei Joschka Fischer beim Joggen: Bei den ersten Lese-Kilometern kriegt man sozusagen Lektüre-Muskelkater, der erst mit zusätzlicher Gewöhnung verschwindet und Erfolgserlebnissen Platz macht.

Es scheint, als ob Sie nicht von allen Laufbahnen Ihrer damaligen Kommilitonen überzeugt sind.

Natürlich habe ich keinen Überblick über eine Mehrheit dieser Biografien. Ich denke, dass viele Jobs wie ich haben: Mit einem mehr oder weniger soziologischen Bezug, anständig bezahlt, mit einem politischen oder gesellschaftlichen Hintergrund, der vor unsern Idealen, die wir damals hatten, verantwortet werden kann. Einige andere, das weiß ich auch, und es tut mir leid, weil faszinierende Kollegen darunter waren, sind abgestürzt, in den Alk oder in verblödende und unterbezahlte Jobs, die mit dem Glanz ihrer Soziologie von damals nichts mehr zu tun haben. Es gibt auch ein paar abschreckende Beispiele alter Soziologen, die heute Lautsprecher von „Survival of the fittest"-Bewegungen geworden sind.

Was war Ihre größte Niederlage im Soziologiestudium?

Feigheit. Ich bin zur ersten Statistikprüfung in Bern nicht hingegangen, weil ich Angst vor dem Durchfallen hatte. Das hatte dann natürlich erst recht das Durchfallen zur Folge. Beim zweiten Anlauf habe ich gesehen, dass ich schon beim ersten Mal eine Bestehens-Chance gehabt hätte.

Ihr soziologisches Lieblingsbuch?

„Die Erlebnisgesellschaft" von Gerhard Schulze. Das habe ich nicht im Studium, sondern erst vor vier, fünf Jahren gelesen. Natürlich bin ich da auch etwas positiv voreingenommen, weil Schulzes Wälzer mit meinem Job als Verkehrsexperte zu tun hat und durchaus konkrete Anregungen bietet. Zu meiner Uni-Zeit war ich vor allem von Joan Robinsons Theorien zur wirtschaftlichen Entwicklung fasziniert. Und immer anregend fand ich das kleine Buch von Lewis Coser über die Theorie sozialer Konflikte. Ich würde das vor allem hierzulande, wo man gern politischen Konflikten zum Vornherein mit einem umfassenden Interessenausgleichs-Meccano aus dem Weg geht, jeder Politikerin oder jedem Politiker zur Lektüre empfehlen. Ich hoffe, irgendjemand hat seither den Faden Cosers aufgenommen und ein Buch darüber geschrieben, wie wir – zu unserm Schaden – mit dem Fernsehen oder der Fluchtmobilität Konflikte vermeiden und Konfliktbewältigung verlernen.

Wer waren Ihre beruflichen Vorbilder?

Wie die Mehrheit damals war ich von der geradezu unglaublichen Rhetorik von Habermas, Horkheimer oder Marcuse tief beeindruckt. Aber über die Grundlagenkritik der Gesellschaft hinaus schien es mir dann doch nicht genug mit jener Wirklichkeit zu tun zu haben, welche man wenigstens *ein bisschen* akzeptabler zu gestalten erhoffen kann. Da war mir der eigene Freiburger Professor, Heinrich Popitz, mit seiner Industriesoziologie oder der Rollentheorie doch näher. Mit seiner ruhigen, so gar nicht zu den universitären Revolutionsjahren passenden Art, hat er eh einen spannenden und wichtigen Kontrapunkt zur übrigen aufgeregten Soziologie der frühen siebziger Jahre geschaffen.

Sie haben das Stichwort gegeben: Freiburg galt damals, im Zenit der 68er-Bewegung, als eher konservativer Studienort für Soziologen. Hat man sich entsprechend etwas abseits des wirklichen soziologischen Geschehens gefühlt?

Ein bisschen sicher schon. Für die ganz großen Demos musste man nach Bonn fahren. Aber das mussten die Bochumer auch. Aus heutiger Sicht ist das natürlich egal. Meinen Kindern, die jetzt studieren, Fotos zeigen zu können, auf denen man mit Bernd Rabehl in einem Audimax in Berlin oder Frankfurt auftritt, hat kurzen anekdotischen, aber im Leben dann doch nur begrenzten Wert. Ich habe keine solchen Bilder sondern nur Fotos, auf denen eine gut zusammenarbeitende Studentengruppe in Paul Kellermanns Seminar zur Soziologie der Sozialarbeit zusammensaß. Übrigens wohl mein eindrücklichstes Seminar in meiner Studienzeit. Und dasjenige, das mir für meine späteren Jobs fast am meisten gebracht hat.

Fühlen Sie sich in Ihrem heutigen Beruf als Soziologe?

Ja, zumindest teilweise. Der VöV als Dachverband aller Unternehmen des öffentlichen Verkehrs in der Schweiz ist ein klassischer Lobby- und Koordinationsverband. Beim Bund wird dafür gekämpft, dass Fördermittel für den Regionalverkehr nicht massiv gekürzt werden. Und intern wird dafür gekämpft, dass nicht jedes Unternehmen bei der Anschaffung von Ticketautomaten eine Insellösung wählt oder dass die Kundeninformationssysteme zusammenpassen. Das ist eher Psychologie als Soziologie.

Und die Soziologie?

Jede Branche muss ein bisschen in ihre Zukunft gucken und ihre Grundlagen überdenken. Bei uns kommt man um die Betrachtung der gesellschaftlichen Motive, mobil zu sein, nicht herum. Es gibt eine Art Bodensatz der Mobilität, der vor allem wirtschaftlich bedingt ist, Warenaustausch, Pendelfahrten. Diese Mobilität ist bei gegebener Besiedelung zwingend und umfasst in einer modernen Industriegesellschaft vielleicht knapp ein Drittel der gesamten Mobilität gemessen in Personen- oder Tonnenkilometern. Darüber erhebt sich ein luxusgesteuerter Überbau, der noch heute keinerlei obere Grenzen zu kennen scheint. Er ist in erster Linie gesellschaftlich determiniert. Manchmal spielt die Soziologie aber auch viel einfacher in den Job hinein, etwa bei der Betrachtung der Kundengruppen des öffentlichen Verkehrs, Stichworte „Hedonisten" oder „Urban Best Age". Entscheide in Großunternehmen wie dem Bund oder SBB laufen übrigens manchmal noch immer so ab, wie sie Max Weber beschrieben hat.

Haben Sie sich auch bei Ihren früheren Jobs als Soziologe gefühlt?

Im Journalismus anfangs nicht. Erst später habe ich gemerkt, dass die Recherchen-Arbeit viel mit der soziologischen Arbeitsweise zu tun hat. Wer sich mit Krankenhaussoziologie oder der Soziologie von Pressure Groups befasst, muss zuerst ganz generell wissen, wie ein Krankenhaus oder eine Pressure Group funktionieren. Wenn ich im Journalismus auf eine Geschichte stoße, die sich im Versicherungsmilieu abspielt, ist das genauso: Ich muss wissen, was eine Versicherung im Kern für die Kunden und für die Versicherer ist. Neben dieser Arbeitsmethode hat die Soziologie sicher auch den Vorteil z.B. für Journalisten, dass sie einen zum guten Allrounder ausbildet.

Wie weit haben Sie in ihren Jobs von alten Soziologie-Seilschaften profitiert?

Die Kontakte zu meinen deutschen Kolleginnen und Kollegen sind fast alle abgebrochen. Sowohl Journalismus wie (öffentlicher) Verkehr spielen sich trotz Globalisierung national ab. Kumpels aus dem ersten Berner Studienjahr treffe ich häufig, einige sind ebenfalls in der Branche. Das öffnet ab und zu Türen oder erleichtert Anknüpfungen. Die Teams, in denen ich vor allem bei Verkehrsprojekten gearbeitet habe, waren aber meist interdisziplinär zusammengestellt. Da war ich neben Ingenieuren, Wirtschaftsvertretern oder Planern der einzige Soziologe.

Haben Sie einen abschließenden Tipp für Studienanfänger in Soziologie?

Einen nicht, aber drei. Erstens: Gehen Sie für einen Teil des Studiums ins Ausland, gerade als Soziologin oder als Soziologe. Am besten für mindestens ein Jahr, denn vorher fühlen Sie sich kaum einheimisch, sondern immer noch als Deutsche oder Deutscher im Ausland. Zweitens: Lesen Sie, siehe oben, neben Fachliteratur auch Belletristik. Das ist ein Tipp vor allem für die Männer, die oft mit Zwanzig aufhören, in Romanen zu schmökern. Und drittens: Engagieren Sie sich während des Studiums irgendwo, egal ob in der Lebens-Rettungs-Gesellschaft, dem VCD oder im Handball. Wichtig ist, dass Sie nicht nur das Soziologen-Ghetto erleben, und darüber hinaus auch ein paar gute Kontakte bekommen.

Hans Kaspar Schiesser

Jg. 1948; Projektentwickler im öffentlichen Verkehr (CH). Mailadresse. hks@befree.ch. Abschluss des Soziologiestudiums (M.A.) 1978 mit Spezialgebieten wie Medizinsoziologie, Gleichstellungsbewegung, Mediensoziologie in Freiburg i. Br. Während des Studiums Engagements als freier Journalist, in der Jugendarbeit und in Bürgerinitiativen in Lahr/ Schwarzwald. 1978 Redaktor bei der „Tat" in Zürich. 1978 Lokalredaktor beim „Bodensee-Tagblatt" in Arbon/Thurgau. 1980 Redaktor bei der „Thurgauer Arbeiterzeitung", Arbon. 1983 Pressesekretär und politischer Sekretär für Energie, Verkehr, Umwelt und Sicherheitspolitik bei der Sozialdemokratischen Partei der Schweiz in Bern. 1988 Leiter Verkehrspolitik beim grünen Verkehrs-Club der Schweiz in Herzogenbuchsee. Seit 2001 Projektleiter Spezialprojekte, Schienengüterverkehr und Grundfragen Mobilität beim Dachverband der 150 Schweizer Transportunternehmen VöV in Bern.

Hintergrund

Wandel der Tätigkeitsfelder von Sozialwissenschaftlern. Eine Deskription auf der Grundlage des Mikrozensus von 1989, '93, '96 und 2000

Ulf Glöckner

Einleitung

Es ist eine sehr spannende Frage: Was machen Sozialwissenschaftler beruflich, wenn sie nicht in der akademischen Forschung und Lehre arbeiten? Die Universität war lange Zeit der traditionelle Wirkungsbereich von Sozialwissenschaftlern. Bis in die Mitte der 70er Jahre wurde etwa die Hälfte dieser Absolventengruppe von den sozialwissenschaftlichen Fachbereichen, der dort angesiedelten Drittmittelforschung und den benachbarten Fachbereichen absorbiert (vgl. Stockmann 2002a: 14). Damals handelte es sich in absoluten Zahlen noch um eine sehr kleine Gruppe von Absolventen der Sozialwissenschaften, die sich außerhalb der Institute ihre Tätigkeitsfelder erschließen musste. Denn in Anbetracht der Absolventenzahlen ist davon auszugehen, dass die Zahl der ausgebildeten Soziologen heute insgesamt bei über 30.000 liegt, was eine Verdopplung gegenüber 1985 und eine Versechsfachung im Vergleich zu 1970 bedeutet (vgl. Stockmann 2002b: 239).

Das Spannende an der Frage ist die Tatsache, dass Sozialwissenschaftler nicht für außeruniversitäre Tätigkeitsfelder prädestiniert sind. Wie es die Bezeichnung verdeutlicht, werden Sozialwissenschaftler während ihrer Ausbildung zu Wissenschaftlern qualifiziert. Außerhalb des akademischen Betriebs gibt es jedoch keine konkreten Tätigkeitsbereiche, die vom Rest der Gesellschaft als das Tätigkeitsfeld von Sozialwissenschaftlern anerkannt werden (vgl. Schirmer 2003: 249). Dass diese Absolventengruppe sich ihre Arbeitsbereiche außerhalb der Universitäten dennoch erfolgreich erschließt, ist durch eine Reihe von Verbleibstudien belegt.[12] Und auch die Arbeitsmarktstatistik weist für Sozialwissenschaftler keine alarmierenden Zahlen aus.[13]

Der vorliegende Artikel möchte sich dieser Frage stellen und auf der Grundlage der Mikrozensusdatensätze von 1989, '93, '96 und 2000 repräsentative Entwicklungen des Tätigkeitsfelds von Sozialwissenschaftlern in den 1990er Jahren diskutieren.

Datengrundlage

Die angesprochenen Verbleibsstudien konnten und können reichhaltige und wertvolle Informationen über die Tätigkeitsbereiche von Sozialwissenschaftlern sammeln. Allerdings leiden diese Studien unter zwei Nachteilen: Erstens umfassen sie in der Regel nur Absolventen einer bestimmten Universität. Darüber hinaus können meist nur recht junge Absolventen befragt werden, deren Examen noch nicht lange zurückliegt. Repräsentative Aussagen sind somit nicht möglich.

Diese Lücke kann durch den Rückgriff auf Daten der amtlichen Statistik geschlossen werden. Der Mikrozensus basiert auf der jährlichen Befragung von etwa einem Prozent der deutschen Bevölkerung. Er wird in Westdeutschland seit 1957 erhoben, in den neuen Ländern wurde mit der Erhebung im Jahr 1991 begonnen. Ende der 90er Jahre nahmen in ganz Deutschland rund 370.000 Haushalte und über 800.000 Personen an der Mikrozensuserhebung teil. Seit Mitte der 90er Jahre stehen die Daten des Mikrozensus auch für wissenschaftliche Forschungseinrichtungen in Form von Scientific Use Files zur Verfügung. Bei diesen Datenfiles handelt es sich um 70-%ige Unterstichproben des Mikrozensus. Die personenbezogenen Daten sind dabei systematisch anonymisiert.

In einem Turnus von drei bis vier Jahren werden die in der Stichprobe enthaltenen Fachhochschul- bzw. Universitätsabsolventen nach der Hauptfachrichtung

---

12 Eine Übersicht über Absolventenstudien liefern Burkhardt et al. (2000). Gesammelt publiziert wurden Absolventenstudien in den Schwerpunktheften der SuB „Berufseinmündung und Berufstätigkeit von Sozialwissenschaftlern" (Heft 1-2/2002) sowie „Der Arbeitsmarkt für Sozialwissenschaftler" (Heft 2/2004). Umfassende Informationen über die universitäre Ausbildung und die Arbeitsmarktchancen von Sozialwissenschaftlern liefert der Band von Stockmann et al. (2002).

13 Die spezifische Arbeitslosenquote von Sozialwissenschaftlern liegt in der Regel mit rund sechs Prozent etwas höher als die Arbeitslosenquote bei den Universitätsabsolventen insgesamt (vgl. Behrendt et al. 2002: 188). Die Entwicklung der Arbeitslosigkeit von Sozialwissenschaftlern beschreibt im Verlauf der 90er Jahre eine positive Tendenz (vgl. Meyer 2002: 98).

ihres Studienabschlusses gefragt. Die Datensätze von 1989, '93, '96 und 2000 enthalten diese Informationen und bieten damit die Möglichkeit, die Gruppe der Sozialwissenschaftler zu identifizieren.[14] Dadurch können einerseits Zeitpunktvergleiche durchgeführt werden und somit die Entwicklung sozialwissenschaftlicher Tätigkeitsfelder beobachtet werden. Andererseits wurden die Informationen der in allen vier Datensätzen enthaltenen Sozialwissenschaftler nach einer einheitlichen Codierung der entsprechenden Variablen zu einem Gesamtdatensatz kumuliert. Somit können auch zusammenfassende Informationen für die Situation „in den 90ern" generiert werden.

Wandel der Tätigkeitsfelder von Sozialwissenschaftlern

Der hier verwendete Begriff des Tätigkeitsfelds soll die Absolventengruppe der Sozialwissenschaftler dahingehend verorten, was die Absolventen arbeiten und in welchen Bereichen sie das tun. Die Berufsbezeichnung allein ist nicht ausreichend, Rückschlüsse auf die berufliche Tätigkeit und den wirtschaftlichen Zusammenhang zuzulassen. Und die bloße Nennung der Branche informiert nicht ausreichend über Arbeitsinhalt und Tätigkeitsspektrum. Das Tätigkeitsfeld wird in diesem Zusammenhang daher über die vier Dimensionen „Beschäftigung im öffentlichen Dienst", „Branche", „Beruf" und „überwiegend ausgeübte Tätigkeit" konstruiert. Hierdurch soll ein umfassenderer Eindruck vom inhaltlichen Tätigkeitsspektrum vermittelt werden als dies über jede der vier einzelnen Di-

---

14 Die Hauptfachrichtungskategorie Sozialwissenschaften (HFR29) umfasst für den Erhebungszeitpunkt 2000 die folgenden Fächer: Gemeinschaftskunde, Sozialgeographie, Sozialgeschichte, Sozialkunde, Sozialwissenschaften, Soziologie, Staatsbürgerkunde, Staatswissenschaften. Diese Aufschlüsselung, basierend auf dem ISCED 97 Code, ist nur für den MZ 2000 möglich. Anders als in den Datensätzen von '89, '93 und '96 wurden die Politikwissenschaftler beim Mikrozensus 2000 separat erfasst und waren somit nicht Teil der der Gruppe der Sozialwissenschaftler. Um für die Betrachtung des Zeitverlaufs eine einheitliche Datengrundlage zu gewährleisten, wurden die Politikwissenschaftler vom Zeitpunkt 2000 in die Gruppe der Sozialwissenschaftler aufgenommen. Eine separate Auswertung von Sozialwissenschaftlern und Politikwissenschaftlern für den Zeitpunkt 2000 findet sich bei Glöckner (2004). Nicht in der Gruppe der Sozialwissenschaftler enthalten sind Fächer wie Publizistik, Medien- und Kommunikationswissenschaften. Sie werden in allen vorliegenden Mikrozensen anderen Kategorien zugeordnet. In diese Untersuchung wurden nur berufstätige Sozialwissenschaftler einbezogen. Die Fallzahlen der einzelnen Erhebungszeitpunkte verteilen sich wie folgt: 1989 N= 136, 1993 N= 179, 1996 N=243, 2000 N= 308. Der kumulierte Datensatz enthält somit Informationen zu 866 Sozialwissenschaftlern in den 90er Jahren. Die Datensätze 1993, '96 und 2000 beinhalten sowohl Befragte aus Ost- und Westdeutschland. Der Datensatz von 1989 beinhaltet nur Befragte aus Westdeutschland.

mensionen geleistet werden könnte (vgl. Diaz-Bone et al. 2004: 175 f.; Glöckner 2004: 91 ff.).

Beschäftigung im Öffentlichen Dienst und der privaten Wirtschaft

Über die Feststellung, ob eine der befragten Personen im öffentlichen Dienst oder in der privaten Wirtschaft berufstätig ist, erfolgt die gröbste Einteilung der beruflichen Tätigkeit. Wurde diese Frage, ob die befragte Person im öffentlichen Dienst beschäftigt ist oder nicht, verneint, so wird diese Antwort in der vorliegenden Untersuchung als eine Zustimmung zur Beschäftigung der privaten Wirtschaft gewertet (vgl. Glöckner 2004: 91 f.).

Tabelle 1: Beschäftigung im Öffentlichen Dienst und der Privatwirtschaft nach Erhebungszeitpunkt und einem kumulierten Anteilswert der Mikrozensen 1989, 93, 96 und 2000 (in Prozent)

	Sozialwissenschaftler					Akademikergesamtheit				
	1989	1993	1996	2000	90er	1989	1993	1996	2000	90er
Ö	45,2	46,9	34,6	35,1	39	48,7	44,6	40,5	36,7	41,9
P	54,8	53,1	65,4	64,9	61	51,3	55,4	59,5	63,3	58,1
N	135	179	243	308	865	18.053	25.686	30.522	29.110	103.371

Ö = Öffentlicher Dienst; P = Privatwirtschaft

Die kumulierten Anteilswerte verdeutlichen, dass die Mehrheit der Akademiker in den 90er Jahren nicht im öffentlichen Dienst tätig ist. Für den Verlauf des Jahrzehnts ist der bekannte Trend des kontinuierlichen Rückgangs von Beschäftigungen im öffentlichen Sektor zu erkennen. Die Sozialwissenschaftler erweisen sich in diesem Vergleich als eine recht durchschnittliche Gruppe und verfolgen diesen Trend, wobei der Rückgang durch die Schwankungen der Jahre 1993 und 1996 nicht kontinuierlich ist. Am Ende des vergangenen Jahrzehnts sind beinahe zwei Drittel der berufstätigen Sozialwissenschaftler in der privaten Wirtschaft beschäftigt.

Branche

Die Erfassung der Branche gibt Auskunft über den wirtschaftlichen Bereich, in dem das Unternehmen des jeweiligen Befragten zu verorten ist. Die zur Verfügung stehenden Datensätze halten diese Informationen in Form der jeweils gültigen Klassifikation der Wirtschaftszweige bereit. Für die Datensätze von 1989 und 1993 ist das die „Klassifikation der Wirtschaftszweige aus dem Jahr 1979"

(WZ '79) mit insgesamt rund 150 verschiedenen Ausprägungen. Die Datensätze von 1996 und 2000 beinhalten dagegen die aktuellere „Klassifikation der Wirtschaftszweige Ausgabe 1993" (WZ '93) mit ihren etwa 200 Wirtschaftszweigen. Für die vorliegende Untersuchung wurden die Ausprägungen der unterschiedlichen Klassifizierungen in eine neue Variable mit neun Ausprägungen zusammengefasst. Dabei wurde so vorgegangen, dass inhaltlich nahe beieinander liegende Ausprägungen zusammengefasst wurden (vgl. Glöckner 2004: 92f.).

Tabelle 2: Branche des arbeitgebenden Betriebs nach Erhebungszeitpunkt und einem kumulierten Anteilswert der Mikrozensen 1989, 93, 96 und 2000 (in Prozent)

	Sozialwissenschaftler					Akademikergesamtheit				
	1989	1993	1996	2000	**90er**	1989	1993	1996	2000	**90er**
1	9,6	10,1	16,1	16,9	14,1	31,4	28,3	28,3	28,6	28,9
2	18,4	19,6	12	10,1	13,9	4,7	4,7	5,4	4,5	4,9
3	12,5	9,5	13,2	14,3	12,7	2,8	2,8	3,2	3,5	3,1
4	15,4	16,8	16,9	18,2	17,1	14,7	13	13,3	10,9	12,8
5	11	6,1	10,7	4,5	7,6	22,2	24,1	22,2	21,7	22,5
6	8,1	10,6	7,9	6,5	8	6,9	8,4	9,5	8,9	**8,6**
7	9,6	11,2	6,2	3,9	6,9	3,3	3,4	2,4	2,5	2,8
8	3,7	6,7	5,4	6,5	5,8	7,6	7	4,2	5,1	5,8
9	11,8	9,5	11,6	19,2	13,9	6,5	8,2	11,5	14,3	10,6
N	136	179	242	308	865	18.167	25.763	30.463	29.077	103.470

Branchen: 1 Bildung, Gesundheit, Soziales; 2 Hochschule, Forschung; 3 Kultur, Verlage, Medien; 4 Gebietskörperschaften; 5 Produzierendes, verarbeitendes Gewerbe; 6 Handel, Kredit, Versicherungen; 7 Parteien, Kirchen, Verbände; 8 Beratung, Marktforschung, Werbung; 9 Sonstige Dienstleistungen

Die Branchenzugehörigkeit in den 90er Jahren illustriert die viel besprochene weite Streuung von Sozialwissenschaftlern auf dem Arbeitsmarkt. Dennoch sind einige Akzente zu erkennen. Dabei ist bei den „Gebietskörperschaften", also der öffentlichen Verwaltung von Bund, Ländern und Kommunen der höchste und im Vergleich zur Gesamtgruppe der Akademiker überdurchschnittliche Anteilswert abzulesen. Deutlich überdurchschnittlich, aber wenig überraschend ist daneben die Beschäftigung von Sozialwissenschaftlern in „Hochschulen und Forschung". Des Weiteren fallen die vergleichsweise hohen Anteilswerte der Bereiche „Bildung, Gesundheit, Soziales" und „Kultur, Verlage, Medien" auf.

Über den Zeitverlauf der 90er Jahre hinweg ist der diskutierte Trend, dass der Hochschulbereich seine hervorgehobene Bedeutung als Arbeitgeber für Sozialwissenschaftler verliert, sehr klar zu erkennen. Parallel zu diesem Rückgang ist ein Zuwachs in der Branche „Bildung, Gesundheit, Soziales" zu erkennen. Diese umfasst Ursprungsausprägungen wie etwa die Erwachsenenbildung, das Gesundheits- und Sozialwesen. Auch die öffentliche Verwaltung von Bund, Ländern und Kommunen gewinnt im Verlauf der 90er Jahre als Arbeitgeber für Sozialwissenschaftler an Bedeutung, wie man aus den steigenden Anteilswerten der Ausprägung „Gebietskörperschaften" erkennen kann. Gleiches gilt für die heterogene Kategorie „sonstige Dienstleistungen".[15]

Von gleich bleibender und im Vergleich zur Gesamtgruppe der Akademiker hoher Bedeutung ist für Sozialwissenschaftler in diesem Zeitraum der Bereich „Kultur, Verlage, Medien". Dagegen nimmt die Beschäftigung in „Parteien, Kirchen, Verbänden" deutlich ab. Obwohl den Absolventen sozialwissenschaftlicher Studiengänge eine Neigung zu diesem Bereich zugeschrieben wird, sind sie dort am Ende der 90er Jahre nicht mehr besonders häufig tätig.

Interessant erscheint schließlich das Segment „Beratung, Marktforschung, Werbung". Die Anteilswerte steigen zwar kontinuierlich an, erreichen aber zu keinem Zeitpunkt mehr als sieben Prozent. Der Vergleich mit der Gesamtgruppe der Akademiker zeigt jedoch, dass es sich insgesamt um eine kleine Branche handelt. Im Verlauf der 90er Jahre gelingt es den Sozialwissenschaftlern, von einer unterdurchschnittlichen zu einer leicht überdurchschnittlichen Gruppe in diesem Bereich zu werden.

Beruf

Anders als die Branche liefert der Beruf eines Befragten implizite Rückschlüsse auf dessen Tätigkeitsbereich. Die zur Verfügung stehenden Datensätze besitzen alle eine Variable zum Beruf der befragten Person, welche die Informationen der jeweils gültigen Klassifikation der Berufe beinhaltet. Dabei entspricht die Variable des Datensatzes von 1989 der „Klassifizierung der Berufe aus dem Jahr 1975" (KldB '75), welche rund 250 Ausprägungen umfasst. Die Datensätze von 1993, '96 und 2000 beinhalten dagegen die aktuellere „Klassifizierung der Berufe aus dem Jahr 1992" (KldB '92) mit rund 350 Ausprägungen. Im Rahmen der Untersuchung wurden die Ausprägungen der unterschiedlichen Klassifizierungen zu

---

[15] Unter den „sonstigen Dienstleistungen" wurden neben der in den Ursprungsvariablen gleichnamigen Kategorie (Erbringung von sonstigen Dienstleistungen) weitere Leistungen zusammengefasst, die inhaltlich keine Affinität zu den übrigen Kategorien besitzen.

einer neuen Variablen mit zehn Ausprägungen zusammengefasst.[16] Bei dieser Recodierung wurde dem Konzept der KldB folgend so verfahren, dass solche Berufe zusammengefasst wurden, die in den beruflichen Inhalten, Tätigkeiten und
Aufgaben relativ gleichartig sind (vgl. Glöckner 2004: 94f.).

---

[16] Bei den in der Hauptfachrichtungskategorie Sozialwissenschaften (HFR29) enthaltenen
Fächern Gemeinschaftskunde und Sozialkunde handelt es sich um Lehramtsfächer. Nach
Auskunft des Statistischen Bundesamts besteht die Möglichkeit, dass der Gruppe von Sozialwissenschaftlern auch Absolventen eines Lehramtsstudiums zugeordnet sind. Eine solche
Zuordnung sei nicht gewollt, ließe sich aber im Zuge der Selbsteinstufung der Befragten nicht
ausschließen. Im Zuge der Auswertungen wurden in den Datensätzen insgesamt 111 von
ursprünglich 977 Sozialwissenschaftlern der vier Erhebungszeitpunkte gefunden, welche beruflich einer Lehrtätigkeit an Grund-, Haupt-, Sonder- und Realschulen sowie Gymnasien und
berufsbildenden Schulen nachgehen. Bei diesen Befragten kann es sich um die angesprochenen Lehramtsabsolventen handeln. In diesem Fall kann jedoch nicht von Sozialwissenschaftlern im hier verstandenen Sinne gesprochen werden. Zwar kommen diese Absolventen während ihres Studiums mit Inhalten sozialwissenschaftlicher Fächer in Kontakt, erlernen aber
nicht deren Forschungsmethoden und sind somit nicht zum Wissenschaftler qualifiziert.
Diese Absolventen werden auf ein klar definiertes Berufsbild ausgebildet und sind für das
Tätigkeitsfeld Schule prädestiniert. Sie befinden sich auf dem Arbeitsmarkt in einer grundsätzlich anderen Ausgangssituation. Und auch absolvierte Sozialwissenschaftler mit einem Auf-
baustudiengang in Lehramtsfächern befinden sich in einer anderen Situation. Aus diesen
Gründen wurde diese Gruppe aus der Gruppe der Sozialwissenschaftler ausgeschlossen, die
somit für alle Erhebungszeitpunkte 866 und nicht 977 Personen umfasst. Aus diesem Grund
ist auch die entsprechende Kategorie in der oben stehenden Tabelle leer. Diese Ergebnisse
unterscheiden sich damit von den Ergebnissen von Diaz-Bone et al. (2004) (vgl. Glöckner
2004: 73ff.).

Tabelle 3: Berufe nach Erhebungszeitpunkt und einem kumulierten Anteilswert der Mikrozensen 1989, '93, '96 und 2000 (in Prozent)

	Sozialwissenschaftler					Akademikergesamtheit				
	1989	1993	1996	2000	90er	1989	1993	1996	2000	90er
Kaufm. Berufe	18,4	18,4	17,3	14	16,5	9,5	10,7	10,7	10,1	10,3
Untern.-leitungs-berufe	7,4	7,3	5,8	6,8	6,7	5,3	6,4	5,7	6,3	6
Lehrer						20,8	18,3	17,3	16,8	18
Untern.-berater		2,2	2,9	4,2	2,8	1,1	1,1	1,5	2	1,5
Verwaltung	11,8	8,9	9,9	7,5	9,1	4,6	5,5	5,7	4,2	5
Medienbe-rufe	13,2	8,9	12,8	13,6	12,4	1,5	1,6	1,8	2,1	1,8
Sozial-, Erzieh.-, Gesundh.-berufe	8,8	15,6	9,1	11	11,1	13,7	12,1	13	13,2	12,9
Wissen-schaftler	19,9	24	23,9	20,8	22,2	4,7	6	6,1	6,2	5,9
Sonstige Dienstleis-tungsberu-fe	9,6	5,6	11,5	14,3	11	9,7	9	10,2	11,2	10,1
Sonstige Berufe	11	8,9	7	7,8	8,3	29	29,3	28	27,9	28,5
N	136	179	243	308	866	18.172	30.527	30.527	29.118	103.587

Im Gegensatz zur Branche zeigen sich beim Blick auf den kumulierten Anteilswert für die 90er Jahre für die Berufe von Sozialwissenschaftlern deutlichere Akzente.[17] Dabei spielt der Beruf des Wissenschaftlers eine hervorgehobene Rolle: Er besitzt für diese Absolventengruppe im Binnenvergleich die größte Bedeutung und wird im weiteren Vergleich mit der Gesamtgruppe der Akademiker deutlich überdurchschnittlich von Sozialwissenschaftlern ergriffen. Neben dieser

---

[17] Unter den Kategorien der „sonstigen Berufe" und der „sonstigen Dienstleistungsberufe" wurden jene Berufe zusammengefasst, die keiner der neu gebildeten Kategorien zugeordnet werden konnten.

Spitze sind vor allem die „kaufmännischen Berufe" und die „Medienberufe" von den Sozialwissenschaftlern vergleichsweise stark besetzte Kategorien.

Betrachtet man die einzelnen Zeitpunkte in der Tabelle, so fällt auf, dass der nachgewiesene Rückgang von Sozialwissenschaftlern in der Branche „Hochschule, Forschung" (vgl. Tabelle 2) nicht parallel zu einem Rückgang des Berufs „Wissenschaftler" verläuft. Offenbar gelingt es den hier betrachteten Absolventen, ihre in der Ausbildung erworbenen Kompetenzen als Wissenschaftler auch außerhalb des akademischen Betriebs einzubringen.

Obwohl die „kaufmännischen Berufe" im Verlauf der 90er Jahre an Bedeutung verlieren, bilden sie auch am Ende des Jahrzehnts eines der wichtigsten Berufsfelder von Sozialwissenschaftlern und werden von diesen im Vergleich zur Gesamtgruppe der Akademiker überdurchschnittlich häufig ergriffen. Das Gleiche gilt in abgeschwächter Form für die Verwaltungsberufe. Ebenso überdurchschnittlich, aber über den Zeitverlauf konstant ist die Affinität von Sozialwissenschaftlern zu den „Medienberufen".

Die Entwicklung der Anteilswerte in der Berufskategorie „Unternehmensberatung" könnte als ein Indiz für das Vordringen von Sozialwissenschaftlern in vormals unbesetzte Berufsfelder gewertet werden. Diese kontinuierlich steigenden Werte sind zugegeben sehr klein. Doch wie bereits bei der Branche „Beratung, Marktforschung, Werbung" zeigt auch hier der Blick auf die Gesamtgruppe der Akademiker, dass es sich insgesamt um eine kleine Berufsgruppe handelt und die Sozialwissenschaftler im Vergleich überdurchschnittlich häufig diese Berufe ergreifen.

Überwiegend ausgeübte Tätigkeiten

Mit der überwiegend ausgeübten Tätigkeit ist in diesem Zusammenhang die Ausführung der hauptsächlich gestellten Aufgaben im Rahmen einer beruflichen Beschäftigung gemeint. Die vorhandenen Datensätze besitzen jeweils eine Variable, die Informationen über die Tätigkeiten bereithält. Die Befragten wurden in diesem Zusammenhang gebeten, aus einer Reihe von Antwortvorgaben jene Tätigkeiten anzugeben, die sie schwerpunktmäßig bei ihrer beruflichen Beschäftigung ausüben. Bei den Befragungen von 1989 und 1993 standen dafür insgesamt zehn Kategorien, bei den Befragungen von 1996 und 2000 doppelt so viele zur Verfügung. Die Möglichkeit einer zusammenfassenden Recodierung der jüngeren Datensätze auf das Niveau der zehn Kategorien der älteren Datensätze wurde an dieser Stelle verworfen. Der Grund ist ein Verlust von für unsere Perspektive besonders interessanten Tätigkeitsbereichen, die nur in den jüngeren Datensätzen vorliegen. Es wurde daher eine Entscheidung zugunsten einer Recodierung auf der Grundlage der Daten von 1996 und 2000 gefällt. Aus diesem Grund sind in der folgenden Tabelle keine Angaben über die früheren Zeitpunkte und keine kumulierten Anteilswerte für die 90er Jahre abgebildet (vgl. Glöckner 2004: 96f.).

Tabelle 4: Überwiegend ausgeübte Tätigkeiten nach Erhebungszeitpunkt (in Prozent)

	Sozialwissenschaftler		Akademikergesamtheit	
	1996	2000	1996	2000
Erziehen, lehren, ausbilden	16,2	10,1	21,8	20,8
Beraten, informieren	14,5	15	5,9	6,8
Künstlerische, journalistische, unterhaltende Tätigkeiten	10,8	12,1	2,3	2,4
Helfen, pflegen; gesundheitlich, sozial	6,2	6,8	9,9	10,5
Management, Führungstätigkeiten	12,4	12,4	10,7	11,6
Werben, Marketing, PR	7,5	7,5	2,8	2,9
Forschen, entwickeln, gestalten	6,6	10,4	14,8	15,6
Schreibarbeiten, Buchführung, EDV	11,2	9,8	9	8,6
Gesetze, Vorschriften anwenden, auslegen	5,8	5,2	7,4	6,7
Einkaufen, verkaufen	4,1	2,9	4,6	4
Sonstige Tätigkeiten	4,6	7,8	10,7	10,1
N	241	307	30.314	28.934

Erneut zeigt sich hier das Bild einer weiten Streuung der Beschäftigung. Darüber hinaus hebt sich keine der aufgeführten Tätigkeiten deutlich von den übrigen ab. Einzelne Werte schwanken zwischen den Erhebungszeitpunkten, so dass deren Stellenwert kaum beurteilt werden kann.

Bemerkenswert zu den vorangegangenen Auswertungen erscheinen die Anteils-werte der Kategorie „Forschen, Entwickeln, Gestalten". War noch in der Aus-wertung der Beruf des „Wissenschaftlers" zu jedem Zeitpunkt der ausprägungs-stärkste, so geht bei der Auswertung der Tätigkeiten nur ein kleinerer Teil sol-chen Tätigkeiten nach, mit denen Wissen geschaffen wird. Die Anteilswerte der Kategorie „künstlerische, journalistische, unterhaltende Tätigkeiten" sind nach den Auswertungen der Branchen- und Berufsverteilung nachvollziehbar und unterstreichen die Neigung von Sozialwissenschaftlern zum Bereich Medien und

Kultur. Stabil und im Vergleich zur Gesamtgruppe der Akademiker überdurchschnittlich sind die Werte für die Kategorie „Werben, Marketing, PR". Gleiches ist noch deutlicher für die Tätigkeiten „Beraten, informieren" abzulesen.

Zusammenfassung und Fazit

Die Deskription von Einzeldimensionen zum Tätigkeitsfeld von Sozialwissenschaftlern für den Zeitraum der 90er Jahre lässt einige interessante Akzente und Tendenzen erkennen. Es konnte gezeigt werden, dass der Hochschulbereich als Arbeitsplatz zwar an Bedeutung verloren hat, der Beruf des Wissenschaftlers jedoch über den gesamten Untersuchungszeitraum hinweg von hervorgehobener Bedeutung für Sozialwissenschaftler bleibt. Dies ist ein Indiz, dass es Sozialwissenschaftlern gelingt, ihre in der Ausbildung erworbenen Kompetenzen auch außerhalb des akademischen Betriebs einzubringen (vgl. Behrendt et al. 2002: 190).

Ein weiteres Ergebnis ist die steigende Bedeutung der Gebietskörperschaften als Arbeitgeber für die Sozialwissenschaftler. Schon zu Beginn der 90er Jahre erweist sich die öffentliche Verwaltung als aufnahmefähig für diese Absolventen. Im Laufe des Jahrzehnts nimmt der Anteil weiter zu. Auch der Bereich Bildung, Gesundheit und Soziales ist in den 90ern von steigender Bedeutung für Sozialwissenschaftler.

Von eindeutig abnehmender Bedeutung ist dagegen das Arbeitsfeld rund um Parteien, Kirchen und Verbände. Obwohl Sozialwissenschaftlern für gewöhnlich eine berufliche Neigung zu diesen Institutionen zugeschrieben wird, sind sie dort im Laufe der 90er Jahre immer seltener berufstätig. Eine recht konstante Affinität ist hingegen für Medienberufe und die entsprechenden Branchen und Tätigkeiten abzulesen. Dieser Bereich erscheint sehr aufnahmefähig für Sozialwissenschaftler.

Als ein Vordringen in vormals unbesetzte Berufsfelder kann die Entwicklung der Anteilswerte in wissensintensiven und unternehmensnahen Dienstleistungsberufen wie Beratung, Markforschung, Marketing, PR oder Werbung gedeutet werden. In diesen Berufen waren zu Beginn des Jahrzehnts noch keine Sozialwissenschaftler tätig. Im Laufe der 90er Jahre sind hier jedoch zunehmend mehr Absolventen zu finden. Das Wachstumsfeld der wissensintensiven Dienstleistungen eröffnet somit auch für Sozialwissenschaftler, neben den bis jetzt schon erfolgreich besetzten, neue bzw. wachsende Tätigkeitsbereiche, in denen sie fachadäquate Beschäftigungen finden. So werden beispielsweise in der Marktforschung oder dem Produktmarketing die sozialwissenschaftlichen Methodenkompetenzen nicht bloß als Zusatzqualifikation nachgefragt. Gleiches gilt für die politische Meinungsforschung. Externalisierte Dienstleistungen wie die strategische Kommunikation für Unternehmen benötigen nicht nur redaktionelle Fertigkeiten, sondern fußen vermehrt auf Ergebnissen der Umfrageforschung. Des Weiteren gibt es einen Markt von Human Resources Dienstleistern, die im Auftrag ihrer Kunden das so genannte Recruiting von Fach- und Führungskräften übernehmen und auf der Basis selbst generierten Wissens zu diesem Thema beraten. Auch der politisch administrative Bereich fragt forschungsbasierte Dienstleistungen und externe Beratung nach, sei es als Evaluation der politischen Instrumente oder als strategische Beratung in Kernfragen. Hier bestehen und entwickeln sich Tätigkeitsfelder für Sozialwissenschaftler mit einer soliden theoretischen und methodischen Ausbildung.

Es kann in der Kürze des Raumes nicht auf alle Tendenzen der generierten Tabellen eingegangen werden. Die Auswertung und Analyse von Mikrozensusdaten hält eine weitere Vielzahl von Informationen zur Beschreibung sozialwissenschaftlicher Beruflichkeit bereit, welche letztlich auch den beruflichen Erfolg betreffen.[18] Die Sekundäranalyse auf der Grundlage des Mikrozensus eröffnet der Berufsfeldforschung die Möglichkeit zur Gewinnung vielfältiger repräsentativer Informationen.

---

18 Vgl. Diaz-Bone et al. (2004) und Glöckner (2004).

Literaturverzeichnis

Behrendt, Erich; Kallweit, Hauke; Kromrey, Helmut (2002): Primat der Theorie? Arbeitsmarkt, Qualifikationen und das Image der Soziologie. In: Soziologie im Wandel. Universitäre Ausbildung und Arbeitsmarktchancen in Deutschland. Opladen: Leske + Budrich, S. 187-198.

Burkhardt, Anke; Schomburg, Harald; Teichler, Ulrich (Hrsg.) (2000): Hochschulstudium und Beruf – Ergebnisse von Absolventenstudien, Bonn: Bundesministerium für Bildung und Forschung.

Diaz-Bone, Rainer; Glöckner, Ulf; Küffer, Anne-Cathérine (2004): Berufliche Situation und Tätigkeitsfeld von Sozialwissenschaftlern. In: Sozialwissenschaften und Berufspraxis (SuB), Jahrgang 27, Heft 2/2004, VS - Verlag für Sozialwissenschaften, S. 171-184.

Glöckner, Ulf; Küffer, Anne-Cathérine; Rothe, Katja; Körner, Tobias; Weiß, Markus (2003): Tätigkeitsfeld und berufliche Situation von Sozialwissenschaftlern. Paper präsentiert auf der 3. Nutzerkonferenz „Forschung mit dem Mikrozensus: Analysen zur Sozialstruktur und zum Arbeitsmarkt", Mannheim: ZUMA. (www.gesis.org/dauerbeobachtung/gml/Service/Veranstaltungen/Nutzerkonferenz2003/a bstracts/glöckneretal.pdf, Zugriff 05.02.2007)

Glöckner, Ulf (2004): Absolventen Sozialwissenschaftlicher Studiengänge auf dem Arbeitsmarkt: Tätigkeitsfelder und beruflicher Erfolg. Diplomarbeit unter Begutachtung von H. Kromrey und W. Clemens. Institut für Soziologie der Freien Universität Berlin.

Meyer, Wolfgang (2002): Die Entwicklung der Soziologie im Spiegel der amtlichen Statistik. In: Stockmann, Reinhard; Meyer, Wolfgang; Knoll, Thomas (Hrsg.): Soziologie im Wandel. Universitäre Ausbildung und Arbeitsmarktchancen in Deutschland, Leske + Budrich, Opladen, S. 45-116.

Schirmer, Werner (2003): Was können Soziologen, was andere nicht können? In: Sozialwissenschaften und Berufspraxis (SuB), Jahrgang 26, Heft 3, Leske + Budrich, S. 241-253.

Stockmann, Reinhard; Meyer, Wolfgang; Knoll, Thomas (Hrsg.) (2002): Soziologie im Wandel. Universitäre Ausbildung und Arbeitsmarktchancen in Deutschland. Opladen: Leske + Budrich.

Stockmann, Reinhard (2002a): Soziologie, die Erfolgsgeschichte eines akademischen Faches. In: Soziologie im Wandel. Universitäre Ausbildung und Arbeitsmarktchancen in Deutschland. Opladen: Leske + Budrich, S. 239-248.

Stockmann, Reinhard (2002b): Quo vadis Soziologie? In: Soziologie im Wandel. Universitäre Ausbildung und Arbeitsmarktchancen in Deutschland. Opladen: Leske + Budrich, S. 13-24.

Ulf Glöckner

Jahrgang 1976, Diplom-Soziologe (FU Berlin und TU Braunschweig), seit 2004 Wissenschaftlicher Mitarbeiter bei der Prognos AG im Bereich Innovationspolitik. Arbeitschwerpunkte: Entwicklung der Höchstqualifizierung, Know-how Transfer zwischen Wissenschaft und Wirtschaft, Programmevaluation von Förderinstrumenten der Innovationspolitik. Aktuelle Veröffentlichung: Pfeiffer, Iris; Glöckner, Ulf; Sharma, Manon Rani; Kaiser, Simone (2007): Unternehmen Hochschulen – Die Zukunft der Hochschulen im Wettbewerb. Prognos Studien Innovation.

Anhang

Studienreform.
Neue Studiengänge in Soziologie und Sozialwissenschaft

Uwe Marquardt

Einführung

Die derzeitige Umbruchsituation an deutschen Hochschulen betrifft naturgemäß auch das Fach Soziologie. Die bisherigen Diplom- bzw. Magister-Studiengänge laufen aus, neue Studiengänge nach dem Bachelor-/ Master-System werden geschaffen.

Diese Studiengänge werden nicht mehr von den Ministerien genehmigt, sondern von sogenannten Agenturen *akkreditiert*. Für sozialwissenschaftliche Fächer sind vor allem die Agentur für Qualitätssicherung durch Akkreditierung von Studiengängen (AQAS) in Bonn, das Akkreditierungs-, Certifizierungs- und Qualitätssicherungs-Institut (ACQUIN), Bayreuth, und die Zentrale Evaluations- und Akkreditierungsagentur (ZEvA), Hannover, von Bedeutung. Die Agenturen arbeiten als Selbstverwaltungseinrichtungen der Hochschulen. Sie haben jeweils Vorstand, Mitgliederversammlung, Akkreditierungskommission, Fachausschüsse, Gutachtergruppen und Geschäftsstelle. Die wichtigsten Verfahrensschritte sind Selbstdokumentationen der Fachbereiche, die Begutachtung durch von den Agenturen eingesetzte Gutachter, Stellungnahmen der Fachbereiche und der Beschluss durch die Agentur.

Die Frage der Berufsorientierung wird insbesondere im – durchweg sechssemestrigen – Bachelorstudiengang stärker thematisiert. In diesem Zusammenhang soll dem Training von Schlüsselqualifikationen wie Kreativitäts- und Arbeitstechniken besondere Aufmerksamkeit gewidmet werden. Praktika sollen in den Prüfungsordnungen der Bachelorstudiengänge als Pflichtbestandteil verankert werden. Die Zulassung zu einem nachfolgenden Masterstudium soll ein absolviertes Praktikum voraussetzen.

Akkreditierte sechssemestrige Studiengänge mit Abschluss Bachelor (B.A.) in Soziologie, Sozialwissenschaften und Social Sciences[19]

Soziologie

Universität Bremen

Akkreditierung durch ACQUIN.

Fächer: Soziologische Theorien, Methoden der empirischen Sozialforschung und Statistik, Sozialstrukturanalyse, spezielle Soziologien und Nebenfach.

Aufbau: In einer Einführungsphase werden Kompetenzen für ein erfolgreiches Studium vermittelt. Deshalb geht es um eine grundlegende Orientierung sowie einen Überblick hinsichtlich Themen, Problem- und Fragestellungen der Soziologie. In der zweiten Studienphase erfolgt eine Einführung und erste Vertiefung in soziologische Theorien, Methoden der empirischen Sozialforschung und Statistik, Sozialstrukturanalyse (Theorien, Methoden und Befunde), spezielle Soziologien und Nebenfachmodule. In der Studienabschlussphase werden theoretische und empirische Kenntnisse vertieft und im Studienabschlussprojekt angewendet.

Profil: Ziel der Ausbildung im Bachelor-Studiengang Soziologie ist die wissenschaftliche Vorbereitung auf die Berufstätigkeit in verschiedenen Bereichen des Beschäftigungssystems. Das Studium vermittelt die wichtigsten Theorien und grundlegenden Wissensbestände der Soziologie, die Grundlagen der Methoden empirischer Sozialforschung und Statistik sowie der Sozialstrukturanalyse. Darüber hinaus erhalten die Studierenden die Möglichkeit, spezielle soziologische Fragestellungen und Bereiche der Soziologie je nach eigenem Interesse auszuwählen und in selbstständiger Arbeitsweise zu vertiefen. Ein wichtiger Schwerpunkt ist neben der Vermittlung spezifisch soziologischer Qualifikationen der Erwerb von extrafunktionalen Qualifikationen.

Bemerkungen[20]: Positiv sind die studienbegleitenden Wahlpflichtkurse zu erwähnen, die praktische und berufsbezogene Fertigkeiten vermitteln (z.B. Moderationstechniken, Interkulturelle Kommunikation, etc.). Ingesamt ist der Studien-

---

[19] Zusammenstellung aufgrund der Datenbank des Akkreditierungsrates und der Homepages der Fachbereiche. Ohne Anspruch auf Vollständigkeit.

[20] Zusammenfassung der Bewertungen durch die Akkreditierungsstellen und eigene Hinweise.

gang professionell strukturiert. Das Forschungsumfeld gilt als eines der besten in Deutschland.

Kontaktperson: Prof. Dr. Uwe Engel, uengel@gsss.uni-bremen.de
www http://www.soziologie.uni-bremen.de/

Universität Hamburg (Department Wirtschaft und Politik)

Akkreditierung durch ACQIN.

Fächer: Der Bereich der Kernqualifikationen umfasst Methoden der empirischen Sozialforschung und Statistik, Kulturen, Geschlechter und Differenzen, Soziale Probleme, abweichendes Verhalten und soziale Kontrolle, Sozialstrukturanalyse, Soziologische Theorien, Geschichte der Soziologie, Aktuelle Theoriediskussionen, Wirtschaft und Betrieb.

Profil: Das Department Wirtschaft und Politik richtet sich mit seinem Bildungsangebot vor allem an Berufserfahrene. Zum Profil des DWP gehören das Studium ohne Abitur, das gestufte Bachelor- und Masterkonzept, die Interdisziplinarität und Praxisorientierung sowie die internationale Ausrichtung. Im interdisziplinär ausgerichteten Bachelorstudiengang (B.A.) werden im ersten Studienjahr Grundlagenkenntnisse in den Fächern BWL, VWL, Soziologie und Wirtschafts- und Arbeitsrecht erworben, bevor dann in einem der Fächer eine Spezialisierung erfolgt.

Universität Rostock

Akkreditierung durch ACQUIN, 2004.

Fächer: Methoden und Techniken der empirischen Sozialforschung, Statistik, Soziologische Theorien, Wirtschafts- und Sozialstrukturanalyse, Demographie.

Profil: Der Studiengang umfasst im 1. Studienjahr unter anderem Module wie Methoden und Techniken der empirischen Sozialforschung, außerdem Gesellschaftsstrukturen und Teile des Moduls Statistik. Im zweiten Studienjahr sind Veranstaltungen zu Soziologischen Theorien und Geschichte der Soziologie zu absolvieren sowie ein Berufspraktikum im 4. Semester. Im letzten Studienjahr steht ein Forschungspraktikum an, das sich über 2 Semester erstreckt.

Bemerkungen: Die Zielsetzung einer konzentrierten, berufsbezogenen Soziologie-Ausbildung erreicht der Studiengang durch eine Profilbildung in Methodenlehre, Wirtschafts- und Sozialstrukturanalyse und Demografie. Eine besondere Bedeutung kommt der engen Kooperation des Instituts für Soziologie und Demographie mit dem in Rostock beheimateten Max-Plank-Institut (MPI) für Demographische Forschung zu.

Kontaktperson: Prof. Dr. Wolfgang Sucharowski:
wolfgang.sucharowski@philfak.uni-rostock.de / http://www.uni-rostock.de/

Sozialwissenschaften

Humboldt-Universität Berlin

Akkreditierung durch ZEvA, 2003.

Fächer: Vermittlung fundierter Grundlagenkenntnisse der beiden sozialwissenschaftlichen Disziplinen Soziologie und Politikwissenschaft sowie deren Methoden.

Aufbau: Regelstudienzeit von 6 Semestern, wobei das sechste Semester zur Anfertigung der Bachelorarbeit dient. Mindestens achtwöchiges Praktikum (empfohlen nach dem zweiten Studienjahr). Zulassungsbeschränkt (NC).

Profil: Das Bachelor-Studium „Sozialwissenschaften" stellt ein integriertes sozialwissenschaftliches Studium dar und umfasst im Kern die Fächer Soziologie und Politikwissenschaft. Integriert bedeutet eine abgestimmte Verbindung von politikwissenschaftlichen und soziologischen Themen und Fragestellungen und eine verbindende Methodenausbildung. Die Vermittlung fundierter Grundlagenkenntnisse der beiden sozialwissenschaftlichen Disziplinen Soziologie und Politikwissenschaft sowie deren Methoden zielt darauf, Handlungs- und Entscheidungskompetenz für komplexe soziale und politische Prozesse auszubilden. Ziel ist die wissenschaftliche Vorbereitung auf Tätigkeiten in verschiedenen Bereichen der Gesellschaft (Wirtschaft, öffentliche Verwaltung, Organisationen gesellschaftlicher und politischer Interessenvertretung, Medien, etc.).

Bemerkungen: Das Konzept des konsekutiven Studiengangs Sozialwissenschaften mit den Abschlüssen Bachelor und Master basiert auf den Kernkompetenzen des Instituts für Sozialwissenschaften und weist in seiner Schwerpunktbildung ein klares Kompetenzprofil auf. Hervorzuheben ist die Interdisziplinarität, die sich in der Gestaltung und Konzeption der einzelnen Module widerspiegelt.

Kontaktpersonen: Henryk Schulze: ba-maberatung@web.de; Prof. Dr. Herfried Münkler: Herfried.muenkler@sowi.hu-berlin.de; http://www.social-science.hu-berlin.de/

Universität Düsseldorf

Akkreditierung durch AQAS, 2003.

Fächer: Gemeinsamer Studiengang der Fächer Soziologie, Politikwissenschaft sowie Kommunikations- und Medienwissenschaft.

Aufbau: Die Regelstudienzeit von 6 Semestern beinhaltet ein Pflichtpraktikum von 3 Monaten. Das modular aufgebaute Studium gliedert sich in 1. und 2. Studienjahr sowie ein Abschlussjahr. Verpflichtende Besuche von praxisorientierten Sprachkursen und berufspraktischen Lehrveranstaltungen sind vorgesehen.

Zulassung: Zulassungsbeschränkt – Universitätsinternes Auswahlverfahren.

Profil: Der Bachelor-Studiengang „Sozialwissenschaften" gliedert sich in einen fachlich-inhaltlichen Teil mit Basis- und Themenmodulen (86 Kreditpunkte), einen Methodenteil (30 Kreditpunkte), einen Praxisteil (28 Kreditpunkte), einen fachübergreifenden Wahlpflichtbereich (18 Kreditpunkte) sowie die abschließende Bachelor-Arbeit (12 Kreditpunkte). Der Bachelor-Studiengang integriert Studieninhalte der Fächer Soziologie, Politikwissenschaft und Kommunikations- und Medienwissenschaft.

Bemerkungen: Neben der klaren inhaltlichen Struktur ist insbesondere die stringente Methodenausbildung hervorzuheben. Zudem erlauben es die obligatorischen Praktika den Studierenden, in verschiedenen Berufsfeldern Erfahrungen zu sammeln. Der Wahlpflichtbereich sollte nach Ansicht der Gutachter jedoch klarer geregelt werden. Hinsichtlich der Internationalisierung wurde empfohlen, die vorhandenen Kontakte zu aktivieren und auszubauen.

Anmerkungen: Der Bachelor-Master-Studiengang Sozialwissenschaften der Universität Düsseldorf wurde 2003 vom Stifterverband für die deutsche Wissenschaft mit dem Preis für innovative Studiengänge ausgezeichnet. Die Preisgelder werden für die Internationalisierung und die Praxiskomponente (Berufsqualifikation, Alumninetz) eingesetzt.

Dass BA-Studiengänge im Bereich Sozialwissenschaften zu einer erheblichen Reduktion von Abbrecherquoten und zu einer wesentlichen Beschleunigung des Studiums beitragen, ist anhand des Düsseldorfer Studiengangs (seit 1999) belegbar: Schwundquote unter 10 Prozent, Abschlüsse in der Regelstudienzeit nach 6 Semestern: über 70 Prozent!

Die Chancen der BA-Absolventen bei der Bewerbung für in- und ausländische sozialwissenschaftliche Masterprogramme sind nach bisherigen Erfahrungen sehr gut.

Kontaktperson: Prof. Dr. Michael Baurmann:
baurmann@phil-fak.uni-duesseldorf.de;
www http://www.ba-sozialwissenschaften.uni-duesseldorf.de/adr_tel.html

Universität Erfurt

Akkreditierung durch ACQUIN, 2001.

Abschluss: Bachelor (B.A.) Staatswissenschaften – Sozialwissenschaften.

Fächer: Orientierung an den Schwerpunktbereichen: Soziologische Theorie, Soziale Strukturen und Prozesse, Politische Theorie, Vergleichende Regierungslehre und Internationale Beziehungen. Hinzu kommen die Methoden der empirischen Sozialforschung.

Aufbau: 6 Semester, als Haupt- und Nebenstudienrichtung studierbar.

Profil: Die Staatswissenschaftliche Fakultät der Universität Erfurt ist ein Verbund der Fachbereiche Rechtswissenschaft, Sozialwissenschaften (Politikwissenschaft und Soziologie) und Wirtschaftswissenschaft mit dem Ziel, ein interdisziplinäres Ausbildungskonzept zu entwerfen. Der Bachelorstudiengang Staatswissenschaften ist untergliedert in eine zweisemestrige Orientierungsphase und eine viersemestrige Qualifizierungsphase, in welcher die Studierenden individuelle Schwerpunkte legen können.

Bemerkungen: Insgesamt kann die Konzeption des Studiengangs als akzeptable Grundlage zu weiterführenden Masterstudiengängen angesehen werden. Im Hinblick auf die Praxisorientierung ist positiv zu vermerken, dass eine Vielzahl der Kurse von Lehrbeauftragen aus der Praxis angeboten werden und auch inhaltlich häufig Bezug auf aktuelle Entwicklungen der Praxis genommen wird.

Kontaktpersonen: Prof. Dr. Michael Strübel: michael.struebel@uni-erfurtde; Prof. Dr. Peter Winker: Peter.winker@uni-erfurt.de; http://www.uni-erfurt.de/lehre/studiengaenge/ba/main.html

Universität Marburg

Akkreditierung durch ACQUIN, 2006.

Profil: Der Bachelorstudiengang „Sozialwissenschaften" soll eine speziell auf die praktische Anwendung von sozialwissenschaftlichen Erkenntnissen ausgerichtete Ausbildung liefern. Das Studium umfasst eine sozialwissenschaftliche Grundlagenausbildung, eine Qualifizierung in sozialwissenschaftlichen Theorien und zur Analyse und Bearbeitung sozialer Probleme und Fragestellungen sowie die Entwicklung und Förderung fächerübergreifender Kompetenzen wie die Fähigkeit, Positionen begründet zu vertreten zu können, Fremdsprachenkompetenz sowie Organisationskompetenz und Teamfähigkeit.

Bemerkungen: Der B.A.-Studiengang Sozialwissenschaften eröffnet den Zugang zu diversen M.A.-Programmen des Fachbereichs. Die Inhalte sind aktuell, die Struktur des Studiengangs ist transparent und logisch, erlaubt zugleich eine individuelle Profilbildung. Zudem bietet dieses Bachelor-Programm als einziges in Deutschland das Modul „Friedens- und Konfliktforschung" an und trägt somit zur Attraktivität des Studiengangs bei. Als besonders positiv ist das Konzept der aktiven Teilnahme zu bewerten, was zugleich zur Ausbildung der sogenannten *soft skills* dient.

Kontaktperson: Prof. Dr. Matthias Bös, Mathias.Boes@staff.uni-marburg.de

Social Science(s)

Universität Osnabrück

Akkreditierung durch ZevA

Abschluss: Bachelor (B.A.) Social Sciences..

Fächer: Soziologie, Sozioökonomie, Politikwissenschaft, Empirische Sozialforschung und Statistik. Hinzu kommt ein Nebenfach. Nicht zulassungsbeschränkt (243 Studienplätze).

Profil: Dieser Studiengang kennt zwei Varianten: a) einen Bachelor-Studiengang mit einem *Major* in „Soziologie" und einem *Minor* in „Politikwissenschaft" (Sozioökonomie ist dann integraler Bestandteil der *Major*-Variante „Soziologie"), und b) einen Bachelor-Studiengang mit einem *Major* in „Politikwissenschaft" und einem *Minor* in „Soziologie". Beide Varianten haben einen gemeinsamen integrierten Teil. Die Einschreibung erfolgt einheitlich in den Bachelor-Studiengang „Social Sciences".

Dieser B.A. qualifiziert nicht für ein fest definiertes Berufsbild, sondern für ein breites Spektrum von sich kontinuierlich wandelnden Tätigkeitsfeldern im Bildungs- und Beratungsbereich, der Öffentlichen Verwaltung, den Medien, der Wirtschaft, der Wissenschaft und Forschung sowie Verbänden, Parteien und Parlamenten.

Bemerkungen: Zusammenfassend lässt sich ein klares Kompetenzprofil hinsichtlich des Curriculums konstatieren, welches auf den ausgewiesenen Forschungsschwerpunkten des Instituts basiert. Erwähnenswert ist die Vermittlung von Schlüsselkompetenzen in den Einführungs- und Grundkursen im Bachelorstudium durch den Einsatz qualifizierter TutorInnen. Auf diese Weise wird eine effiziente und zugleich anwendungsorientierte Vermittlung von Schlüsselkompetenzen sichergestellt. Das Konzept kann als tragfähig und realisierbar angesehen werden. Positiv hervorzuheben ist der interdisziplinäre Ansatz, welcher sich in der Gestaltung und Konzeption der einzelnen Module widerspiegelt.

Kontaktperson: Professor Roland Czada: Roland.czada@uni-osnabrueck.de; www http://data.sozialwiss.uni-osnabrueck.de/wcms/html.php?page=1344

Universität Siegen

Akkreditierung durch AQAS, 2004.

Abschluss: Bachelor "Social Science".

Fächer: Sozialwissenschaftliche Grundausbildung der Fächer Politikwissenschaft und Soziologie. Ergänzung durch zusätzliche Profilbildung in einem "*Special*

Studies"-Bereich ("Media Studies", "European Studies" oder "Social Policy Studies").

Aufbau: Modulare Gliederung (Basismodule, Themenmodule, Methodenmodule, Praxis- und Vermittlungsmodule, inkl. Praktikum). BA-Arbeit von 2 Monaten Bearbeitungszeitraum (40-45 Seiten).

Profil: Die Studiengänge orientieren sich an einer sozialwissenschaftlichen Kompetenz und führen Politikwissenschaft und Soziologie als integrierte Basis des Studiums zusammen. Im Bachelorstudiengang sollen fachliche, methodische, kommunikative und mediale Grundkompetenzen und Schlüsselqualifikationen vermittelt werden. Die fachlichen Anteile im Studium werden durch berufsorientierte Studien, in denen teilweise auf fächerübergreifende Angebote zurückgegriffen wird, ergänzt. Beim Studium nach dem integrativen Modell treten die *Special Studies* hinzu. Hier stehen die Schwerpunkte European Studies, Media Studies und Social Policy Studies zur Auswahl, die mit Forschungsschwerpunkten der Hochschule korrespondieren.

Bemerkungen: Das Konzept kann als gelungene Kombination von Soziologie und Politikwissenschaft angesehen werden. Die über das Fachliche hinaus angelegte Ausbildung und die Orientierung auf breite Berufsfelder entsprechen den Anforderungen der Praxis. Die ausgewiesenen Schwerpunkte, die sich beim Bachelorstudiengang in den Special Studies niederschlagen, wurden in der Begutachtung als zukunftsweisend und auch für den europäischen Raum attraktiv erachtet. Hervorzuheben ist die Betreuung der Studierenden, die insbesondere durch ein stringent eingeführtes Mentorenprogramm gewährt wird.

Kontaktperson: Markus Grebe:Studienkoordinationfb1@uni-siegen.de; www http://www.fb1.uni-siegen.de/ba_ma/

International University Bremen

Akkreditierung durch ACQUIN, 2004.

Fächer: Zusammenführung von Aspekten aus Wirtschaft, Massenkommunikation, Politikwissenschaft und Soziologie. Ausgeprägter Methodenteil. Konzipiert für eine internationale Studentenschaft.

Zulassung: Hochschuleigenes Auswahlverfahren. Über die Zulassung wird auf der Grundlage eines leistungsbezogenen Auswahlverfahrens entschieden. Für das Studium sind Studiengebühren zu entrichten, die Studierenden können durch Stipendien unterstützt werden.

Profil: Internationaler Studiengang in der *School of Humanities and Social Sciences*. Die Studierenden wählen ein Studienprogramm, sog. *Majors* ("History and Theory of Arts in Literature", "History", "Integrated Social and Cognitive Psychology", "Integrated Social Sciences", "International Politics and History"), das durch

Wahlveranstaltungen aus anderen Programmen der *School*, aus Veranstaltungen der *School of Engineering and Science* sowie den *University Studies Courses* ergänzt wird. Unterrichtssprache ist Englisch. In allen Schwerpunkten (*Majors*) ist eine gemeinsame Methodenauswahl integriert, in der statistische Grundlagen und methodische Kenntnisse quantitativer Forschung sowie die Verbindung von quantitativen und qualitativen bzw. von geistes- und naturwissenschaftlichen Forschungsmethoden vermittelt werden.

Bemerkungen: Die IU Bremen verfügt über ein attraktives Fächerspektrum und über innovationsbereite und engagierte Hochschullehrer. Das Studienmodell trägt den Standortbesonderheiten und Ressourcen in Bremen Rechnung und führt die vorhandenen Lehrpotentiale in sinnvoller Weise zusammen. Das IUB-Modell gilt als innovativ, zukunftsweisend für eine generalistische Ausbildung mit internationaler Ausrichtung, bei einem hohen Ausländeranteil unter den Studierenden wie Lehrenden. Die StudentInnen verwalten ihre *Colleges* selbst. Der zu lehrende/ lernende Stoff erscheint vergleichsweise umfangreich und anspruchsvoll; zugleich gibt es jedoch einleuchtende thematische Eingrenzungen.

Kontaktpersonen: Dr. Freia Hardt hardt@iu-bremen.de; Prof. Dr. Max Kaase : m.kaase@iubremen.de; www.iu-bremen.de

Uwe Marquardt

Dipl.-Sozialwissenschaftler, von 1971 bis 2005 als Referent bzw. Referatsleiter im Ministerium für Wissenschaft und Forschung des Landes NRW tätig, Senatsmitglied des BDS, Mitglied im Herausgebergremium „Sozialwissenschaften und Berufspraxis", Redakteur „BDS Newsletter"

Alumni- und Alumnae-Vereinigungen der Soziologie / Sozialwissenschaft. Anschriften[21]

Uwe Marquardt

Universität Bamberg: Absolventen der Bamberger Soziologie e.V.

Kontakt: Dr. Jan Schmidt, Forschungsstelle "Neue Kommunikationsmedien"

An der Universität 9 / 501, 96049 Bamberg, Tel.: 49-(0)951-863-2213

jan.schmidt@split.uni-bamberg.de, abs@sowi.uni-bamberg.de

http://www.abs-bamberg.de/

Der Verein „Absolventen der Bamberger Soziologie e.V." (ABS) besteht seit Sommer 2001 und hat derzeit etwa 70 Mitglieder. Das Vereinsziel ist, die Qualität des Studienganges an der Universität Bamberg zu fördern und den Kontakt der Absolventen des Studienganges untereinander sowie zwischen Absolventen, Studierenden und Dozenten zu unterstützen.

TU Berlin: Ehemaligen-Programm des Instituts für Soziologie

Kontakt: Lisa-Marian Schmidt, Tel.: 49-(0)30-314-295 16

sozalumni@hotmail.de

Ziel des Alumni-Programms am Institut für Soziologie der TU Berlin ist es, die Verbindung zwischen dem Institut und ehemaligen Angehörigen aufrecht zu halten und zu fördern, indem es Möglichkeiten zur Kommunikation schafft, den Gedankenaustausch zwischen Ehemaligen und mit aktuellen Studierenden und Lehrenden am Institut befördert, Orte für das Zurückspielen von Erfahrungen der Praxis an das Institut bereitstellt, Informationen über aktuelle Forschungsprojekte und Vorhaben in der Lehre kommuniziert, Themenstellungen für und Möglichkeiten von Diplomarbeiten und Praktika vermittelt, Chancen des Kennenlernens möglicher Arbeitszusammenhänge und Arbeitgeber sowie möglicher

---

[21] Ohne Anspruch auf Vollständigkeit, ohne Gewähr.

Mitarbeiterinnen und Mitarbeiter eröffnet. Alumni-Treffen des Instituts finden alle zwei Jahre statt.

Berlin: sowi-vernetzt

Kontakt: info@sowi-vernetzt.de; http://www.sowi-vernetzt.de/

sowi-vernetzt ist ein 2004 gegründetes Netzwerk von und für junge SozialwissenschaftlerInnen verschiedener Disziplinen. Das Netzwerk bietet die Möglichkeit einer gegenseitigen Unterstützung und Beratung hinsichtlich der beruflichen Orientierung sowie ein interaktives Forum für einen offenen Austausch über sozialwissenschaftliche Themen.

Universität Bochum: Verein zur Förderung sozialwissenschaftlicher Praxis (SOPRA)

Kontakt: Prof. Dr. Werner Voß, 2.Vorsitzender

sopra@rub.de

An der Fakultät für Sozialwissenschaft besteht ein gemeinnütziger Verein mit dem Ziel, den Kontakt zur sozialwissenschaftlichen Praxis zu fördern (SOPRA e.V.). Der Verein gibt einen Informationsbrief heraus. Er unterstützt die Fakultät bei der Durchführung der Feiern für die neuen Absolventinnen und Absolventen.

TU Braunschweig: Alumni-Netzwerk Anansi

Kontakt: Melanie Sorkalla

Anansi_netzwerk@web.de; http://www.anansi.de.vu/

Wissen sammeln und untereinander weitergeben, damit möglichst viele profitieren. Zu diesem Zweck haben sich am Institut für Sozialwissenschaften der Technischen Universität Braunschweig Studierende in der Examensphase zum Netzwerk ANANSi zusammengeschlossen. Das Netzwerk bildet einen geeigneten Rahmen, in dem die Studenten sich über ihre Erfahrungen im Studium und während der Examensphase austauschen können.

Universität Bremen: Alumni-Netzwerk

Kontakt: Fachbereich 8 (Sozialwissenschaften); Studiengang Soziologie, Dr. Werner Petrowsky, Tel.: +49 421 218-2279

werner.petrowsky@soziologie.uni-bremen.de

Neben den universitätsweiten Alumni-Aktivitäten (Community Bremen, http://www.alumni.uni-bremen.de/) befindet sich im Fachbereich Sozialwissenschaften ein Alumni-Netzwerk im Aufbau, das u.a. internetbasiert dem Austausch von Informationen und Angeboten (z.B. Weiterbildung, Lehraufträge) dienen soll. Alumni sind einbezogen in das regelhaft im Sommersemester angebotene Modul „Arbeitsmarkt und sozialwissenschaftliche Berufsfelder" des Bachelorstudiengangs Soziologie und als Gastdozenten in den Modulen der speziellen Soziologie.

Universität Düsseldorf: VERSO

Kontakt: Prof. Dr. Hartwig Hummel (Vorsitzender Verso e.V.), Sozialwissenschaftliches Institut

Universitätsstrasse 1, 40225 Düsseldorf, Tel. 0211 / 81 11512; Fax: 0211 / 81 12875

Alumni-Team: Susanne Christ

christ@phil-fak.uni-duesseldorf.de; http://www.sowi.uni-duesseldorf.de/alumni

Der Verein der Freunde und Förderer des Sozialwissenschaftlichen Instituts der Heinrich-Heine-Universität Düsseldorf e.V. (v e r so) wurde 2001 von Professoren, Mitarbeitern und Studierenden an der Universität Düsseldorf gegründet. v e r so unterstützt innovative Lehrkonzepte wie Lehrforschungsprojekte, Teamprojekte oder das jährliche Mastermeeting und die Internationalisierung. v e r so pflegt zusammen mit dem Praktikumsbüro den Kontakt zur Arbeitswelt und ermöglicht dem Institut, zusätzliche Gastwissenschaftler oder Praktiker einzuladen, unterstützt aber auch die Kontaktpflege zu den Alumni des Instituts.

Universität Duisburg-Essen: Alumni-Netzwerk des Instituts für Soziologie

Kontakt: Vorsitzender Prof. Dr. Frank Faulbaum (frank.faulbaum@uni-duisburg-essen.de), Stellvertretende Vorsitzende Dipl.-Soz.-Wiss. Anette Schönborn

anette.schoenborn@anis-duisburg-essen.de;
http://www.anis-duisburg-essen.de/; info@anis-duisburg-essen.de

Der Zusammenschluss von AbsolventInnen, fortgeschrittenen Studierenden, DiplomandInnen und Mitgliedern des Instituts für Soziologie der Universität Duisburg-Essen (ANIS) ist ausgerichtet auf die Kontaktpflege, die Karriereförderung und die Vermittlung berufsbezogener Informationen.

Universität Hamburg: Alumni Verein

Kontakt: (Vorstand) Annett Nack, Christian Struck, Ernst-Oliver Schulte, Frank Leptien und Torsten Sturm

Alumni-Verein Hamburger Soziologinnen und Soziologen e.V.

Postfach 130106, 20101 Hamburg

http://www.alumni-soziologie.de/; info@alumni-soziologie.de

Seit dem Sommersemester 2000 ist der ALUMNI-Verein im Lehrplan der Hamburger Universität mit der Übung „Soziologie und Beruf" vertreten. Über mehrere Semester bietet er neben einer Orientierungseinheit für Examenskandidaten auch Informationen über Praktika, Wege zum Berufseinstieg und Erfahrungen von ALUMNI und anderen interessanten Gästen. Der Verein strebt die Mitgliedsmarke von 150 Ehemaligen an. Als regelmäßiges Forum wurde der „Alumni-Schnack" eingerichtet.

Universität Hamburg: Gesellschaft der Freunde und Förderer der HWP e.V.

Kontakt: GdFF i.Hs. HWP

Von-Melle-Park 9, 20 146 Hamburg, Tel. 040 / 4719 31-51, Fax 040 / 4719 31-41

Die Hochschule für Wirtschaft und Politik (HWP) ist seit dem 1. April 2005 Teil der Universität Hamburg. Die Gesellschaft der Freunde und Förderer besteht trotzdem weiter, als Anwalt der das HWP-Studium auszeichnenden Elemente: Interdisziplinarität des berufsbezogenen Studiums und Hochschulzugang für Bewerber ohne Abitur. Die Gesellschaft unterstützt alle Aktivitäten, die das praxisorientierte HWP-Studienmodell fördern und dazu beitragen, es bundesweit bekannt zu machen. Mitglieder der GdFF sind Absolventinnen und Absolventen der HWP, sie wirken als Förderer dieses Studienmodells in ihrem jeweiligen beruflichen Umfeld. Ziel der GdFF ist es auch, Netzwerk zwischen Ehemaligen und jetzt bzw. künftig Studierenden zu sein.

Universität Heidelberg: Alumni Soziologie

Kontakt: Prof. Dr. Markus Pohlmann / Sita Schanne, M.A.

Institut für Soziologie, Universität Heidelberg, Sandgasse 9, 69117 Heidelberg

alumni-soziologie@uni-heidelberg.de
http://www.alumni-soziologie.uni-hd.de/

Alumni Soziologie versteht sich als Plattform für den beruflichen, wissenschaftlichen und privaten Austausch zwischen und mit all denen, die einmal am Institut für Soziologie studiert und gearbeitet haben. Für Studierende geht es vor allem um die Perspektive, dass soziologisches Arbeiten auch außerhalb der Universität möglich ist. Erfahrungsgemäß werden viele Stellen über persönliche Kontakte und Netzwerke besetzt. Mit der Alumni-Arbeit soll ein Netzwerk geschaffen werden, das Studierenden und Absolventen den Berufseinstieg in soziologienahen Feldern erleichtert.

Universität Konstanz: VEUK e. V.
(Verein Ehemaliger der Universität Konstanz)

Kontakt: Verein der Ehemaligen der Universität Konstanz VEUK e. V.

Fach M 693, 78457 Konstanz

veuk@uni-konstanz.de
http://www.uni-konstanz.de/alumni/veuk.php

Zweck des Vereins ist es, Forschung und Lehre an der Universität Konstanz sowie den Erfahrungsaustausch zwischen den AbsolventInnen, dem Lehrkörper und den Studierenden zu fördern.

Universität Leipzig: Förder- und Freundeskreis Leipziger Soziologie e.V.

Kontakt: Vorsitzender: Per Kropp

Am 2. Februar 1999 fanden sich auf Einladung einer Initiativgruppe 15 StudentInnen und Wissenschaftler zusammen, um den Verein Förder- und Freundeskreis Leipziger Soziologie e.V. zu gründen. Ein wichtiges Anliegen ist es, auf gemeinnütziger Ebene Forschung und Lehre des Instituts zu unterstützen. Der Freundeskreis organisiert soziologische Kolloquien in Zusammenarbeit mit dem Institut für Soziologie.

Universität Mainz: Alumneum – Sektion Soziologie

Kontakt: Dr. Kajetan Hinner (Sektionssprecher), Institut für Soziologie, Susanne Dera (Vorstand), Dr. Ralf Ottermann (Vorstand), Agentur für Praxissoziologie

Soziologie.alumneum@uni-mainz.de

Seit Juli 2006 existiert die Sektion Soziologie innerhalb des universitätsweiten Alumni-Netzwerkes Alumneum. Die Sektion versteht sich als Schnittstelle zwischen Studium, Forschung und Lehre sowie außerwissenschaftlicher Berufspraxis und Öffentlichkeitsarbeit für Mainzer Soziologen.

Universität Mannheim: RAM-Jahresfeier

Kontakt: Erster Vorsitzender: Frederik Blomann, Zweite Vorsitzende: Tanja Langner

Rationale Altruisten (RAM e.V.)

D-68159 Mannheim

http://www.sowi.uni-mannheim.de/p/4_10_abs2006.html
http://www.sowi.uni-mannheim.de/p/3_3_Absolv06.html
http://www.sowi.uni-mannheim.de/fssowi ; info@ram-ev.de

Die Rationalen Altruisten Mannheim sind ein eingetragener gemeinnütziger Verein. Mitglieder des Vereins sind derzeitige und ehemalige Studierende an der Fakultät für Sozialwissenschaften. Das grundlegende Ziel des Vereins besteht darin, die Fakultät für Sozialwissenschaften der Universität Mannheim – insbesondere die Studierenden – zu unterstützen.

Universität München: Socio.Logical.Network e.V.

Kontakt: Fabian Bohn (Geschäftsführer)

Konradstrasse 6, 80801 München, Fon: +49 89 2180 - 2251

alumni@soziologie.uni-muenchen.de; http://alumni.soziologen.de

Am 14. Dezember 2004 wurde der Alumni-Verein der Soziologinnen und Soziologen der Universität München gegründet, um damit die Grundlagen für eine zukünftig erfolgreiche Vernetzungsarbeit zwischen Absolventen, Mitarbeiterinnen und Studierenden des Instituts für Soziologie zu schaffen. Ein Ziel des Vereins ist es, Interessierten tiefere Einblicke in soziologische Themen zu gewähren, sowie diese näher in die Blicke der Öffentlichkeit zu rücken. Mitglied oder Fördermitglied im Socio.Logical.Network e.V. können alle Studenten, Alumni und Interessierte werden.

München: soziologen.net – Service- und Netzwerkplattform für Soziologen

Kontakt: Dipl.-Soz. Cornelia Lotz

Görresstr. 28, 80798 München, Tel.: (089) 55 26 89 93

info@soziologen.net / http://www.soziologen.net/

soziologen.net existiert seit Januar 2006, initiiert von einer Soziologie-Absolventin der Uni München. Seither haben sich vor allem StudentInnen und AbsolventInnen des Münchner Soziologie-Instituts registriert, um die Plattform mit Inhalten zu füllen. Der Benutzerkreis ist nicht auf München oder Deutschland beschränkt. Es werden alle deutschsprachigen Soziologie-Institute sowie daraus hervorgehende SoziologenInnen angesprochen.

Universität Erlangen-Nürnberg: AbsolventInnentag

Kontakt: Alumni-Netzwerk und Fakultätsbund der WiSo-Nürnberg e.V.:

http://www.soziologie.wiso.uni-erlangen.de/sowinet

An der Universität Nürnberg findet jährlich ein Absolvententag mit Vorträgen und Mitgliederversammlung statt.

Der BDS – die Organisation für Praxissoziologie

Wolfram Breger

Professionalisierung und Studienreform

Der Berufsverband Deutscher Soziologinnen und Soziologen e.V. (BDS) – Auftraggeber des vorliegenden Sammelbandes – wurde 1976 in Mannheim als berufspraktische Vereinigung gegründet.[22] Damals wie heute ging es darum, die Professionalisierung der Soziologie vor allem in Arbeitsfeldern außerhalb der universitären Forschung und Lehre zu fördern, die spezifischen Qualifikationen von Soziologen in der Öffentlichkeit herauszustellen und die beruflichen Interessen von Soziologen und Soziologinnen, Sozialwissenschaftlern und Sozialwissenschaftlerinnen in einer Organisation zusammenzufassen.

Die Initiative wurde getragen von einigen renommierten Hochschullehrern der Soziologie sowie von Praktikern, die sich zum Teil bereits in exponierten beruflichen Positionen befanden. Profilierung der Berufsrolle und Repräsentation des Berufsinteresses, Förderung der praktischen Anwendung der Soziologie, Vorstöße zur Studienreform und entsprechende Öffentlichkeitsarbeit waren die Hauptpunkte der *agenda*, die sich der junge Verband in der Gründungsphase auf die Fahnen geschrieben hatte.[23] Schon früh (1978) wurde eine Musterstudienordnung gemeinsam mit der (wissenschaftlichen) Deutschen Gesellschaft für Soziologie (DGS) verabschiedet. Zahlreiche Fachausschüsse, Sektionen genannt, entstanden, in denen die außeruniversitäre Berufspraxis von Soziologen nach den verschiedensten Seiten hin beleuchtet wurde. Der Bundesminister des Innern erkannte Soziologie als substitutionsfähiges Fach an. 1981 wurde die erste, 1983 die zweite BDS-Fachtagung „für angewandte Soziologie" jeweils an der Ruhr-Universität Bochum durchgeführt, ganz im Zeichen der Professionalisierungsde-

---

[22] Eintragung im Vereinsregister Amtsgericht Bonn, Nr. 5006. Die Bundesgeschäftsstelle ist in Recklinghausen; e-Mail-Anschrift: geschaeftsstelle@bds-soz.de.

[23] Quellen zu diesem Beitrag sind die „BDS Infos" 1976-82, die Beiträge in der Fachzeitschrift „Sozialwissenschaften und Berufspraxis", hrsg. vom BDS (insbes. die Jg. 1983 ff.), sowie die Chronik „25 Jahre BDS" von Ingrid Voigt, bds-paper 2001.

batte – und im Zeichen von *Norbert Elias*, bei beiden Veranstaltungen der Eröffnungsredner.

In den folgenden Jahren nahm das Engagement in Fragen der Studienreform und berufsfeldorientierten Soziologieausbildung, z.B. mit einer Evaluation des Bielefelder Reformmodells und einer vergleichenden Analyse der Berufsaussichten der Absolventen mit anderen Ausbildungsorten, weiterhin einen breiten Raum ein. Gleichzeitig traten Themenkomplexe von Arbeit, Arbeitsmarkt und Arbeitslosigkeit, aber auch die private Wirtschaft als zunehmend wichtiges und realistisches Arbeitsfeld in den Blick. Die Verantwortung von Sozialwissenschaftlern wurde breit, und durchaus kontrovers, diskutiert; es kam, auch dies ein wichtiger Etappenschritt, gemeinsam mit der DGS zur Verabschiedung professionsethischer Grundsätze und zur Gründung einer gemeinsamen Ethikkommission, die bis heute besteht.

Soziologische Beratung und Existenzgründung

Berufspolitisch wurde in den 80er Jahren die soziologische Beratung als berufliches Handlungsfeld durch einige auf diesem Gebiet tätige Verbandsmitglieder beharrlich in die Diskussion gebracht. Eine Diskussion, die immer mehr an Breite und Tiefe gewann und später in die Gründung einer eigenen Fachgruppe mündete. Z.T. verbunden mit universitären Abschlussarbeiten und empirischen Untersuchungen, entstanden hier wichtige Grundlagenbeiträge. „Selbständigkeit" (Existenzgründung) von Soziologen rückte als entwicklungsfähiges Berufsfeld immer mehr in den Vordergrund. In mündlich-schriftlichen Debatten und Erfahrungsaustausch fand ein regelrechter Wettbewerb statt zur Klärung des Alleinstellungsmerkmals von Soziologen in diesem Feld wie auch darüber, wie das Studium hierauf vorbereiten könnte/sollte. Einen Kulminationspunkt hierzu hatte bereits die IX. Tagung für angewandte Soziologie „Soziologische Beratung" in Köln 1996 dargestellt.

Der Transformationsprozess in der früheren DDR, die Ausbildungssituation in der Soziologie in den neuen Bundesländern, die Devise „Kooperation statt Vereinnahmung" als Grundeinstellung gegenüber den dortigen Kolleginnen und Kollegen nahmen sowohl in den Verbandspublikationen wie im persönlichen Engagement von Mitgliedern einen erheblichen Raum ein.

In der IT-Welt

Auch die neuen Informations- und Kommunikationstechnologien wurden aufgegriffen. Erste Kurse zur EDV-gesteuerten Datenanalyse führte der BDS 1985 durch. Seither war und ist die Praxisreflexion zur „Technisierung der Vergesellschaftung" im weitesten Sinne ein ständiges Thema in den Verbandsveröffentlichungen und -aktivitäten. Die XI. Tagung für angewandte Soziologie, 2001 in Bad Boll, widmete sich ausschließlich diesem Thema („Virtuelle soziale Beziehungen"); im gleichen Kontext startete der BDS ein Modellprojekt: eine Traineeausbildung „Neue Medien" für arbeitsuchende AkademikerInnen in Zusammenarbeit mit dem Arbeitsamt Dortmund und der Dortmunder Gesellschaft für Bildung und Beruf (GBB), das in zwei Jahrgängen mit großem Erfolg realisiert werden konnte. (Schon vorher hatte es ein Traineeprogramm „Beratung" gegeben, das von einem engagierten Münchner Kollegen mit einigen jungen TeilnehmerInnen aus dem BDS-Umfeld durchgeführt wurde.) Nach längerer Anlaufphase gehören zudem Internetauftritt und elektronische Mitgliederrundbriefe („BDS Newsletter") zum Alltag.

Weiterbildung als Aufgabe

„Praxissoziologische" Weiterbildung ist eine wesentliche Aktivität des Berufsverbandes, wenn auch mit wechselnder Prioritätensetzung und phasenweise wechselndem Erfolg. Manchmal waren die eigenen Kräfte dabei überfordert. So bei den mehrfachen Versuchen, eine eigenständige BDS-Akademie („Praxisakademie") zur berufsbezogenen soziologischen Weiterbildung aufzubauen: Projekte, in die zahlreiche Mitglieder viel Arbeit investiert haben. Heute geht der BDS diese Thematik gelassener an, sucht eher die Zusammenarbeit mit Anderen oder verlagert derartige Aktivitäten auf die regionale Ebene bzw. die Fachgruppenebene, wo sie, wenn auch unter unterschiedlichen Titeln oder auch nur implizit, tatsächlich stattfindet.

Kooperationen

Kooperationen sind ein wesentliches Element in der Arbeit des BDS. In der Herausgabe der Zeitschrift „Sozialwissenschaften und Berufspraxis" hat der BDS schon seit Jahren mit Hochschulen und Hochschullehrern zusammengearbeitet und ist neuerdings in dem Department Wirtschaft und Politik (ehemals Hochschule für Wirtschaft und Politik), Universität Hamburg, gut aufgehoben. Bei den Tagungen für angewandte Soziologie konnte der Verband immer wieder kompetente und freundschaftliche Partner finden, so zuletzt das Wissenschaftszentrum Berlin (2005), aktuell das Bundesinstitut für Berufsbildung, Bonn (2007) sowie kontinuierlich die (seit 2007 der Universität Dortmund zugeordneten) Sozialforschungsstelle Dortmund.

Nach einer gewissen Distanz in der Gründungsphase findet nun schon lange eine punktuelle Zusammenarbeit mit der DGS statt, sowohl auf Ebene der Vorstände, wo es mehrere gemeinsame Treffen gab und gibt, wie auch auf der Ebene der jeweiligen Tagungen: den Tagungen für Soziologie der DGS, bei denen DGS und BDS z.B. gemeinsame Podiumsdiskussionen (2004, 2006) durchführten, oder den Tagungen für angewandte Soziologie des BDS. Der BDS kooperiert mit anderen Berufsverbänden wie der Deutschen Gesellschaft für Projektmanagement (GPM) oder dem Berufsverband der Markt- und Sozialforscher (BVM), der Deutschen Gesellschaft für Evaluation und anderen. Auf regionaler Ebene – für Mitglieder und Interessenten besonders wichtig, da ohne Schwierigkeiten erreichbar – arbeitet der Verband kontinuierlich mit der Universität Duisburg-Essen, der Universität Bochum und der Sozialforschungsstelle Dortmund in Lehrforschungsprojekten zusammen, in anderen Regionen gibt es vergleichbare Entwicklungen. In den aktuellen Prozessen der „Bologna"-gesteuerten Hochschul- und Studienreform (Einführung von Bachelor- / Masterstudiengängen) ist der Verband Mitglied in Akkreditierungsagenturen und durch Mitglieder in Gutachterausschüssen und -kommissionen vertreten, beteiligt sich also an einer sinnvoll-konstruktiven Umsetzung, ohne kritische Positionen zu verleugnen.

Auf den Nutzen kommt es an!

Zeitschrift und Tagungen sind über die Jahre hinweg verbindende Elemente der Verbandsarbeit. In der Fachzeitschrift „Sozialwissenschaften und Berufspraxis" werden aktuelle Entwicklungen des Fachs, bezogen auf die unterschiedlichsten Handlungsfelder, reflektiert; sie bietet ein Forum für Praxisberichte, Diskussion und Information. Die zweijährlichen Tagungen für angewandte Soziologie geben einen mittlerweile viel besuchten Rahmen, um Gestaltungsmöglichkeiten und -probleme der aktuellen gesellschaftlichen Entwicklungen im unmittelbaren persönlichen Austausch mit kompetenten Referentinnen und Referenten zu diskutieren. Über den im Durchschnitt alle drei Monate erscheinenden (elektronischen) „Newsletter" findet eine ausführliche Information nicht nur zu Verbandsangelegenheiten, sondern zur Soziologie insgesamt, so zum Beispiel kontinuierlich zur Umsetzung der Studienreformen, statt. In den Regional- und Fachgruppen haben Mitglieder und Interessierte vielfältige Gelegenheit zur Diskussion aktueller Fragen mit Fachreferenten, Repräsentanten von Organisationen wie Unternehmen oder Forschungseinrichtungen und zum direkten persönlichen Erfahrungsaustausch.

Den Nutzen kann man somit unter dem Stichwort „Kontakte" zusammenfassen: Kontakte zu Berufskollegen und -kolleginnen zum Ideen- und Knowhow-Austausch, Kontakte z.B. als Studierender zu potenziellen Praktikums- und Arbeitgebern, Schaffung persönlicher und beruflicher Verbindungen, Netzwerke, in die man sich einbringen und die der/die Einzelne für sich selbst nutzen kann. Kontakte aber auch zur fachlichen Entwicklung. Denn auch von der öffentlichen Profilierung der Soziologie – deren Erkenntnisse und Methoden sich längst in viele Bereiche des gesellschaftlichen Lebens verbreitet haben – können alle, die sich dem Fach verbunden fühlen, direkt oder indirekt profitieren.

All diese Aktivitäten werden von ehrenamtlich tätigen Mitgliedern getragen. Als relativ kleiner Verband ist der BDS auf das freiwillige Engagement angewiesen; jede gute Idee („Novation") kann nur dann umgesetzt, nur dann zur „*In*novation" werden, wenn sich jemand „kümmert". Wer sich um eine praktische Soziologie, eine Soziologie der Gestaltung und Veränderung „kümmern" will, ist im BDS gut aufgehoben!

Rund 30 Jahre Existenz des BDS scheinen diese Zielsetzungen zu bestätigen.

Dr. Wolfram Breger

Jg. 1943, Diplom in Sozialwissenschaft (RU Bochum), 1.+2. Staatsprüfung für das Lehramt. Wissenschaftlicher Mitarbeiter, 14 Jahre Leiter der Personalentwicklung in einem Ruhrgebietskonzern. Personaltrainer und –berater in Essen mit den Schwerpunkten Kommunikation, Führung und Zusammenarbeit, Potentialerkennung. Stellv. Vorsitzender des BDS, Mitglied im Herausgebergremium der SuB, Herausgeber „BDS Berufshandbuch"

Verzeichnis der Autorinnen und Autoren

Baumberger, Eleonore: Dr., Soziologin, Publizistin, Redakteurin beim St. Galler Tagblatt, St. Gallen/Schweiz

Baumberger, Jürg: Dr., Soziologe, Inhaber einer Beratungsfirma zum Qualitätsmanagement im Gesundheitswesen

Behrendt, Erich: Dr., Unternehmensberater (Dr. Behrendt IMK Consulting) mit Schwerpunkten zu Kommunikation und Neuen Medien, Marienhafe/Dortmund. 1. Vorsitzender des BDS

Böhmer, Sabrina: Dr., Glücksburg, Soziologin, Pressereferentin, Vorstandsmitglied des BDS, Redakteurin „BDS Newsletter", Mitherausgeberin „BDS Berufshandbuch"

Breger, Wolfram: Dr., Personaltrainer und -berater in Essen. Stellv. Vorsitzender des BDS, Mitglied im Herausgebergremium „Sozialwissenschaften und Berufspraxis", Herausgeber „BDS Berufshandbuch"

Bosshard, Robert: Soziologe (lic. rer. pol.), Künstler und Autor, Oberhausen

Dahrendorf, Ralf: Baron Dahrendorf of Clare Market, Prof. Dr. Ph. D., Des. h.c., seit 2005 Forschungsprofessor am Wissenschaftszentrum Berlin

Debrunner, Annelies: Dr., Lehrbeauftragte, Inhaberin einer Beratungsfirma (Bildung, Soziales, Integration, Gleichstellung), Zürich

Fischer, Lutz: Dipl.-Soziologe, Projektleiter, Handwerkskammer Hamburg

Giest, Gustav: Soziologe (M.A.), Leiter Lean Process und Change Management, Ford Werke GmbH, Köln. Senatsmitglied des BDS

Glöckner, Ulf : Dipl.-Soziologe, Wissenschaftlicher Mitarbeiter bei Prognos AG im Bereich Innovationspolitik, Berlin

Gutbrod-Speidel, Angelika: Dipl.-Soziologin, Reutlingen, Beraterin in der Unternehmensberatung IMAKA Institut für Management GmbH

Hahne, Andreas: Soziologe (M.A.), Referent für Marktforschung und Wettbewerbsanalyse bei dem Energieversorger Mainova, Frankfurt/M.

Heerwagen, Sandra: Dipl.-Soziologin, Leiterin Personalbetreuung in einem Wirtschaftsunternehmen, Braunschweig

Hülsdünker, Josef: Dr., Regionsvorsitzender, Deutscher Gewerkschaftsbund, Recklinghausen

Kötter, Matthias: Soziologe (M.A.), Marktforscher, Field Manager beim Schött-mer-Institut, Hamburg

Kromrey, Helmut: Prof. Dr., Prof. em. für Soziologie / Empirische Sozialfor-schung, Berlin

Marquardt, Uwe: Dipl.-Sozialwissenschaftler, Senatsmitglied des BDS, Mitglied im Herausgebergremium „Sozialwissenschaften und Berufspraxis", Redakteur „BDS Newsletter"

Meier, Edith: Dr., Leiterin des Referates Gesundheitspolische Grundsatzfragen, Kassenärztliche Vereinigung Nordrhein, Düsseldorf

Mikich, Sonia: Soziologin (M.A.), Redaktionsleiterin des ARD-Politikmagazins „MONITOR" und der ARD/WDR-Dokumentationsreihe „die story", WDR Köln Fernsehen

Neidhardt, Klaus: Dipl.-Sozialwissenschaftler, Gründungspräsident der Deut-schen Hochschule der Polizei, Münster-Hiltrup. Senatsmitglied des BDS

Pankoke, Eckart: Prof. Dr., Moers, Prof. em. für Soziologie und Sozialpädagogik, Universität Duisburg-Essen

Schiesser, Hans-Kaspar: Soziologe (M.A.), Leiter Verkehrspolitik, Entwickler Sonderprojekte in einer Nutzerorganisation Öffentlicher Verkehr, Herzogen-buchsee / Schweiz

Schreiber, Norbert: Dr., Bildungs- und Sozialforscher, Universitätsdozent, Trier/Hohentengen

Struck, Eckart: Dipl.-Sozialwissenschaftler, Projektmanager in einem Versiche-rungsunternehmen, Köln

Wetzel, Dietmar J.: Dr., Dipl.-Frankreichwissenschaftler, Wissenschaftlicher Mit-arbeiter und Lehrbeauftragter, Universität Jena

www.ingramcontent.com/pod-product-compliance
Lightning Source LLC
Chambersburg PA
CBHW050650270326

41927CB00012B/2956